CNB
543
전도서 1-12장 본문 구속사 강해
오실 메시아에 관한 예언과 증언

# 전도서

이 광 호

2021년

교회와성경

**지은이 | 이광호**

영남대학교와 경북대학교대학원에서 법학과 서양사학을 공부했으며, 고려신학대학원 (M.Div.)과 ACTS(Th.M.)에서 신학일반 및 조직신학을 공부한 후 대구 가톨릭대학교 (Ph.D.)에서 선교학을 위한 비교종교학을 연구하였다. '홍은개혁신학연구원'에서 성경신학 담당교수를 비롯해 고신대학교, 고려신학대학원, 영남신학대학교, 브니엘신학교, 대구가톨릭대학교, 숭실대학교 등에서 학생들을 가르쳤으며, 이슬람 전문선교단체인 국제 WIN선교회 한국대표를 지냈다. 현재는 실로암교회에서 담임목회를 하면서 한국개혁장로회신학교 교장을 맡고 있으며 부경신학연구원에서 강의하고 있다.

### 저서

- 성경에 나타난 성도의 사회참여(1990)
- 갈라디아서 강해(1990)
- 더불어 나누는 즐거움(1995)
- 기독교관점에서 본 세계문화사(1998)
- 세계 선교의 새로운 과제들(1998)
- 이슬람과 한국의 민간신앙(1998)
- 아빠, 교회 그만하고 슈퍼하자요(1995)
- 교회와 신앙(2002)
- 한국교회 무엇을 개혁할 것인가(2004)
- 한의 학제적 연구(공저)(2004)
- 세상속의 교회(2005)
- 한국교회의 문제점과 극복방안(공저)(2005)
- 교회, 변화인가 변질인가(2015)
- CNB 501 에세이 산상수훈(2005)
- CNB 502 예수님 생애 마지막 7일(2006)
- CNB 503 구약신학의 구속사적 이해(2006)
- CNB 504 신약신학의 구속사적 이해(2006)
- CNB 505 창세기(2007)
- CNB 506 바울의 생애와 바울서신(2007)
- CNB 507 손에 잡히는 신앙생활(2007)
- CNB 508 아름다운 신앙생활(2007)
- CNB 509 열매 맺는 신앙생활(2007)
- CNB 510 웨스트민스터 신앙고백(2008)
- CNB 511 사무엘서(2010)
- CNB 512 요한복음(2009)
- CNB 513 요한계시록(2009)
- CNB 514 로마서(2010)
- CNB 515 야고보서(2010)
- CNB 516 다니엘서(2011)
- CNB 517 열왕기상하(2011)
- CNB 518 고린도전후서(2012)
- CNB 519 개혁조직신학(2012)
- CNB 520 마태복음(2013)
- CNB 521 히브리서(2013)
- CNB 522 출애굽기(2013)
- CNB 523 목회서신(2014)
- CNB 524 사사기, 룻기(2014)
- CNB 525 옥중서신(2014)
- CNB 526 요한 1, 2, 3서, 유다서(2014)
- CNB 527 레위기(2015)
- CNB 528 스코틀랜드 신앙고백서(2015)
- CNB 529 이사야(2016)
- CNB 530 갈라디아서(2016)
- CNB 531 잠언(2017)
- CNB 532 욥기(2018)
- CNB 533 교회헌법해설(2018)
- CNB 534 사도행전(2018)
- CNB 535 소선지서(I)(2018)
- CNB 536 소선지서(II)(2019)
- CNB 537 시대 분별과 신학적 균형(2019)
- CNB 538 역대상, 하(2019)
- CNB 539 누가복음(2020)
- CNB 540 신명기(2021)
- CNB 541 아가서(2021)
- CNB 542 베드로전후서(2021)

### 역서

- 모슬렘 세계에 예수 그리스도를 심자(Charles R. Marsh, 1985년, CLC)
- 예수님의 수제자들(F. F. Bruce, 1988년, CLC)
- 치유함을 받으라(Colin Urquhart, 1988년, CLC)

홈페이지 http://siloam-church.org

# 전도서

CNB 543

# 전도서

A Study on The Book of Ecclesiastes
by Kwangho Lee
Copyright ⓒ 2021 by Kwangho Lee

Published by the Church & Bible Publishing House

초판 인쇄 | 2021년 9월 7일
초판 발행 | 2021년 9월 11일

발행처 | 교회와성경
주소 | 평택시 특구로 43번길 90 (서정동)
전화 | 070-4894-7722
등록번호 | 제2012-03호
등록일자 | 2012년 7월 12일

발행인 | 문민규
지은이 | 이광호
편집주간 | 송영찬
편집 | 신명기
디자인 | 조혜진

------------------------------------

총판 | (주) 비전북출판유통
주소 | 경기도 고양시 일산구 장항동 568-17호 (우) 411-834
전화 | 031-907-3927(대)  팩스 031-905-3927

------------------------------------

저작권자 ⓒ 2021  이광호

CNB카페 | http://cafe.daum.net/C.N.B.(교회와 성경)

# CNB 시리즈
## 서 문

**CNB** The Church and The Bible 시리즈는 개혁신앙의 교회관과 성경신학적 구속사 해석에 근거한 신·구약 성경 연구 시리즈이다.

이 시리즈는 보다 정확한 성경 본문 해석을 바탕으로 역사적 개혁 교회의 면모를 조명하고 우리 시대의 교회가 마땅히 추구해야 할 방향을 제시함으로써 교회의 삶과 문화를 창달하는 것을 그 목적으로 하고 있다.

따라서 이 시리즈는 진지하게 성경을 연구하며 본문이 제시하는 메시지에 충실하고 있다. 그렇다고 이 시리즈가 다분히 학문적이거나 또는 적용이라는 의미에 국한되지 않는다. 학구적인 자세는 변함 없지만 궁극적으로 하나님의 나라를 지향함에 있어 개혁주의 교회관을 분명히 하기 위해 보다 더 관심을 가진다는 의미이다.

본 시리즈의 집필자들은 이미 신·구약 계시로써 말씀하셨던 하나님께서 지금도 말씀하고 계시며, 몸된 교회의 머리이자 영원한 왕이신 그리스도께서 지금도 통치하시며, 태초부터 모든 성도들을 부르시어 복음으로 성장하게 하시는 성령께서 지금도 구원 사역을 성취하심으로써 창세로부터 종말에 이르기까지 거룩한 나라로서 교회가 여전히 존재하고 있음을 그 무엇보다도 중요하게 여기고 있다.

아무쪼록 이 시리즈를 통해 계시에 근거한 바른 교회관과 성경관을 가지고 이 땅에 진정한 그리스도인의 삶과 문화가 확장되기를 바라는 바이다.

시리즈 편집인

송영찬 목사, 교회와성경 편집인, 샤로수교회, M.Div.
이광호 목사, 한국개혁장로회신학교 교장, 실로암교회, Ph.D.

# 전도서

2021년

**교회와성경**

# 머 리 말

전도서는 하나님의 자녀들을 위한 소망의 책이다. 본문 가운데 '헛되다'라는 말이 마흔 차례 가까이 나오기 때문에 마치 염세주의나 허무주의, 혹은 회의주의나 비관주의적인 성격이 들어있는 것처럼 오해하는 자들이 있으나 절대로 그렇지 않다. 즉 솔로몬을 통해 계시된 이책은 세상의 헛된 것을 넘어 영원한 천상(天上)의 참된 소망에 연관된 교훈을 주고 있다.

우리가 잘 알고 있듯이 타락한 이 세상에는 아무런 소망이 없다. 그러나 영원한 하나님 나라에는 진정한 소망이 존재한다. 그리고 죄로 물든 이 세상에 속한 사람들에게는 절망으로 가득 차 있으나 하나님께 속한 성도들에게는 진정한 소망이 약속되어 있다. 그것은 인간들의 노력이 아니라 메시아를 통해 이루어지게 된다.

전도서에서는 그에 관한 깨달음을 주기 위해 죄로 말미암아 참된 지식과 지혜를 상실한 인간들의 위기 상황을 지적하고 있다. 타락한 세상과 인간들에게는 영원한 삶과 무관한 헛된 일들만 되풀이될 따름이지만 어리석은 자들에게는 그에 대한 인식이 전혀 없다. 따라서 전도자는 장차 오실 그리스도를 통해 회복될 참된 지식과 지혜를 제시하고 있다.

우리는 전도서를 올바르게 이해하기 위해 그 본질적인 중요한 내용을 기억하고 있어야만 한다. 즉 하나님께서 구약시대의 언약 공동체인 이스라엘 자손과 신약시대의 교회를 향해 이 말씀을 허락하신 이유를 깨닫고 있지 않으면 안 된다. 그것은 우선 몇 가지로 나누어 생각해 볼 수 있다.

우선 전도서는 단순히 철학적 교훈을 제시하고자 기록한 책이 아니다. 즉 전도서를 단순한 격언집이나 특정 담론을 통해 허락된 인생의 교훈집 정도로 여겨서는 안 된다. 전도자가 사람들에게 염세주의나 허무주의와 같은 철학적 풍조를 부추기거나 불러일으킬 의도로 이 말씀을 기록하지 않았다는 것이다.

또한 전도서는 다른 모든 성경과 마찬가지로 장차 오실 메시아를 예언하며 증언하는 책이다. 따라서 전도서의 전체적인 주제는 '메시아 예언'이라 할 수 있다. 모든 하나님의 말씀이 그러하듯이 전도서도 예외가 될 수 없다. 사도 요한은 그의 복음서에서 예수님께서 그에 관련하여 친히 말씀하신 내용을 기록하고 있다.

> "너희가 성경에서 영생을 얻는줄 생각하고 성경을 상고하거니와 이 성경이 곧 내게 대하여 증거하는 것이로다"(요5:39)

이처럼 모든 성경은 세속적인 지식과 지혜가 아니라 하나님의 언약을 배경으로 한 구속사적인 관점에서 이해되고 적용되어야 한다. 그 가운데 죄인들을 구원하시기 위해 이땅에 오시는 메시아를 예언하고 증거하는 명백한 교훈이 담겨 있기 때문이다. 따라서 전도서는 장차 오시게 될 예수 그리스도의 복음을 선포하고 있음을 기억해야 한다.

그리고 전도서의 모든 내용이 전도서에만 국한되어 나타나는 특별한 사상이 아니라는 사실을 이해해야 한다. 즉 전도서에 기록된 다양한 내용들은 신구약 성경의 전체적인 교훈에 연관되어 있다. 즉 구약 성경과 신약성경 전반에 전도서와 동일한 교훈이 그대로 드러나고 있는 것이다.

그러므로 전도서 내부에서 이미 강조되어 나타나듯이 우리는 타락한 인간의 본성과 경험에 따라 본문을 해석하고 이해하려 해서는 안 된다. 그것은 절대적인 진리의 말씀을 지극히 제한적인 인간들의 두뇌에 맞추고자 하는 심각한 오류에 빠지게 할 우려가 있기 때문이다. 따라서 오직 성령 하나님의 도우심에 힘입어 그 본질적인 뜻을 알아가는 중에 그에 온전히 참여할 수 있어야 한다.

또한 우리가 결코 간과하지 말아야 할 점은 전도서에 기록된 모든 말씀이 개개인 성도들뿐 아니라 주님의 몸된 교회 가운데 공적으로 적용되어야 한다는 사실이다. 즉 하나님께 속한 모든 교회는 솔로몬의 고백적 교훈을 그대로 받아들여야만 한다. 따라서 지극히 세속화된 시대에 살아가는 우리는 이 말씀이 교회 가운데 항상 존재해야 한다는 사실을 잊어서는 안 된다. 그래야만 모든 성도들이 그 신령한 의미를 진정으로 누릴 수 있을 것이기 때문이다.

이 책의 내용은 2021년 봄학기 한국개혁장로회(KRPC) 신학교 강의를 위해 준비된 것들이다. 성도들이 험하고 어지러운 말세에 살아가면서 하나님의 말씀을 온전히 붙잡는 자세를 유지하는 것은 매우 중요하다. 영원한 천상의 나라에 소망을 두고 살아가는 하나님의 자녀들은 이를 위해 계시된 말씀을 분명히 이해하지 않으면 안 된다.

이 책의 각 장 끝부분에 〈ㅣ 묵상과 질문 ㅣ〉을 덧붙여 두었다. 이 책을 접하는 성도들이 본문에 대한 전반적인 이해와 더불어 그 구체적인 내용을 곰곰이 묵상해 봄으로써 더 큰 유익을 얻게 되었으면 한다. 가능하다면 교회 내의 여러 형제들이 함께 읽고 공부하며 대화를 나누어도 좋을 것 같다. 그런 과정을 통해 전도서의 내용과 그 의미를 선명하게 이해하는 성도들이 많아지기를 바란다.

이 책이 나오기까지 도움을 준 고마운 분들이 많이 있다. 먼저 한국개혁장로회신학교 학생들과 실로암교회 성도들, 그리고 교정을 봐준 아내 정정희와 최은숙 자매에게 고마운 마음을 전한다. 또한 늘 그래왔듯이 어설픈 원고 뭉치를 깔끔하게 단장해 주신 '교회와 성경'(CNB) 송영찬 목사님을 비롯한 여러 직원들에게 심심한 감사를 드린다. 글을 쓰면서 줄곧 떠나지 않았던 생각은 주님의 재림이 속히 이루어졌으면 하는 간절한 바람이었다.

지난 해 봄 먼저 주님의 품에 안긴 사랑하는 아들 준우의 작품이 책 표지로 사용되어 더욱 감사하다.

"아멘, 주 예수여 속히 오시옵소서"(계22:20).


2021년 무더운 여름
실로암교회 서재에서
이광호 목사

# 차 례

전도서

# '전도서' 이해를 위한 기본전제

## 1. '전도서'라는 명칭

전도서의 원래 명칭은 히브리어로 〈코헬렛〉(קֹהֶלֶת)이다. 영어성경 'Ecclesiastes'는 헬라어 성경 칠십인역(LXX)〈Ἐκκλησιαστής〉에서 가져온 말이다. 이 용어 가운데는 '함께 모여 있는 사람들에게 중요한 교훈을 전달하며 선포하는 자'라는 의미가 내포되어 있다. 이는 그가 선포하는 모든 내용은 단순히 설명을 통해 사람들을 설득하려는 것이 아니라 하나님으로부터 선포되는 일방적인 메시지라는 점을 드러내 보여주고 있다.

그러므로 전도서에서는 전도자 곧 하나님의 말씀을 선포하는 특별한 인물이 전하는 진리의 내용이 담겨 있다. 여호와 하나님께 속하여 그를 진정으로 경외하는 백성들이 모인 회중에 속한 자들은 반드시 그 전도자로부터 선포되는 모든 말씀을 듣고 마음속 깊이 새겨 순종해야만 했다. 이는 하나님의 자녀들에게 있어서 그 말씀이 선택적 사항이 아니라 절대적이며 필수적인 역할을 한다는 사실을 말해주고 있다.

따라서 하나님의 백성들은 전도자가 선포한 모든 말씀을 귀담아듣고 그에 온전히 순종하는 자세로 살아가야 한다. 즉 전도자의 말을 듣고 일상적인 생활 가운데 참고로 삼는 정도의 수준이 아니라 그에 진정으로 복종하는 자세를 유지해야만 한다. 오늘날 하나님의 몸된 교회에 속한 성도들 역시 이 책에 기록된 모든 말씀을 올바르게 깨달아 자신의 삶 가운데 신실하게 적용하고 실천해야만 한다.

## 2. 전도서의 '기록자'

전도서의 맨 앞부분에는 '다윗의 아들 예루살렘 왕 전도자(preacher)의 말씀'(전1:1)이라는 내용이 명시적으로 기록되어 있다. 이는 솔로몬이 전도서를 기록한 인물이라는 사실을 분명히 밝히고 있다. 그는 다윗의 여러 자식들 가운데 언약의 왕국에서 왕위를 계승하는 매우 특별한 인물이다. 솔로몬은 다윗을 이어 최고 통치자인 왕이 되었을 뿐 아니라 오래전 믿음의 조상 아브라함이 사랑하는 독자 이삭을 제물로 바쳤던 모리아 산 위에, 시내 광야에서 계시에 따라 제작된 언약궤와 성막을 정착시키기 위해 하나님의 거룩한 성전을 건축한 인물이다.

솔로몬은 또한 '영화롭고 지혜로운 왕'으로서 나중 그리스도로서 이땅에 오시는 예수님의 혈통적 계보에 들어 있었다(마1:6,7). 따라서 다윗의 여러 자식들 가운데 솔로몬의 구속사적인 위상은 특별했다. 그는 또한 참된 지혜를 겸비한 '심판의 왕'으로서 장차 재림하실 메시아를 예표하는 인물로 이해되기도 한다. 바로 그와 같은 독특한 지위에 있던 솔로몬이 전도서의 기록자라는 사실에 대해서는 의심의 여지가 없다.

솔로몬 왕이 하나님으로부터 특별한 계시를 받아 전도서를 기록하게 된 시기는 그가 왕위에 있던 BC970년에서 930년경 사이였을 것으로 보인다. 그중에서도 예루살렘 성전이 완공되고 하나님에 대한 제사가 온전히 드려지던 그의 집권 말기였을 것이다. 한편 하나님께서 세우신 언약의 왕국이 약속의 땅 가나안을 정복하고 안정을 되찾음으로써 모든 것이 풍요롭게 되자 백성들의 관심이 하나님으로부터 점차 멀어져 타락한 세상을 향하게 되었다. 그때 하나님께서 솔로몬을 통해, 이스라엘 백성들에게 세상의 헛된 속성을 드러냄과 동시에 하나님의 은혜로써 허락된 영생에 관한 본질적인 교훈을 주시게 되었다.

　　그렇지만 역사 가운데 존재해 온 어리석은 기독교 신학자들 가운데는 전도서가 솔로몬에 의해 기록된 것이 아니라 그보다 훨씬 후대에 편집된 것으로 여기는 자들이 상당수 있다. 그들은 전도서 본문에 나타나는 용어나 화법(話法) 등을 인간의 이성으로 주관적인 해석과 더불어 억지 주장을 펼치고 있다. 그런 자들은 하나님께서 계시하신 진리의 본질 자체보다 자신의 생각을 우위에 두고 성경의 모든 것을 해석하고 평가하고자 한다. 하지만 우리는 과거에 살아간 믿음의 선배들이 그랬듯이 전도서가 솔로몬이 계시받아 쓴 진리의 말씀이란 사실을 전혀 의심하지 않는다.


　　3. '정경'으로서 전도서


　　전도서는 천상에 계시는 여호와 하나님으로부터 계시된 말씀으로서 아무런 흠이 없는 절대진리이다. 즉 솔로몬 개인이 자신의 문학적 역량에 따라 의도적으로 기록한 단순한 저술에 머무는 것이 아니다. 물론 그 책이 정경(正經)이라는 사실은 솔로몬 자신의 주장이나 후대의 종교적인 전통으로 인해 그렇게 된 것이 아니라, 계시적 성격을 지닌 '제사장 회의'에서 확인되었을 것이 분명하다. 솔로몬이 쓴 글이라고 해서 그의 모든 저작들이 하나님의 말씀인 것은 아니기 때문이다.

이 말은 솔로몬의 글이 정황상 언약의 백성들에게 얼마나 큰 유익을 끼치느냐 하는 것과는 별개의 문제로 이해되어야 한다는 사실을 의미하고 있다. 즉 많은 사람들에게 유익이 되고 중요한 메시지를 주기 때문에 성경이 될 수 있는 것은 아니다. 성경에 대한 기본적인 요건은 그 내용이 과연 천상에 계시는 여호와 하나님으로부터 직접 계시되었느냐 하는 점이다.

하지만 어리석은 신학자들 가운데는 전도서를 정경으로 받아들일 수 없다고 주장하는 자들이 종종 있다. 본문 가운데 '여호와'라는 하나님의 명칭이 나타나지 않으며 모세가 전한 율법과 선민 이스라엘에 관한 직접적인 언급이 없다는 것이 그 이유이다. 이는 저들의 성경에 대한 기본적인 이해 부족으로 인해 발생하는 문제에 지나지 않는다.

이처럼 성경 전체가 주는 포괄적 교훈을 염두에 두지 않은 채 주관적인 판단으로 말미암아 제시되는 학자들의 주장은 주의를 기울여 경계해야 한다. 우리는 구약시대의 선지자들과 신약시대의 예수님을 비롯한 그의 모든 제자들이 지금 우리가 가지고 있는 구약성경 39권을 하나님의 말씀으로 받아들였듯이 우리 역시 그중에 한 권인 전도서가 정경에 포함된다는 사실을 그대로 받아들인다.

## 4. 전도서의 '기록 목적과 주제'

전도서가 이 세상에 살아가는 타락한 인생을 논하면서 '헛되고 헛되다'는 말을 되풀이하고 있기 때문에 마치 허무주의나 비관주의 혹은 염세주의를 부추기는 책으로 오해하는 자들이 있다. 하지만 전도서는 사람들에게 인생의 심오함을 깨닫게 하는 것을 목적으로 삼는 책이 아니다. 그런 주장을 펼치는 자들은 하나님의 말씀이 주어진 근본적인 목적에 대하여 무지하기 때문에 진리를 곡해하여 착각하고 있다.

전도서가 기록된 목적은 이땅에 오실 메시아에 대한 예언에 밀접하게 연관되어 있다. 이 세상의 모든 것이 헛될지라도 하나님께 속한 것들은 결코 그렇지 않다. 즉 이 세상에 살아가는 인간들과 그 모든 것들은 헛되고 무의미할지라도 하나님과 그에 속한 것들은 참되고 진실하다.

그러므로 죄악으로 말미암아 허무하기 짝이 없게 된 이 세상에 하나님께서 보내시는 메시아가 오심으로써 그 모든 문제가 해결된다. 즉 아담의 범죄로 인해 타락한 인간 자체로서는 본질적으로 참되고 영원한 값어치를 지니지 못한다. 이땅에 오실 메시아가 존재하지 않은 상태에서는 모두가 헛될 따름이다. 하나님과 메시아가 없는 상태에서의 인생은 그 자체로 허무하며 무의미한 존재에 지나지 않는 것이다.

우리가 또한 기억해야 할 바는 유대인들의 절기인 '장막절' 곧 '수장절'에 전도서가 공적으로 낭독되었다는 사실이다. 어리석은 인간들은 세상에서 열심히 노력하여 많은 소출을 거두게 되면 거기에 자기 생명이 달려 있고 그로 말미암아 인생의 의미가 드러나는 것으로 착각한다. 하지만 하나님의 자녀들은 그 절기 중에 전도서의 내용을 노래하며, 날마다 먹을 양식을 공급하시는 하나님의 능력에 대하여 감사하는 동시에 메시아를 통해 허락될 영원한 양식을 소망하게 되는 것이다.

# 제1장

# 허무한 인생
(전1:1-18)

## 1. 복음 선포자(the Preacher)의 말씀 (전1:1)

1 다윗의 아들 예루살렘 왕 전도자의 말씀이라

전도서는 천하에 부러울 것 없이 모든 것을 소유한 다윗의 아들 솔로몬 왕이 기록한 책이다. 물론 그 안의 모든 내용은 하나님으로부터 계시된 진리의 말씀이다. 저자가 개인적인 경험이나 이성을 기초로 하여 자의적(自意的)으로 이 글을 쓴 것이 아니라 하나님께서 지상에 살아가는 언약의 백성들에게 이 말씀을 기록하여 전하도록 하셨다.

솔로몬은 전도서의 맨 첫 문장에서 자기는 하나님의 복음을 선포하는 '전도자'라는 사실을 밝히고 있다. 즉 그는 한 나라를 통치하는 왕이었으나 보다 더 중요한 본질적 직책은 하나님의 복음을 선포하는 자라는 사실을 공표하는 의미를 지니고 있다. 이는 세상에서의 높고 낮은 지위나 빈부귀천과 상관없이 하나님의 자녀들은 누구나 전도자의 성격을 지니고 있음을 시사한다.

그러므로 우리가 분명히 이해해야 할 바는 솔로몬은 모든 언약의 자손들을 대표하는 성격을 지니고 있다는 사실이다. 이는 상시적(常時的)인 개념이라기보다 하나님으로부터 전도서를 기록하도록 선택받은 자로서 그에 연관된 의미를 지니게 된다. 따라서 모든 성도들은 언약의 왕국을 통치하는 왕이자 예루살렘 성전을 건립한 솔로몬에게 예속되어 있는 것으로 이해할 수 있다.

이는 물론 그가 기록하여 전달한 전도서의 말씀이 모든 언약 백성들의 삶 가운데 항상 적용되어야 한다는 사실에 연관되어 있다. 따라서 어느 시대 어느 지역에서 무슨 일을 하며 어떤 형태의 삶을 살아가든지 성도로서 가장 중요한 사실은 하나님의 복음을 증거하며 선포하는 삶에 연결되어 있어야 한다는 점이다. 세상에서의 다양한 모든 조건들이 이 세상에서 살아가는 삶의 방편이라면, 하나님의 복음을 전하는 성도의 무리에 속한 삶은 영원에 맞닿은 본질에 해당한다.

우리는 솔로몬 왕이 예루살렘 성전을 건축한 인물인 동시에 이스라엘 백성을 통치하는 왕으로서 언약의 백성들을 위한 대표성을 띠고 있음을 기억하고 있다. 바로 그 지위에서 복음을 선포하는 사명자로서 하나님의 말씀인 전도서를 계시받아 당대와 후대의 모든 언약의 백성들에게 진리의 교훈을 선포했던 것이다.

| 묵상과 질문 |

㉠ 솔로몬의 아버지 다윗 왕이 세운 '언약의 왕국'에 대하여 생각해 보라.

㉡ 솔로몬의 '출생 비밀'과 '왕위 계승'에 대하여 생각해 보라.

㉢ 예루살렘 성전과 그것을 건축한 솔로몬 왕의 구속사적인 위상을 생각해 보라.

㉣ 하나님께서 수많은 사람들 가운데 특별히 솔로몬 왕을 택하여 전도서를 계시하신 구속사적 의미에 관하여 생각해 보라.

㉤ 솔로몬을 '전도자'라 일컫는 것은 어떤 의미를 지니고 있는지 생각해 보라.

㉥ 솔로몬의 대표성이 지상교회와 성도들을 위하여 어떤 연관성을 지니는지 생각해 보라.

## 2. 헛된 세상 (전1:2-4)

> 2 전도자가 이르되 헛되고 헛되며 헛되고 헛되니 모든 것이 헛되도다 3 해 아래에서 수고하는 모든 수고가 사람에게 무엇이 유익한가 4 한 세대는 가고 한 세대는 오되 땅은 영원히 있도다

아담의 범죄로 인해 타락의 늪에 빠진 이 세상은 그 자체로는 전적으로 무가치하다. 완전히 부패한 세상에서는 영원한 참된 가치가 생성될

수 없다. 이땅에 살아가는 사람들이 제각각 저들의 사회 가운데 형성된 환경에서 서로간 일시적인 사회적 가치를 부여할지라도 궁극적인 의미의 진정한 가치는 존재하지 않는다.

그러므로 솔로몬은 전도서의 맨 앞부분에서 매우 중요한 사실을 언급하고 있다. '헛되고 헛되며 헛되고 헛되니 모든 것이 헛되도다'는 선포를 하고 있기 때문이다. 이 말은 구약성경 전도서에만 나타나는 독특한 사상이 아니라 성경 전체를 통해 동일하게 나타나고 있는 소중한 교훈이다.

그렇다면 이 말씀이 가지는 본질적인 의미는 과연 무엇일까? 우리는 솔로몬이 전한 이 진리의 선포가 일반 철학자들이 내세우는 허무주의나 염세주의, 회의주의, 비관주의 등을 부추기거나 그에 연관된 것이 아니란 사실을 기억해야 한다. 도리어 그와 같은 개념을 전혀 내포하지 않는 것으로 이해하는 것이 지극히 당연하다.

그럼에도 불구하고 전도자는 인간들이 해 아래서 수고하는 모든 일들이 아무런 유익이 없다고 말했다. 우리가 여기서 깊은 주의를 기울여야 할 바는 그 수고가 불성실하거나 사악한 목적에 연관되어 있기 때문에 무익하다고 한 것이 아니란 사실이다. 만일 그와 같은 경우라면 일반적인 관점에서 볼지라도 무익한 것이라 간주할 수 있다.

하지만 그와 반대로 거기에는 성실하게 일하는 사람의 건실한 자세와 이웃을 위해 수고하는 삶의 형편이 내포되어 있다. 즉 이기적인 욕망 때문이 아니라면 이 세상의 안목으로 볼 때 충분히 가치있는 수고일 수 있는 것이다. 그런데 전도자는 설령 좋은 의도에 의한 것이라 할지라도 그 모든 수고가 근본적으로는 사람들에게 아무런 유익을 끼치지 못한다는 사실을 밝히고 있다.

그렇지만 우리가 반드시 이해해야만 할 중요한 메시지가 그 가운데 담겨 있다. 그것은 곧 그 본문 가운데 메시아에 연관된 의미가 드러나고 있기 때문이다. 즉 메시아가 없는 상태에서 일어나는 이 세상의 모든 것은 헛될 따름이며 메시아를 소망하지 않는 자들의 모든 수고와 노력은 아무런 유익이 없다. 죄에 빠진 인간들을 구원할 메시아가 없는 상태에서는 긍정이든 부정이든 무관하게 세상의 모든 것들이 별 의미가 없는 것이다.

우리가 여기서 기억해야 할 바는 이 세상의 것에 지나친 관심과 값어치를 부여하고 살아간다면 그것이 오히려 자신에게 큰 해가 될 수도 있다는 사실이다. 자신의 성실한 노력과 수고를 통해 상당한 보상을 받게 되리라는 기대와 더불어 그것을 성취했을 때 소유하게 되는 만족감은 말씀이 교훈하는 바 본질을 잊어버리게 만들 우려마저 있다. 하나님께 속한 언약의 백성들은 항상 이에 연관된 분명한 이해를 하고 있어야만 한다.

그러므로 여기서 선포하고 있는 바 '모든 것이 헛되다'는 말씀의 이면에는, 그렇다면 과연 무엇이 참된 것인가 하는 점으로 이끌고 있다. 즉 이 세상의 모든 것이 헛된 반면 천상의 나라와 영원한 세계는 '참되고 참되며 참되고 참되니 모든 것이 참되다'는 본질적인 의미를 내포하고 있는 것이다.

이는 오직 구약성경에 예언된 바 장차 오시게 될 예수 그리스도를 통해 드러나고 확증된다. 그가 없이는 모든 것이 헛된 이 세상에는 아무런 소망이 존재하지 않는다. 따라서 인간들이 세상에서 값어치 있다고 판단하는 모든 일들이 자기의 영원한 생명을 위해 아무런 참된 기능을 하지 못한다.

인간들은 이 세상에 대한 전적인 주인이 아니다. 하나님께서 창조하신 땅을 빌려 그 위를 밟고 그 가운데서 우주를 바라보며 살아가게 된다. 지구의 땅 위에서 세대를 거듭하며 그 땅을 빌려 살아가고 있을 따름이다. 그럼에도 불구하고 어리석은 자들은 자기가 마치 이땅의 주인인 양 착각하고 있다. 하지만 우주 만물의 참 주인이신 하나님의 뜻에 따르지 않는 자들의 삶은 아무런 보장성이 없으며 결국 멸망에 이를 수밖에 없다.

그런데 본문 가운데는 '한 세대는 가고 한 세대는 오되 땅은 영원히 있도다'며 노래하고 있다. 이는 물론 세상에 태어나 일시적인 생명을 누리다가 죽기를 되풀이하는 인간들의 삶 자체를 보여준다. 그와 더불어 '땅은 영원히 있도다'고 노래한 것은 매우 중요한 의미를 지닌다. 이는 몸을 가지고 살아가는 존재인 인간들이 살아가게 될 영역은 영원히 존재한다는 점을 말해주고 있기 때문이다.

솔로몬이 언급한 '그 땅'이 이 세상이 아니라 영원한 천국이든 아니면 영원한 지옥이든 그곳은 인간들을 위해 영원히 존속하는 '땅'이 된다. 우리는 이 말씀 역시 메시아와 연관된 개념으로 받아들여야 한다. 즉 이 세상에 존재하는 땅의 임시적인 주인은 세대에 따라 끊임없이 바뀌지만 하나님의 궁극적인 심판과 더불어 나중에 임하게 되는 땅은 영원히 존재하는 영역이 되는 것이다.

| 묵상과 질문 |

㉠ '헛되고 헛되며 헛되고 헛되니 모든 것이 헛되도다' 는 선포에 나타나는 깊은 의미를 생각해 보라.

㉡ 인간들이 해 아래서 수고하는 모든 행위가 무익(無益)하다는 사실에 대한 의미를 생각해 보라.

㉢ 인간들의 성실한 노력과 수고로 이룬 일반적인 성과조차도 헛되고 무익한 이유가 무엇인지 생각해 보라.

㉣ '헛되다' 고 선포한 말의 이면에 존재하는 '참된 것' 에 대한 실제적인 형편을 생각해 보라.

㉤ '해 아래서 행하는 모든 수고가 사람에게 무익하다' 면, 사람에게 진정으로 유익한 것은 과연 무엇인지 생각해 보라.

㉥ 세대교체가 되풀이되는 것에 연관된 진정한 상속의 의미와 그 가운데 존재하는 성도로서 '자신' 을 생각해 보라.

㉦ '땅' 은 영원히 존재한다고 말한 것은 무엇을 의미하는지 생각해 보라.

㉧ '모든 것이 헛되도다' 는 말씀의 선포가 전도서에만 나타나는 사상인지, 아니면 성경 전체에서 동일하게 선포되는 교훈인지 주의 깊게 생각해 보라.

## 3. 자연의 이치 (전1:5-7)

> 5 해는 뜨고 해는 지되 그 떴던 곳으로 빨리 돌아가고 6 바람은 남으로 불다가 북으로 돌아가며 이리 돌며 저리 돌아 바람은 그 불던 곳으로 돌아가고 7 모든 강물은 다 바다로 흐르되 바다를 채우지 못하며 강물은 어느 곳으로 흐르든지 그리로 연하여 흐르느니라

우주 만물의 모든 법칙과 땅 위에서 유지되는 자연질서는 하나님의 살아계심을 증거해 보여주고 있다. 자기 자녀들을 죄악 세상 가운데서 구원하시기 위해 주신 말씀인 특별계시와 달리 자연의 물질과 법칙을 통해 나타나는 일반계시는 하나님의 존재를 드러내 보여주는 역할을 한다. 그것이 하나님을 거부하는 인간들에게 임하게 될 심판의 근거를 이루는 한 축이 된다고 할 수 있다.

이 세상에 살아가는 모든 인간들은 예외 없이 하나님께서 창조하신 우주 만물과 그 가운데서 기능하는 다양한 법칙들 가운데 살아가게 된다. 그것을 떠나서는 인간의 생존 자체가 불가능하다. 하지만 어리석은 자들은 그에 대한 올바른 깨달음과 이해가 전혀 없다. 이 세상에 태어나 겪게 되는 경험과 이성에 의해 모든 것을 주관적으로 판단하며 하나님에 대한 별 생각없이 살아가게 될 따름이다.

전도자는 본문 가운데서 해와 바람과 강물에 대하여 언급하고 있다. 그것들은 자연의 존재들 가운데 일부이며 운행되는 법칙과 더불어 그 내재적 의미를 발산하게 된다. 그 모든 것들의 역할 없이는 인간은 한시도 이 세상에서 생존할 수 없다.

전도자는 또한 해는 뜨고 지기를 날마다 어김없이 되풀이 한다는 사실을 노래하고 있다. 하늘에 떠 있는 태양은 창세 이래 잠시도 흐트러짐이 없이 그대로 존재해 왔다. 하늘에 떠 있는 모든 별들 역시 마찬가지다. 그리고 태양과 인간들이 살아가고 있는 지구 사이에는 한 치의 오차도 없이 동일한 움직임의 법칙이 기능해 오고 있다.

그러므로 모든 인간들은 날마다 하늘에 뜬 태양을 바라보며 살아간다. 그로 인해 기본적인 생존이 지속 가능하게 된다. 또한 해가 지구와 인간을 향해 제공하는 빛이 아니면 우리는 아무것도 볼 수 없으며 분별의 기능 자체가 불가능해진다. 뿐만 아니라 태양의 열기에 의해 땅 위에서 살아가게 되며 인간들이 날마다 먹고 살아가는 모든 음식은 태양빛에 근거하여 생산되는 것이다.

인간들이 날마다 경험하고 있는 바람 역시 마찬가지다. 지구 위에서 적절한 정도의 바람이 상시적으로 부는 것은 하나님의 놀라운 은총에 근거한다. 인간들이 호흡하는 공기와 지구를 휩싸고 움직이는 바람은 계절에 따라 다양한 방향으로 불면서 인간들에게 근원적인 유익을 끼친다. 동물들뿐 아니라 식물이 꽃을 피우고 열매를 맺도록 하기 위한 바람의 역할은 절대적이다.

그리고 우리 주변에 항상 존재하는 물의 존재 역시 인간들의 기본적인 삶을 위해 절대적 기능을 하고 있다. 물이 없으면 인간이 세상에 존재하여 살아가는 것 자체가 불가능하다. 인간들은 날마다 그 물을 마시며 물을 통해 음식을 만들고 짐승을 키우고 물을 통해 농사를 지으며 살아가게 된다.

물은 근본적으로 하늘로부터 공급되어 내려와 땅속에 스며들어 샘을 만들고 시내와 강물을 형성하는 것으로 이해할 수 있다. 하늘에서 때에 따라 내리는 비를 통해 지구 위에 존재하는 생명을 유지하게 된다. 지구상의 모든 물은 땅 속으로 스며들기도 하지만 기본적으로는 바다를 향해 내려가고 있다. 바다 위에 내리는 비는 바다에 바로 채워지게 될 것이며 각 지역에 있는 산 위에 내리는 비 역시 다양한 경로를 통해 바다로 흘러가게 된다. 산 위나 들판에 내리는 비는 각 지역의 시내들을 거쳐 곳곳에서 강줄기를 만나 큰 강물을 만들게 되고 그 물은 결국 바다를 향해 내려간다.

하늘에서 내린 비는 중간중간의 과정에서 나름대로 매우 중요한 역할을 한다. 샘과 시내와 강줄기를 통해 바다로 내려가는 동안 그 중간에 살아가는 사람들에게 필요에 따라 그 물을 공급하게 된다. 또한 인간들은 날마다 물을 마시고 농사를 짓고 짐승을 키워 먹을 양식을 얻을 뿐 아니라 그 물로서 씻으며 정결을 유지하게 된다.

우리가 기억해야 할 바는 하늘에 뜬 태양, 지구 위에 부는 바람, 강과 바닷물뿐 아니라 하늘의 무수한 별들과 지구상의 수목(樹木)의 성장 등 모든 자연 현상들 가운데 인간이 자의적으로 조종할 수 있는 일은 하나도 없다는 사실이다. 무능한 인간들이 그것을 존재케 할 수도 없으며 법칙에 따라 운행하지도 못한다. 오직 하나님께서 그 모든 것을 창조하고 법칙을 부여하여 움직이게 하신 것이다.

인간들은 하나님께서 허락하신 이 기본적인 존재와 법칙에 대한 원리를 올바르게 깨달아야 한다. 이에 대한 진정한 깨달음이 없다면 인간으로서 기본 도리를 벗어난 것이라 말할 수밖에 없다. 피조물인 인간이 조물주이신 하나님의 모든 사역과 섭리를 아는 것은 가장 기본적인 것에 해당된다. 하나님의 자녀 된 성도들이 하나님의 특별계시와 더불어 일반계시에 연관된 근본적인 원리를 알게 된 것은 하나님의 은혜로 말미암은 중요한 축복이다.


| 묵상과 질문 |

㉠ 하나님의 특별계시와 일반계시에 대하여 생각해 보라.

㉡ 날마다 뜨고 지는 태양의 존재와 운행 법칙에 관하여 생각해 보라.

㉢ 태양과 인간의 일상적인 삶에 연관된 관계를 생각해 보라.

㉣ 계절에 따라 다양한 방향으로 부는 바람의 존재와 운행 법칙을 근거로 한 인간의 생존에 관하여 생각해 보라.

㉤ 모든 물은 기본적으로 바다를 향하고 있다는 사실과 물이 흐르는 과정에서 인간들에게 공급되는 기본 원리와 법칙에 대하여 생각해 보라.

㉥ 자연에 연관된 하나님의 총체적 섭리와 은총에 대하여 생각해 보라.

## 4. 만물의 존재 (전1:8-11)

> 8 모든 만물이 피곤하다는 것을 사람이 말로 다 말할 수는 없나니 눈은 보아도 족함이 없고 귀는 들어도 가득 차지 아니하도다 9 이미 있던 것이 후에 다시 있겠고 이미 한 일을 후에 다시 할지라 해 아래에는 새 것이 없나니 10 무엇을 가리켜 이르기를 보라 이것이 새 것이라 할 것이 있으랴 우리가 있기 오래 전 세대들에도 이미 있었느니라 11 이전 세대들이 기억됨이 없으니 장래 세대도 그 후 세대들과 함께 기억됨이 없으리라

전도자는 모든 만물이 다 피곤하여 지쳐 있다는 말을 했다. 이는 세상만사가 속절없다는 의미를 지니고 있다. 이 표현은 전체적으로 볼 때 하나님의 말씀에 불순종한 아담의 타락으로 인해 세상에 들어온 죄와 연관되는 것으로 이해해야 한다. 인간은 하나님께 저항함으로써 사망을 몰고 왔던 것이다.

인격을 지닌 인간은 하나님을 떠나 타락하게 되었으며 무생물인 우주 만물은 그로 말미암아 죽음의 독소와 더불어 철저히 오염되었다. 또한 물질의 오염뿐 아니라 하나님께서 완벽하게 설계하신 법칙에도 문제가 생기게 되었다. 즉 인간의 범죄로 인해 우주에 속한 만물이 오염되고 우주 법칙에 심각한 문제가 발생하게 된 것이다.

전도자는 이를 두고 모든 만물이 피곤하여 지쳐 있다고 표현했다. 지구 위에 자연적으로 발생하는 모든 재앙은 그와 밀접하게 연관되어 있다. 즉 화산폭발과 지진 등도 그러하며 무서운 태풍이나 한파, 심한 가뭄 등도 그에 해당된다. 이와 같이 인간의 원죄로 말미암아 우주 만물과 그 안에 존재하는 모든 법칙이 크게 훼손된 상황 가운데 살아가는

인간들은 피조세계에 대한 올바른 파악을 하지 못한다.

그러므로 사람들이 아무리 많은 것을 눈으로 목격하고 귀를 통해 듣는다고 해도 결코 만족스러운 이해를 할 수 없다. 이는 인간의 범죄로 말미암아 만물이 오염되고 법칙이 파괴된 환경 가운데서 제대로 대처하는 것이 불가능하다는 사실을 말해 준다. 이 말은 타락한 이 세상 안에서 살아가는 인간들의 원초적인 무능한 형편을 말해주고 있다.

전도자는 또한 그와 더불어 매우 중요한 사실을 언급하고 있다. 해 아래는 아예 새것이 존재하지 않는다고 선언하고 있기 때문이다. 이는 인간들이 자신의 경험과 이성을 배경으로 하여 마치 새로운 것이 존재하는 양 주장하고 내세우지만 그것은 전혀 새롭지 않다는 사실을 말해준다. 즉 그전에 이미 있던 것이 후에 다시 있게 되며 이미 행했던 일을 후에 또다시 행하게 될 뿐이라는 것이다.

이 말은 인간들의 일반적인 문화(culture)나 문명(civilization)에 관한 언급이 아니다. 인간들은 이 세상에 살아가면서 끊임없이 새로운 문명과 문화를 만들어 내는 행위를 되풀이한다. 기존의 기술과 문명을 배경으로 과학을 발전시켜 나가게 된다. 나아가 변천하는 역사와 살아가는 지역과 처소에 따라 상이한 문화가 생겨나게 되는 것이다.

하지만 우주의 원리와 자연법칙은 인간들의 판단에 따라 정의될 수 없는 성격을 지니고 있다. 인간들이 실험을 통해 확인 가능한 과학이 아니라 이론적인 과학주의를 배경으로 인해 새로운 것인 양 판단하여 주장하는 경우가 있지만 그런 것들은 그 전부터 이미 존재해온 것들이다. 그와 같은 것들은, 새로운 것인 양 이론적 주장을 내세우는 자들이 태어나기 전 세대에 이미 존재했으며 더 이상 새것이라 할 만한 존재와 영역이 없다. 즉 과학자임을 내세우는 자들은 마치 새로운 것을 발견한 것처럼 떠들지만 오래전부터 이미 있어 왔던 것이다.

부패한 인간들의 두뇌와 손으로 연구한 것은 아무런 확증이 없는 헛된 주장에 지나지 않는다. 그럼에도 불구하고 엉터리 확신에 가득 찬 자들은 우주 만물과 법칙에 대한 억지 주장을 펼치면서 과거의 세대가 주장했던 것들을 옛날의 고리타분한 이론으로 치부하며 자기 시대의 이론이 옳은 것처럼 주장한다. 하지만 앞으로 세월이 더 흘러가면 장래 세대도 당대의 사람들이 주장하는 이론들 역시 옛것으로 여겨 파기하고 받아들이지 않는다고 했다.

이 말은 인간 역사 가운데 줄곧 발생해 왔던 문제였다. 후대의 인위적인 다양한 방법을 동원한 연구자들은 제각각 자기가 새로운 것을 발견하게 된 듯이 과거의 주장이 틀렸다고 여기며 잘못된 우월감을 가지는 것이 일반적이었다. 이에 대해서는 특히 생물에 연관된 진화론과 우주의 생성에 연관된 이론들에 관련되어 있다. 미생물과 생물에 관한 문제이든 광활한 우주에 관한 문제이든 인간들의 이론과 주장이 우주 만물의 원래적 존재와 법칙에 아무런 영향을 끼치지 못한다.

우리 시대의 진화론은 과학을 앞세운 비과학적인 허무맹랑한 주장에 지나지 않는다. 또한 우주가 빅뱅에 의해 생겨나기 시작했으며 지금도 끊임없이 팽창하고 있다는 이론도 일고의 가치가 없는 헛된 주장일 따름이다. 창세기에 기록된 대로 하나님께서 하늘의 해와 달과 별을 비롯한 우주 만물을 말씀으로 창조하셨으며 흙으로 자기의 형상을 닮은 인간을 지으셨기 때문이다.

| 묵상과 질문 |

㉠ '만물이 피곤하여 지쳐 있다' 는 말의 의미를 생각해 보라.

㉡ 오염된 세상의 질서와 법칙이 훼손된 원인은 무엇인지 생각해 보라.

㉢ '해 아래 새것이 없다' 고 했는데 그 진정한 의미를 생각해 보라.

㉣ 처음부터 존재하는 물질과 법칙의 자연 상태와 더불어 인간 역사와 지역에 따른 문명과 문화의 변천에 관하여 생각해 보라.

㉤ 이전 세대와 현 세대, 그리고 장래 세대의 각기 다른 주장들에 대하여 생각해 보라.

㉥ 하나님의 창조 사역과 진화론자들의 허망한 주장에 대하여 생각해 보라.

㉦ 하나님의 창조를 거부하는 소위 우주를 연구하는 과학주의자들의 왜곡된 사고에 대하여 생각해 보라.

## 5. 인간의 지식이 가지는 한계 (전1:12-15)

> 12 나 전도자는 예루살렘에서 이스라엘 왕이 되어 13 마음을 다하며 지혜
> 를 써서 하늘 아래에서 행하는 모든 일을 연구하며 살핀즉 이는 괴로운 것
> 이니 하나님이 인생들에게 주사 수고하게 하신 것이라 14 내가 해 아래에
> 서 행하는 모든 일을 보았노라 보라 모두 다 헛되어 바람을 잡으려는 것이
> 로다 15 구부러진 것도 곧게 할 수 없고 이지러진 것을 셀 수 없도다 1)

전도자는 자신이 처한 현실적 상황에 대한 고백을 하고 있다. 약속
의 땅 가나안에 거주하게 된 이스라엘 민족의 정치적 중심지이자 거룩
한 성전이 존재하는 예루살렘에서 왕이 되었다는 것이다. 이스라엘의
왕은 단순히 최고 통치권자로서의 위상을 넘어 언약의 백성을 하나님
께서 요구하신 올바른 길로 인도하는 중요한 책무를 가진 지위에 놓여
있다.

그러므로 전도자는 마음을 다하고 모든 지혜를 동원하여 하늘 아래
서 행해지는 다양한 형편들을 주의 깊게 살펴보았노라고 했다. 즉 세상
에서 인간들이 행하는 일들 가운데 과연 값진 것이 무엇인지 심혈을 기
울여 연구하며 살펴보았다는 것이다. 이는 그 모든 과정을 통해 하나님
의 뜻을 알아가고자 했음을 말해주고 있다.

---

1) 한글 개역개정 성경에서 이 부분을 '모자란 것'이라고 번역한 것은 무리가 있
   다. 따라서 본문은 '모자란 것'이라기보다 '존재하지 않는 것'에 가까우므로
   '없는 것을 셀 수 없다'로 번역하는 것이 자연스럽다. 다른 여러 한글 번역본
   들은 그렇게 번역하고 있다(새번역, 공동번역, 현대인의성경 등). 그리고 다수
   의 영어 성경에는 이 부분을 'what is lacking cannot be counted'로 번역하고 있
   다(NIV, NASB). 참고로 한글 개역 성경은 이 부분을 '이지러진 것을 셀 수 없
   도다'고 번역하고 있는데 이 역시 자연스러운 번역으로 보기 어렵다.

전도자인 솔로몬 왕은 그 일을 위해 신실한 자세로 임했을 것이 틀림 없다. 그것은 단순히 개인적인 의도를 넘어 언약의 민족 전체에 연관된 문제였으므로 더욱 그러했다. 하지만 결국 그가 알게 된 사실은 이 세 상에서 발생하는 모든 일들은 괴로운 것이었으며 하나님께서 인간들에 게 수고를 끼치신 것에 지나지 않는다는 것이었다. 이는 인간들이 많은 고생만 할 뿐 스스로 세상에서 존재하고 발생하는 것에 대한 진리를 알 수 없다는 의미를 지니고 있다.

그러므로 전도자는 해 아래서 벌어지는 모든 일들이 헛된 것이라는 결론을 얻게 되었음을 말했다. 타락한 세상에서 인간들이 행하는 온갖 행위들은 다 헛되어 마치 손으로 잡을 수 없는 바람을 잡으려는 것과 마찬가지라는 것이다. 즉 허망한 인간들의 삶 가운데는 이미 '구부러 진 것이 스스로 곧게 펴질 수 없으며 존재하지 않는 것을 세는 것이 불 가능하다'(What is twisted cannot be straightened; what is lacking cannot be counted).

이는 죄에 빠진 인간은 나약하고 무능한 존재에 지나지 않기 때문에 아무것도 분간할 수 없는 존재이자 참된 사고를 하는 실마리조차 가지 고 있지 않다는 의미를 지니고 있다. 하나님을 떠나 사망의 구렁텅이에 빠진 인간은 그 자체로 전적으로 무능한 존재에 지나지 않는다. 언약의 백성들이 이에 대한 올바른 깨달음을 가지는 것은 매우 중요하다.

| 묵상과 질문 |

㉠ 이스라엘 왕국의 수도이자 거룩한 성전이 존재하는 예루살렘에서 '왕'이 감당해야 할 기본적인 직무에 관해서 생각해 보라.

㉡ 솔로몬 왕이 세상에서 행해지는 모든 일들에 대하여 지혜를 짜내 전심으로 연구하며 살핀 이유가 무엇인지 생각해 보라.

㉢ 모든 것을 연구하며 살피고자 하는 인간이 소유한 능력의 한계에 관하여 생각해 보라.

㉣ 하나님께서 인간들에게 허락하신 지혜와 지식에 대하여 생각해 보라.

㉤ 하늘 아래서 행해지는 모든 일들이 다 헛되어 손으로 바람을 잡으려는 것과 같다고 한 말의 의미를 생각해 보라.

㉥ '구부러진 것이 스스로 곧게 펴질 수 없으며, 존재하지 않는 것을 세는 것이 불가능하다'는 말의 진정한 의미를 생각해 보라.

㉦ 오늘날 우리 역시 솔로몬 왕이 보고 깨달은 점과 동일한 관점에서 모든 것을 이해해야 한다는 사실을 생각해 보라.

## 6. 인간의 지혜가 가지는 한계 (전1:16-18)

16 내가 내 마음 속으로 말하여 이르기를 보라 내가 크게 되고 지혜를 더 많이 얻었으므로 나보다 먼저 예루살렘에 있던 모든 사람들보다 낫다 하였나니 내 마음이 지혜와 지식을 많이 만나 보았음이로다 17 내가 다시 지혜를 알고자 하며 미친 것들과 미련한 것들을 알고자 하여 마음을 썼으나 이것도 바람을 잡으려는 것인 줄을 깨달았도다 18 지혜가 많으면 번뇌도 많으니 지식을 더하는 자는 근심을 더하느니라

전도자는 그전에 자기가 속으로 가졌던 생각을 드러내 보였다. 그는 마음속으로 자기가 다른 사람들보다 크게 되었다는 교만한 마음을 품고 있었다는 것이다. 솔로몬은 다윗 왕국을 통치하는 왕의 지위에 올랐으니 그보다 큰 사람은 존재하지 않았다. 여러 왕자들 가운데 가장 빼어난 자로 인정받아 다윗의 왕위를 계승했으며 왕국의 모든 관료들은 자기의 지휘 아래 놓여 있었다.

나아가 제사장을 비롯한 종교인들조차도 권력적인 측면에서 볼 때 왕의 관할에 속해 있었다. 아무리 유력한 인물이라 할지라도 그를 능가하는 자는 존재하지 않았던 것이다. 따라서 그가 크게 성공하게 되었음을 주장하는 것은 근거 없는 일방적인 주장이 아니라 실제로 그러했음을 알 수 있다.

그리고 지혜와 지식적인 측면에 있어서도 그를 능가할 자가 없었다. 그는 지혜와 지식을 소유하기 위해 다양한 분야의 학문을 탐구하며 많은 노력을 기울였다. 그리하여 풍부한 학문을 소유한 자로서 수많은 책과 시를 쓰기도 했다. 실제로 이스라엘 왕국 역사 가운데 그와 같은 출

중한 인물이 없었다. 따라서 그는 자기보다 먼저 예루살렘에 있던 모든 사람들보다 낫다는 생각을 하고 있었다.

그런데 솔로몬 왕은 이제 그 모든 것이 아무런 의미가 없다는 사실을 깨닫게 되었음을 말했다. 그는 그동안 인간으로서 보람 있고 원만한 참된 삶을 추구하기 위해 무진 애를 써왔었다. 어떻게 살아가는 것이 지혜로운 참된 삶인지 알고자 했던 것이다. 그리고 어리석고 미련한 삶은 어떤 것인지 구별해 보려고 심혈을 기울였다.

하지만 그와 같은 구별을 하려는 모든 노력조차 마치 바람을 손에 잡으려는 것과 같이 헛된 일이라는 사실을 깨달았다고 했다. 죄에 빠진 인간의 이성과 경험으로 그와 같은 것을 가늠한다는 자체가 어리석은 일에 지나지 않았던 것이다. 타락한 인간으로서는 인생의 참된 삶과 어리석은 삶을 구별하는 것이 불가능했기 때문이다.

이는 인생에 대한 원천적인 불가지론(不可知論)을 말하고자 하는 것이 아니라 하나님의 계시와 그에 따른 은혜가 아니고는 도저히 그에 관해 알 수 없다는 사실을 말해주고 있다. 우리가 여기서 얻게 되는 교훈은 계시된 하나님의 말씀과 성령의 도우심이 없이는 모든 것이 온전하지 않다는 사실이다. 오직 하나님으로 말미암아 제공된 지식과 지혜를 통해서만 참된 진리임이 확인될 수 있을 따름이다.

그러므로 전도자는 타락한 이 세상에서 얻은 지혜가 많으면 많을수록 그것으로 인해 도리어 번뇌가 많게 되고 지식을 더하게 되면 근심을 더하게 될 따름이라고 했다. 더 많은 지혜와 지식을 찾아 나설수록 인생을 헤맬 수밖에 없다. 이는 인간들 가운데 형성되고 발전된 모든 지혜와 지식은 온전치 않다는 사실을 말해주고 있다.

이에 대해서는 이미 지나간 인간 역사 가운데 충분히 확인되는 내용이다. 특정 시대에 매우 중요한 진리라고 주장되던 모든 것들은 다음 세대가 되면 다 허물어지게 된다. 시대와 지역에 따라 형성되는 상대적 개념의 지혜와 지식에는 궁극적인 참된 의미가 없다. 사도 베드로는 그의 첫 번째 서신에서 그에 관한 교훈을 주고 있다.

> "그러므로 모든 육체는 풀과 같고 그 모든 영광이 풀의 꽃과 같으니 풀은 마르고 꽃은 떨어지되 오직 주의 말씀은 세세토록 있도다 하였으니 너희에게 전한 복음이 곧 이 말씀이니라"(벧전1:24,25)

성경이 가르치고 있는 것처럼 인간 역사 가운데 땅을 밟고 살아가는 인간의 삶은 결코 영원하지 않다. 그 모든 육체는 마치 들의 풀과 같이 잠시 동안 푸른 빛을 띠고 있을 따름이라는 것이다. 나아가 인간들이 스스로 영광스러운 것이라 여기고 추구하는 것들도 궁극적인 참된 의미를 가지지 않는다. 어리석은 자들은 겉보기에 그럴듯하고 좀더 커 보이는 것을 많이 소유하면 큰 영광이라 여긴다.

하지만 어리석은 인간들은 세상에서 쟁취한 것을 자랑으로 삼거나 부러움의 대상으로 여기겠지만 실상은 아무런 의미가 없다. 이는 마치 잠시 아름답게 피는 식물의 꽃이 얼마 지나지 않아 그 잎이 마르고 꽃이 시들어 떨어지는 것처럼 인간들의 생각하는 모든 영광이 그와 같다는 것이다.

참 지혜로운 자들은 그 사실을 명확하게 알고 있다. 세상의 모든 것은 사람들 가운데 일시적인 현상으로 존재하다가 곧 사라지게 되지만 하나님의 말씀은 영원토록 존재한다. 하나님의 자녀들은 예수 그리스도로 말미암아 모든 것에 대한 회복이 약속되어 있다. 그것이 우리에게 영원한 진리의 복음이 되는 것이다.


| 묵상과 질문 |

㉠ 인간으로서 그럴듯하게 보이는 것으로 더 크게 성공하고 더 풍부한 지식과 지혜를 가지는 것이 어떤 의미를 지니는지 생각해 보라.

㉡ 솔로몬 왕은 자기가 다른 사람들보다 더 많은 지혜와 지식을 가진 것에 대하여 어떤 마음을 가지고 있었는지 생각해 보라.

㉢ 오염된 인간 사회에서 형성된 지식과 지혜가 가지는 의미를 생각해 보라.

㉣ 인간이 이성과 경험으로써 좋은 삶과 그렇지 않은 삶을 구별하는 것은 마치 바람을 잡고자 애쓰는 허망한 일에 지나지 않는다고 한 말이 무슨 뜻인지 생각해 보라.

㉤ 타락한 인간들이 세상의 지식과 지혜를 도구 삼아 서로 경쟁하는 것이 어떤 의미가 있는지 생각해 보라.

㉥ 세상의 지식과 지혜를 가지는 것 자체가 다른 사람들 앞에서 자랑스러워할 만한 일인지 생각해 보라.

㉦ 지혜와 지식이 번뇌와 근심의 근원이 된다고 한 말의 의미를 생각해 보라.

# 제2장

# 오해하지 말아야 할 인생

(전2:1-26)

## 1. 인생의 즐거움을 추구한 전도자의 고백 (전2:1-8)

1 나는 내 마음에 이르기를 자, 내가 시험삼아 너를 즐겁게 하리니 너는 낙을 누리라 하였으나 보라 이것도 헛되도다 2 내가 웃음에 관하여 말하여 이르기를 그것은 미친 것이라 하였고 희락에 대하여 이르기를 이것이 무슨 소용이 있는가 하였노라 3 내가 내 마음으로 깊이 생각하기를 내가 어떻게 하여야 내 마음을 지혜로 다스리면서 술로 내 육신을 즐겁게 할까 또 내가 어떻게 하여야 천하의 인생들이 그들의 인생을 살아가는 동안 어떤 것이 선한 일인지를 알아볼 때까지 내 어리석음을 꼭 붙잡아 둘까 하여 4 나의 사업을 크게 하였노라 내가 나를 위하여 집들을 짓고 포도원을 일구며 5 여러 동산과 과원을 만들고 그 가운데에 각종 과목을 심었으며 6 나를 위하여 수목을 기르는 삼림에 물을 주기 위하여 못들을 팠으며 7 남녀 노비들을 사기도 하였고 나를 위하여 집에서 종들을 낳기도 하였으며 나보다 먼저 예루살렘에 있던 모든 자들보다도 내가 소와 양 떼의 소유를 더 많이 가졌으며 8 은 금과 왕들이 소유한 보배와 여러 지방의 보배를 나를 위하여 쌓고 또 노래하는 남녀들과 인생들이 기뻐하는 처첩들을 많이 두었노라

전도자는 인간이 이 세상에서 누리는 모든 기쁨과 즐거움은 궁극적인 의미가 없다는 사실을 언급하고 있다. 스스로 많은 즐거움을 누리고자 애써 보지만 그것은 아무런 유익이 되지 않는다고 말했다. 그점을 확인하기 위해 스스로 자기의 심중을 향하여, 최고의 즐거움이 과연 무엇인지 알 수 있도록 시험 삼아 그렇게 해 줄 것이니 마음껏 누려보라고 해 보았으나 그것은 결국 헛된 망상에 지나지 않는다는 것이었다.

그는 사람들이 겉으로 웃는 웃음은 무의미한 미친 짓이라 평가했으며 향락을 누리는 것은 쓸데없는 짓에 지나지 않는다고 여겼다. 그럼에도 불구하고 과거 그의 마음속에는 즐거움을 누리고자 하는 욕망으로 가득 차 있었음을 고백적으로 언급하고 있다. 그는 모든 지혜를 동원하여 즐거움을 누리고자 술에 빠져 보기도 했으며 인생의 낙을 누려보고자 온갖 애를 쓰기도 했다.

전도자는 덧없는 인생을 살아가면서 과연 무엇을 하며 지내는 것이 최상인지 알아내고자 했다. 그는 어리석게도 하늘 아래 살아가는 동안 낙을 누리며 즐겁게 살아가는 것이 짧은 인생을 가장 보람있게 누리는 것으로 생각했음을 언급했다. 그런 삶을 유지하는 것이 자기에게 최선의 방편이 된다고 여겼던 것이다.

전도자는 그와 같은 만족스러운 삶을 예비하기 위해 사업을 크게 벌인 사실을 언급했다. 그는 자기를 위해 좋은 집들을 짓고 넓은 포도원을 일구었다. 또한 아름다운 동산과 과수원을 만들어 그 가운데 다양한 과실나무들을 심었다. 그리고 수목이 자라나는 삼림에 물을 공급하기 위해 못들을 파기도 했다.

뿐만 아니라 자기가 목적하는 일을 시키기 위해 남녀 노비들을 사기도 했으며 하인과 종들을 많이 두기도 했다. 나아가 종들이 자식을 낳게 함으로써 더 많은 종들을 소유하기 위해 애쓰기도 했다. 개인적인 성공을 거두기 위해서라면 취할 수 있는 어떤 행위도 마다하지 않았다는 것이다.

그리하여 그는 지금까지 예루살렘에 살았던 자들과 지금 현재 생존한 어느 누구보다도 소와 양떼를 비롯한 가축들을 더 많이 소유하고 있다고 했다. 뿐만아니라 그에게는 은과 금이 풍부했으며 주변 여러 나라의 왕들이 아름다운 보배를 가지고 와서 자기에게 바쳤으므로 여러 지역의 특산물들이 왕궁에 가득하다고 했다. 그는 그 모든 것들을 자기를 위하여 창고에 가득 쌓아두고 있으면서 노래로 분위기를 북돋우는 젊은 남녀들을 대기시켜 두었으며 자기에게 수청을 드는 여성들과 자기가 좋아하는 처첩들을 많이 두었다고 했다.

여기에는 왕으로서 자기의 권위를 과시하고자 하는 의미가 담긴 것으로 이해할 수 있다. 따라서 위에 언급된 솔로몬 왕의 모든 욕망과 실행은 개인적인 것을 넘어 이스라엘 왕으로서 취하는 공적인 욕망에 연관된 것으로 이해할 수 있다. 즉 그는 예루살렘에서 가장 훌륭한 왕이 되어 이스라엘 왕국을 다른 나라보다 더 부강하게 만들기를 원했으며 그 가운데서 자기의 영화를 누리고자 했던 것이다.

그러므로 본문은 인생이 어떤 지위에서 어떤 방식을 취하든 스스로 즐거움을 누리고자 행하는 모든 일은 헛것에 지나지 않는다는 사실을 말해주고 있다. 하지만 어리석은 자들은 그에 대한 아무런 깨달음 없이 허무한 일들을 되풀이하게 된다. 우리가 여기서 반드시 기억해야 할 바는 예수 그리스도가 없는 상태에서 추구하여 얻게 되는 모든 성취와 즐거움은 헛된 일시적 현상에 지나지 않는다는 사실이다.

| 묵상과 질문 |

㉠ 인생이 누리는 즐거움과 낙은 어떤 궁극적인 의미를 지니고 있는지 생각해
  보라.

㉡ 죄에 빠진 인간들이 이 세상에서 개인의 욕망을 추구하는 것은 과연 무슨
  의미가 있는지 생각해 보라.

㉢ 인간들에게 있어서 '술'의 역할에 대하여 생각해 보라.

㉣ 화려한 집과 넓은 토지를 비롯한 많은 재산을 소유함으로써 얻게 되는 궁극
  적인 의미를 생각해 보라.

㉤ 많은 노비와 하인을 두고 부리면서 얻게 되는 자기 만족의 의미가 무엇인지
  생각해 보라.

㉥ 무수한 동물들과 풍부한 보물과 지역 특산물을 소유함으로써 궁극적으로
  얻게 되는 유익이 무엇인지 생각해 보라.

㉦ 젊은 남녀를 대기시켜 두면서 춤과 노래 등 향락을 누리는 것이 과연 어떤
  의미가 있는지 생각해 보라.

㉧ 자기를 위하여 주변에 처첩들을 많이 두고 욕망을 채우는 것이 과연 무슨
  의미가 있는지 생각해 보라.

㋐ 본문(전2:4-8)에 언급된 여러 경우들 가운데 솔로몬 왕 개인의 욕망을 넘어 이스라엘 왕국의 왕으로서 가진 공적인 욕망에 연관지어 볼 수 있을지 생각해 보라.

㋑ 오늘날 하나님께 속한 성도들이 소유해야 할 인생의 참된 즐거움은 무엇에 근거해야 하는지 생각해 보라.

## 2. 모든 것을 성취한 결과로 얻은 허망함 (전2:9-11)

> 9 내가 이같이 창성하여 나보다 먼저 예루살렘에 있던 모든 자들보다 더 창성하니 내 지혜도 내게 여전하도다 10 무엇이든지 내 눈이 원하는 것을 내가 금하지 아니하며 무엇이든지 내 마음이 즐거워하는 것을 내가 막지 아니하였으니 이는 나의 모든 수고를 내 마음이 기뻐하였음이라 이것이 나의 모든 수고로 말미암아 얻은 몫이로다 11 그 후에 내가 생각해 본즉 내 손으로 한 모든 일과 내가 수고한 모든 것이 다 헛되어 바람을 잡는 것이며 해 아래에서 무익한 것이로다

전도자는 자기가 매우 번성하여 부유한 삶을 누리고 있음을 언급했다. 그는 지금까지 예루살렘에 살았던 그 어느 누구보다 창성하다는 사실을 자신있게 말했다. 이는 물질이든 권세든 명예든 이 세상적인 관점에서 자신의 형편을 볼 때 남부러울 것이 전혀 없다는 사실을 말해주고 있다.

뿐만 아니라 자기의 지혜 역시 다른 사람들과 비할 바 없이 훌륭하다

고 자평했다. 자기는 그것을 얻기 위해 많은 노력을 기울여 공부했다는
것이다. 자기가 소유한 그 지혜는 사라지지 않고 여전히 최고라는 사실
을 스스로 자인하고 있다. 이 말은 자기보다 나은 자는 세상에 존재하
지 않는다는 사실에 연관된 언급이다.

그러므로 그는 자기가 눈으로 보고 귀로 듣는 것 중에 원하는 것이
있으면 무엇이든지 자기의 소유로 만들어 왔다고 했다. 즉 자기 눈에
좋아 보이는 것이라면 무조건 쟁취했음을 말해주고 있다. 이 세상에서
자기가 원하는 것이라면 무엇이든지 다 가질 수 있었다는 것이다.

그가 온갖 방법들을 동원해 자기 마음에 드는 모든 것들을 취했던 까
닭은 그것을 통해 만족감을 누리기 위해서였다고 했다. 또한 소유하는
것 자체로 큰 기쁨을 누려왔다는 사실을 언급했다. 따라서 자기 마음을
흡족하게 할 만한 것이라고 판단되면 무슨 수를 써서라도 자기의 소유
로 만들었다는 것이다.

그는 또한 자기가 그렇게 하기 위해서 많은 수고와 노력을 기울였다
는 사실을 언급했다. 그와 같은 모든 즐거움을 누릴 수 있었던 것은 자
기의 수고로 말미암아 얻게 된 결과라는 것이다. 따라서 자기가 그와
같은 즐거움을 누릴 만한 지위에 앉아있는 것은 스스로 쟁취한 것으로
서 충분히 자부심을 가질 만하다는 생각을 하고 있었음을 말해 준다.

하지만 그 모든 부와 지식과 지혜와 능력을 통해 즐거움을 누려본 후
에 되짚어 생각해 보니 그것은 아무런 의미가 없다는 사실을 뒤늦게 깨
달았음을 말했다. 세상의 욕망과 만족을 쟁취하기 위해 수고한 모든 것
이 헛되어 마치 손으로 바람을 잡는 것 같다고 했다. 즉 해 아래서 가치
있는 것으로 여겨왔던 모든 것들이 아무런 유익이 없는 무익한 것에 지

나지 않는다는 것이다.

이에 대해서는 오늘날 우리 역시 전도서 본문에 언급된 내용을 동일한 교훈으로 받아들여야 한다. 지금도 어리석은 자들은 잠시 지나가는 타락한 세상에서의 만족을 추구하기에 급급하다. 그러다가 무언가 자기가 원하는 것을 쟁취했다고 판단하면 한없이 즐거워하다가도 그것을 잃어버리게 되면 즉시 깊은 절망의 수렁에 빠지게 된다.

그러나 그와 같은 모든 것들은 이 세상에서 잠시 있다가 곧 사라지는 일시적인 현상에 지나지 않는다. 따라서 그 본질적인 속성을 잘 알고 있으면서 그에 대한 성경적인 올바른 판단을 내리며 행동하는 것이 참된 지혜이다. 즉 타락한 이 세상에서 누리는 것은 아무런 의미가 없지만 진정으로 소중한 것들은 영원한 천국에 있음을 기억하고 살아가야 하는 것이다.

그렇다고 해서 하나님의 자녀들이 허무주의와 회의주의에 빠지거나 이 세상에 살아갈 동안 간직해야 할 삶의 의미를 무시해서는 안 된다. 성도들은 세상에서 얻는 유무형의 모든 것들을 주님의 몸된 교회와 이웃을 위해 유익하게 사용할 수 있어야 한다. 그것은 단순히 물질과 정신을 통한 봉사에 국한된 의미가 아니다. 총체적으로 하나님과 그의 몸된 교회와 이웃을 위한 삶을 살아가도록 자기가 소유한 모든 것이 허락되었음을 기억하는 가운데 경건한 삶을 살아가야 하는 것이다.

| 묵상과 질문 |

㉠ 솔로몬이 참된 진리를 깨닫기 전에 가졌던 융성함과 자부심에 대하여 생각
해 보라.

㉡ 자기의 부와 지혜와 능력을 통해 원하는 모든 만족과 즐거움을 취할 수 있
었던 솔로몬의 지위를 생각해 보라.

㉢ 솔로몬이 자기가 쟁취한 모든 것이 개인적인 노력과 수고를 통한 것이라 여
길 때 가졌던 일시적인 즐거움에 대하여 생각해 보라.

㉣ 예루살렘과 유다 왕국에 살던 많은 백성들이 그와 같이 만족스러운 삶을 누
리는 솔로몬을 얼마나 부러워했을지 생각해 보라.

㉤ 최고의 권력과 부와 지혜와 인생을 누릴 수 있는 모든 것을 갖춘 솔로몬 왕
을 눈곱만큼도 부럽게 여기지 않을 뿐더러 그 모든 것이 헛된 것이라는 생
각을 한 자가 있었다면 왕을 비롯한 많은 사람들이 그를 어떻게 보았을지
생각해 보라.

㉥ 솔로몬이 그 모든 일들이 헛되어 마치 손으로 바람을 잡는 것 같으며 해 아
래서 무익한 것이라는 사실을 깨달은 후에는 그의 삶이 어떻게 바뀌었을지
생각해 보라.

㉦ 솔로몬이 그 진리를 깨달은 것이 자기의 지혜 때문인지 하나님의 은혜로 말
미암은 것인지 생각해 보라.

◎ 오늘날 우리는 이를 통해 어떤 소중한 교훈을 받아야 하며 어떻게 이 세상을 살아가야 할지 구체적으로 생각해 보라.

㉛ 우리 주변에 타락한 세상에 가치를 둔 채 자기의 삶을 추구하는 기독교인들이 있다면 어떻게 바라보고 적절한 대응을 해야 할지 생각해 보라.


## 3. 지혜자와 우매자의 동일한 결말 (전2:12-16)

> 12 내가 돌이켜 지혜와 망령됨과 어리석음을 보았나니 왕 뒤에 오는 자는 무슨 일을 행할까 이미 행한 지 오래 전의 일일 뿐이리라 13 내가 보니 지혜가 우매보다 뛰어남이 빛이 어둠보다 뛰어남 같도다 14 지혜자는 그의 눈이 그의 머리 속에 있고 우매자는 어둠 속에 다니지만 그들 모두가 당하는 일이 모두 같으리라는 것을 나도 깨달아 알았도다 15 내가 내 마음속으로 이르기를 우매자가 당한 것을 나도 당하리니 내게 지혜가 있었다 한들 내게 무슨 유익이 있으리요 하였도다 이에 내가 내 마음속으로 이르기를 이것도 헛되도다 하였도다 16 지혜자도 우매자와 함께 영원하도록 기억함을 얻지 못하나니 후일에는 모두 다 잊어버린 지 오랠 것임이라 오호라 지혜자의 죽음이 우매자의 죽음과 일반이로다

전도자는 그동안 자기가 가장 가치 있는 것으로 여겼던 것이 근본적으로 잘못된 생각이었음을 언급하고 있다. 선왕(先王)의 뒤를 이어 왕위에 오른 자로서 어떻게 하면 훌륭한 왕이 될지 고민해 보았다고 했다. 그래서 어떻게 하는 것이 지혜롭게 처신하는 것인지 혹은 어떻게 하는 것이 어리석은 행위인지 알아보고자 했다는 것이다. 많은 노력을 기울

여 보았으나 결국은 앞선 왕들이 한 일을 되풀이했을 따름이었다는 사실을 고백했다.

그는 지혜가 어리석음보다 뛰어난 것은 빛이 어둠보다 뛰어난 것과 마찬가지라고 했다. 지혜로운 자는 빛을 통해 자기의 앞길을 내다 볼 수 있으나 어리석은 자는 빛이 없으므로 어둠 속을 헤매고 다닐 뿐이라는 것이다. 그런데 문제는 이 세상에 살아가는 인간들 가운데 지혜로운 자나 어리석은 자가 공히 똑같은 운명에 처하게 된다는 사실이다.

전도자는 이제 그점을 깨닫게 되었음을 언급하고 있다. 사람들이 지혜자와 어리석은 자를 구분하고 나름대로 판단하고 해석하기를 좋아하지만 그것 자체로서는 아무런 의미가 없다는 것이다. 어떤 자들은 지혜자가 되기 위해 많은 노력을 기울이지만 그렇게 된다고 할지라도 근본적인 값어치를 제공하지 못한다.

그러므로 전도자는, 자기가 어리석은 자라고 여기며 위축되어 살아가던 자들이 겪게 되는 그 모든 일을, 스스로 지혜로운 자로 여기며 자랑하던 자들도 그와 동일한 형편에 처하게 될 것이라고 말했다. 즉 자기에게 지혜가 있는 것으로 생각하여 뿌듯하게 여기며 지낸다고 한들 그것 자체로서는 아무런 유익이 없다는 것이다. 따라서 그는 그와 같은 모든 것이 헛된 것이란 사실을 깨닫게 되었노라고 했다.

세상에서 지혜를 자랑하는 자라고 해도 어리석은 자들이 당하는 것과 마찬가지로 영원토록 자기를 기억해주는 자가 없다. 결국은 나중 사람들은 그들에 대해 완전히 잊어버릴 것이며 지혜와 어리석음으로 인한 평가가 남지 않는다. 따라서 지혜로운 자 혹은 어리석은 자라 할지라도 죽음의 현실 앞에서는 아무런 차이가 없다는 것이다.

이는 세상에서 사람들 가운데 형성된 지혜의 무의미함을 지적하고 있다. 하지만 하나님으로 말미암는 참된 지혜를 소유해야 할 필요가 있다. 그것은 인간들이 창조하거나 인간 사회에서 형성되는 것이 아니라 오직 하나님의 말씀을 통해 드러나게 된다. 사도 바울은 고린도 교회에 보내는 첫 번째 서신에서 그에 관한 언급을 하고 있다.

> "지혜 있는 자가 어디 있느냐 선비가 어디 있느냐 이 세대에 변론가가 어디 있느냐 하나님께서 이 세상의 지혜를 미련하게 하신 것이 아니냐"(고전1:20) ; "이 세상 지혜는 하나님께 어리석은 것이니 기록된 바 하나님은 지혜 있는 자들로 하여금 자기 꾀에 빠지게 하시는 이라 하였고 또 주께서 지혜 있는 자들의 생각을 헛것으로 아신다 하셨느니라"(고전3:19,20)

바울은 세상에 지혜로운 자가 어디 있으며 선비가 어디 있느냐고 말했다. 그리고 이 세대에 참된 것을 스스로 변론할 자가 어디 존재하느냐고 했다. 이는 타락한 세상에는 참된 지혜자나 참된 선비가 없으며 스스로 사실을 변론할 수 있는 절대적인 능력을 가진 자가 없다는 사실을 말해주고 있다. 그리고 하나님께서 이 세상 사람들이 지혜로운 것으로 간주하는 모든 것을 미련하고 어리석은 것으로 그 본질을 드러내셨음을 언급했다.

그러므로 세상에서 사람들이 지혜롭다고 간주하는 모든 것들은 하나님 앞에서 볼 때 지극히 어리석은 것에 지나지 않는다고 했다. 세상에서 형성된 지혜는 참된 지혜가 아니라 사람들 사이에 생겨난 일시적인 꾀에 지나지 않는다. 따라서 하나님께서는 그 지혜를 내세우는 자들을 자기 꾀에 빠져 넘어지도록 하신다. 즉 그것이 참된 지혜가 아니란 사실을 인간들 가운데 그대로 노출시키게 된다는 것이다. 이는 하나님께서 스스로 지혜롭다고 여기는 자들의 생각을 아무런 의미없는 헛것으로 간주하신다는 의미를 지니고 있다.

이에 대해서는 오늘날 우리 역시 매우 주의 깊게 이해해야 한다. 우리가 세상에서 지혜롭다고 배워 익힌 모든 것들은 참된 지혜가 아니기 때문이다. 이땅에서 형성된 모든 지혜는 인간들을 하나님 앞으로 인도하는 것이 아니라 도리어 이 세상에 치중하게 함으로써 하나님으로부터 멀어지게 만들 따름이다. 오직 하나님의 말씀을 통한 참된 지혜를 소유함으로써 그의 은혜로 말미암아 하나님 앞으로 나아갈 수 있게 되는 것이다.

| 묵상과 질문 |

㉠ 타락한 세상에서 발생하고 형성되는 지혜는 우리에게 과연 어떤 의미를 지니고 있는지 생각해 보라.

㉡ 세상에 존재하는 일반적인 지혜의 역할에 관하여 생각해 보라.

㉢ 지혜와 어리석음 사이에 존재하는 본질적인 차이에 대하여 생각해 보라.

㉣ 세상에서의 지혜와 하나님으로 말미암은 참된 지혜는 서로 어떻게 다른지 생각해 보라.

㉤ 지혜로운 자와 어리석은 자가 하나님의 최종 심판이 임하는 종말의 때에 어떤 차이가 날지 생각해 보라.

㉥ 이 세상에서 더 많은 지혜를 얻기 위하여 노력하는 것은 도리어 어리석은 행위가 아닌지 생각해 보라.

Ⓐ 교회에 속한 성도가 타락한 세상에서 얻은 지혜를 자신의 자랑으로 여기는 문제에 대하여 생각해 보라.

## 4. 괴로운 인생길 (전2:17)

> 17 이러므로 내가 사는 것을 미워하였노니 이는 해 아래에서 하는 일이 내게 괴로움이요 모두 다 헛되어 바람을 잡으려는 것이기 때문이로다

인생의 모든 실상을 깨닫게 된 전도자는 이제 자기가 산다는 것 자체로는 아무런 의미가 없다는 사실을 알게 되었다. 따라서 이 세상에서 오래 사는 것 자체에 별다른 의미를 두지 않는다고 했다. 그 모든 것은 마치 바람을 손에 잡으려고 애쓰는 것과 같은 헛된 일에 지나지 않는다는 것이다.

나아가 그는 오히려 이 세상에 살아가는 것이 고통스러운 일이라는 사실을 언급했다. 해 아래서 추구하는 모든 일들이 괴로울 따름이며 궁극적으로는 아무런 의미가 없기 때문이다. 어리석은 자들은 의미없는 헛된 일에 몰두하면서 그것을 의미화하기에 급급할 따름이다.

이에 대해서는 하나님의 자녀로서 매우 주의 깊은 생각을 해야만 한다. 지금 전도자가 언급한 것은 허무주의나 염세주의를 내세우고자 하는 것이 아니기 때문이다. 도리어 여기서는 세상에서 헛된 것을 추구하는 일에 몰두할 것이 아니라 하나님께 속한 참된 것을 추구해야 한다는 사실을 말해주고 있다.

그러므로 우리가 이해해야 할 바는 헛된 세상 가운데서 참된 삶을 살아가야 한다는 사실이다. 전도자는 자기가 그에 관한 확실한 깨달음을 가졌음을 드러내 보여주고 있다. 그것은 메시아에 연관된 영원한 언약과 천상의 뜻이 이땅에 이루어지는 궁극적인 의미가 성취된다는 사실을 말해주고 있다. 참 지혜를 가진 자들은 그에 대한 분명한 깨달음과 더불어 값있는 삶을 살아내야만 하는 것이다.

| 묵상과 질문 |

㉠ 전도자가 자신이 타락한 이 세상에 살아가는 것을 미워한다고 한 것에 대한 본질적인 의미를 생각해 보라.

㉡ 해 아래서 행하는 모든 일이 자기에게 괴로움이 된다고 한 말의 의미를 생각해 보라.

㉢ 그가 이 세상의 모든 것이 헛되어 마치 손에 잡히지 않는 바람을 잡으려는 것과 같다고 한 말의 의미를 생각해 보라.

㉣ 전도자가 전하고자 하는 말이 회의주의나 염세주의에 연관된 의미가 아니란 사실을 주의깊게 생각해 보라.

㉤ 이 세상에서의 삶이 헛되지 않기 위해서는 예수 그리스도와 그의 사역을 통한 영원한 삶에 연관되어 있어야 한다는 사실을 생각해 보라.

## 5. 노력과 수고의 허망함 (전2:18-21)

> 18 내가 해 아래에서 내가 한 모든 수고를 미워하였노니 이는 내 뒤를 이
> 을 이에게 남겨 주게 됨이라 19 그 사람이 지혜자일지, 우매자일지야 누
> 가 알랴마는 내가 해 아래에서 내 지혜를 다하여 수고한 모든 결과를 그
> 가 다 관리하리니 이것도 헛되도다 20 이러므로 내가 해 아래에서 한 모
> 든 수고에 대하여 내가 내 마음에 실망하였도다 21 어떤 사람은 그 지혜
> 와 지식과 재주를 다하여 수고하였어도 그가 얻은 것을 수고하지 아니한
> 자에게 그의 몫으로 넘겨 주리니 이것도 헛된 것이며 큰 악이로다

전도자는 자기가 그동안 해 아래서 행한 모든 수고를 미워한다는 말
을 했다. 이는 자기가 수고하여 얻게 된 모든 것들은 자기를 위해 영원
히 남게 되는 것이 아니라 자기의 뒤를 이을 상속자에게 물려주게 될
것이기 때문이라는 것이다. 나아가 그 수고의 결과가 자신을 위하여 아
무런 유익을 끼치지 못하는 것이 분명하지만 다음 세대를 이을 자에게
도 긍정적인 영향을 끼치지 못할 수 있다는 사실은 신경이 쓰이지 않을
수 없었다.

만일 그것이 자기에게뿐 아니라 다음의 상속자에게도 참된 유익이
되지 않는다면 그동안 헛된 일을 한 것일 뿐 아니라 악을 도모하는 일
에 열심을 낸 것에 지나지 않는다. 예를 들어 어느 부모가 자식을 위해
많은 재산을 남겼는데 그로 말미암아 불로소득(不勞所得)을 취한 자식이
재물을 가지고 불량한 행동을 하거나 악한 자리에 앉게 된다면 그것은
백해무익(百害無益)한 것일 따름이다.2) 즉 그 부모는 자기뿐 아니라 자

---

2) 우리는 크게 성공하여 막강한 권력을 가지거나 큰 부자가 된 사람들의 자식 가
   운데 그 부모의 기대와는 달리 퇴폐적이고 악한 삶을 살아가는 자들을 숱하게
   많이 보아오고 있다.

식에게도 손해를 끼치는 일을 위해 온 인생을 바친 것과 다름이 없게 되는 것이다.3)

솔로몬은 자기가 수고하여 얻은 모든 것들이 자기를 위해 누릴 수 있는 것이 되지 않을 뿐더러 다음 세대의 상속자에게 손해를 끼친다면 불필요한 헛된 일에 몰두한 것에 지나지 않는다는 사실을 알고 있었다. 그 당시에는 전도자가 그에 대한 모든 실상을 완전히 알 수 있는 상황이 아니었다. 그렇지만 그가 소유한 모든 것이 멀지 않아 자기의 손을 떠나게 될 것은 분명하다.

장차 그의 것들을 상속받을 자가 지혜로운 자일지 혹은 어리석은 자일지 모르지만 자기가 모든 지혜를 짜내 수고함으로써 얻은 것들이 자기의 손에 남지 않고 완전히 떠나게 될 수밖에 없는 것은 슬픈 일이다. 그 모든 것들은 그의 뒤를 이을 다음 세대 상속자가 관리하게 된다. 따라서 그가 심혈을 기울여 애쓴 노력은 자신을 위해 아무런 의미가 없는 헛된 것에 지나지 않는다는 것이었다.

그러므로 전도자는 자기가 이 세상에서 감당한 모든 수고의 결과를 생각하면서 마음에 닥친 큰 실망을 금치 못한다는 사실을 말했다. 사람이 자기의 지혜와 지식과 기술과 능력을 총동원하여 아무리 많은 수고를 하여 많은 결실을 얻었다고 한들 그에 대하여 전혀 수고하지 않은 사람에게 넘겨주어야만 한다는 것은 헛된 것이라고 했다. 즉 아무런 노

---

3) 이에 대해서는 인류의 역사적인 관점에서도 동일하게 이해할 수 있다. 인간들이 과학 문명을 발전시키면서 그로 인한 긍정적이며 좋은 일을 기대했을 것이 분명하다. 하지만 세월이 흘러 그것들이 도리어 후세대 인간들을 크게 해롭게 하는 경우를 얼마든지 많이 볼 수 있다. 예를 들어 과학의 발전이 끔찍한 살상 무기들을 양산하거나 지구를 크게 오염시킨다든지, 인간들이 만들어낸 문명이 퇴폐적인 역할을 하는 것 등이 곧 그렇다.

력의 과정을 거치지 않은 타인에게 자기의 모든 것이 넘어간다는 것은 원리적으로 맞지 않으며 수고한 자에게는 슬픈 일이라는 것이다.


| 묵상과 질문 |

㉠ 인간이 모든 힘을 기울여 수고함으로써 얻는 결실이 그 당사자에게 어떤 실제적인 유익을 끼치는지 생각해 보라.

㉡ 자기가 많은 수고를 하여 얻은 결실이 풍부함에도 불구하고 크게 실망한 솔로몬의 심정을 생각해 보라.

㉢ 솔로몬이 최선의 노력을 기울여 얻은 모든 결실을 단순히 다음 세대에 물려주는 것이 아까워서 억울해하는 것인지 생각해 보라.

㉣ 부모가 많은 재산을 자녀에게 상속해주는 것이 자식을 진정으로 사랑하는 방편이 되는지 혹은 그렇지 않은지 생각해 보라.

㉤ 자기에게 궁극적인 유익이 되지 않음을 알고 있으면서도 성도들이 이 세상에서 성실하게 노력하고 일해야 하는 것은 과연 어떤 의미를 지니고 있는지 생각해 보라.

㉥ 우리가 전도자의 말을 통해 개인과 교회적인 관점에서 과연 어떤 구체적인 교훈을 받아야 할지 생각해 보라.

㉦ 인간들이 좋은 의도로 발전시킨 과학과 문명이 후세대 인간들에게 어떤 부정적인 역할을 하게 되는지 생각해 보라.

## 6. 슬픈 인생 (전2:22,23)

> 22 사람이 해 아래에서 행하는 모든 수고와 마음에 애쓰는 것이 무슨 소
> 득이 있으랴 23 일평생에 근심하며 수고하는 것이 슬픔뿐이라 그의 마음
> 이 밤에도 쉬지 못하나니 이것도 헛되도다

전도자는 해 아래서 행하는 모든 수고가 별다른 의미가 없다고 말했다. 무언가를 추구하고 획득하기 위해 애쓰고 노력하는 것이 아무런 소득이 없다는 것이다. 이는 이 세상에서 일어나는 모든 일과 취하는 성과들이 궁극적인 값어치를 제공하는 것이 아니란 사실을 말해주고 있다.

그러므로 인간이 일평생 살아가면서 근심 가운데 많은 수고를 한다고 해도 그 결과는 슬픔민 가득하게 될 따름이라고 했다. 이 세상 일에 대하여 지나친 관심을 기울이게 되면 밤잠을 설칠 수밖에 없게 된다. 그렇게 되면 상시(常時)로 마음 편히 휴식을 취하는 것이 불가능하다. 따라서 그 모든 것은 헛된 일에 지나지 않는다.

이 말은 하나님의 은혜가 없는 상태에서 수고하여 소유하게 되는 모든 것들이 헛것이라는 사실을 말해주고 있다. 이는 오직 이땅에 오시는 메시아를 통해 영원하고 참된 가치가 발생한다는 사실을 의미한다. 전도자는 그것이 인생에 있어서 본질적인 역할을 하게 된다는 사실을 말해주고 있는 것이다.

이에 대해서는 오늘날 이 세상을 살아가는 모든 성도들이 잘 이해해야 한다. 어리석은 자들은 타락한 세상 가운데서도 나름대로 대단한 의

미가 발생하는 것으로 여기고 있다. 따라서 그들은 세상의 괜찮아 보이는 것을 얻기 위해 모든 수고와 노력을 아끼지 않으며 그것을 소유하게 되면 인생에서 성공을 쟁취한 듯이 여기게 된다.

그러나 성경은 그렇게 가르치지 않는다. 죄에 빠진 이 세상 가운데는 영원한 참된 값어치를 지닌 것이 존재하지 않는다. 믿음의 선배들이 인간의 '전적 부패'(Total Depravity)와 '전적 무능'(Total Inability)을 고백적으로 언급한 것은 그와 밀접하게 연관되어 있다. 우리에게 진정한 값어치가 있는 일이 허락되는 것은 오직 예수 그리스도를 통해서만 가능하게 되는 것이다.

| 묵상과 질문 |

㉠ 사람들이 수고하고 애쓰는 모든 것이 아무런 소득이 없다고 한 말의 의미를 생각해 보라.

㉡ 만일 어떤 사람이 성실한 자세로 최선의 노력을 기울임으로써 세상 사람들이 값진 것으로 평가하는 것을 얻는 경우에도 그것이 헛된 일이 아닌지 생각해 보라.

㉢ 전도자가 일평생의 수고가 슬픔뿐이라고 한 말의 본질적인 의미를 생각해 보라.

㉣ 우리의 현실을 살펴보며 이 교훈의 적용과 실천에 대하여 구체적인 생각을 해 보라.

## 7. 하나님의 은총 (전2:24-26)

> 24 사람이 먹고 마시며 수고하는 것보다 그의 마음을 더 기쁘게 하는 것은 없나니 내가 이것도 본즉 하나님의 손에서 나오는 것이로다 25 아, 먹고 즐기는 일을 누가 나보다 더 해 보았으랴 26 하나님은 그가 기뻐하시는 자에게는 지혜와 지식과 희락을 주시나 죄인에게는 노고를 주시고 그가 모아 쌓게 하사 하나님을 기뻐하는 자에게 그가 주게 하시지만 이것도 헛되어 바람을 잡는 것이로다

전도자는 인간으로서 이 세상에서 누리는 가장 큰 기쁨은 자기가 원하는 음식과 음료를 풍족히 먹고 마시는 것이라고 했다. 사람이 열심히 일하는 것은 결국 먹고 마시는 삶에 귀착이 된다고 해도 과언이 아니다. 그런 생각을 하는 자들은 맛있는 음식을 마음껏 먹고 즐기는 것을 최상의 목직으로 심고 실아가게 된다.

그리고 열심히 일해서 자기가 원하는 바를 성취함으로써 얻는 기쁨이 크다. 사람들은 자기가 원하는 것을 쟁취하기 위해 모든 노력을 아끼지 않는다. 그것을 삶의 목적으로 삼고 있는 자들은 성공을 위해 어떤 수고도 마다하지 않는 것이다.

그런데 어리석은 자들은 그 모든 것이 기본적으로 하나님으로부터 나온다는 사실을 인식조차 하지 못하고 있다. 사람들이 날마다 먹는 모든 양식은 전적으로 하나님께서 허락하신 것이다. 하늘의 태양과 비바람이 없다면 먹을 곡식과 과일들이 생산될 수 없다.

인간들이 자기 목적을 달성하기 위해 수고하는 모든 것도 근원적으

로는 하나님으로 말미암는다. 하나님께서 건강을 비롯한 적절한 환경을 저들에게 허락하시지 않는다면 인간으로서 스스로 할 수 있는 일이 아무것도 없다. 생명과 건강뿐 아니라 무서운 사고를 방지하시는 분도 하나님이다. 따라서 그 모든 것들은 하나님으로 말미암아 허락되는 것으로 이해해야 한다.

그럼에도 불구하고 하나님을 알지 못하는 자들은 자기의 개인적인 수고와 노력으로 모든 것들을 쟁취한 것으로 착각하며 살아간다. 그들은 자기가 남보다 더 맛있는 음식을 먹고 많은 것을 취하여 즐기면서 큰 자부심을 가지게 된다. 자기가 다른 사람들에 비해 성공적인 삶을 살고 있다는 판단을 하면서 스스로 만족스러워하는 것이다. 그와 같은 자세는 인간의 삶에 대한 본질적인 의미를 알지 못하기 때문에 발생하는 문제라 할 수 있다.

전도자는 그에 관한 언급을 하며, 하나님께서 자기가 기뻐하는 자에게 참된 지혜와 참된 지식과 참된 기쁨을 주신다고 했다. 여기서 말하는 지혜와 지식과 희락이란 세상 사람들이 생각하는 일반적인 것과는 그 성격이 근본적으로 다르다. 그것들은 이 세상에 존재하지 않는 것으로서 하나님으로 말미암아 메시아를 통해 허락되는 것이다.

그렇지만 하나님을 알지 못하는 자들에게도 많은 수고를 하여 원하는 것들을 애써 모을 수 있도록 해주신다고 했다. 그들은 열심을 다해 노력을 하지만 그 얻은 것들이 궁극적으로는 자기를 위해서 사용되지 않는다고 했다. 그대신 하나님께서는 그것들을 자기가 기뻐하는 언약의 백성들에게 주도록 하신다고 했다. 즉 하나님을 모르는 죄인들은 열심히 수고하고 노력하되 그 본질적인 의미에서는 자기가 아니라 하나님의 자녀들을 위해 그렇게 한다는 것이다.

우리는 이 말이 과연 무슨 의미를 지니고 있는지 주의 깊게 생각해 보아야 한다. 하나님을 알지 못하는 자들은 이 세상에 살아가면서 다양한 형태의 즐거움과 만족감을 얻는다고 할지라도 그것 자체로는 참된 의미가 없다. 그에 반해 하나님의 자녀들이 이 세상에 살아가는 것은 천상의 본질에 연관된 매우 중요한 의미를 가진다. 즉 불신자들에게는 이 세상이 궁극적인 의미를 제공하지 못하는 데 반해 하나님의 자녀들에게는 특별히 부여된 영생에 연관된 의미가 존재하는 것이다.

이 말은 결코 상징적이거나 관념적인 말에 그치는 것이 아니다. 이 세상에 생존하는 모든 인간들이 하나님의 일반은총 가운데 살아가면서 날마다 먹는 양식을 생산하며 다양한 일들을 하게 된다. 신 · 불신자를 막론하고 다양한 노동을 하며 먹는 음식을 서로간 통용하는 가운데 살아가게 되는 것이다.

그런데 그 모든 것은 궁극적으로 하나님께서 자기 자녀들의 의미 있는 삶과 생존을 위해 허락하신 것들이다. 즉 모든 사람들에게 허락된 일반적인 은총은 하나님의 특별한 은혜를 입은 성도들을 위한 것들이다.4) 하나님의 자녀들은 이에 관한 의미를 올바르게 이해하지 않으면

---

4) 우리는 이에 관한 이해를 돕기 위해 한 예를 들어 생각해 볼 수 있다:『어느 가정에 아들이 한 명 있다. 그 아들에게는 친구가 필요했지만 여린 성품으로 인해 여러 친구들과 어울려 노는 것을 어려워했다. 때로 힘센 아이들이 때리기도 하고 욕을 하기도 했기 때문이다. 그래서 부모는 어느 날 아들의 친구 열 명을 맛있는 음식점으로 초대했다. 그 아이들에게 마음껏 음식을 먹도록 하며 호의를 베풀었다.』이럴 경우 그 부모가 지켜 보호하고자 하는 대상은 자기 아들이다. 그 자리에 자기의 사랑하는 아들이 없다면 다른 아홉 명의 아이들에게 맛있는 음식을 사줄 이유가 없다. 부모가 그렇게 한 것은 오직 자기 아들 때문이다. 이처럼 하나님께서는 이 세상에 자기 자녀들이 살아가도록 일반적인 은총을 베푸셨다. 그것은 물론 모든 인간들에게 허락된 은총이다. 하지만 그 실제적인 이면에는 하나님께서 택하신 자기 자녀들을 위해 그 은총을 베풀어 주셨던 것이다.

안 된다.

이에 대해서는 오늘날 우리에게도 동일한 의미를 지니게 된다. 하나님의 교회에 속한 성도들도 이 세상에 살아가면서 날마다 음식을 먹고 각자 나름대로 노동을 하며 살아간다. 중요한 사실은 이 세상의 진정한 주인은 창조주 하나님의 상속자인 교회에 속한 성도들이라는 점이다. 따라서 하나님의 자녀들에게 소중한 것은 일반은총에 해당되는 분야가 아니라 특별은총에 해당되는 것들이란 사실을 기억해야만 한다.

그러므로 전도자는 이 세상에서 인간들이 먹고 마시며 즐거워하는 것이나 그들이 행하는 모든 수고 가운데는 궁극적인 의미가 없음을 말하고 있다. 그 모든 것들은 헛되어 마치 손으로 바람을 잡으려고 하는 것과 같다는 것이다. 이는 그 가운데 존재하는 하나님으로 말미암는 참된 삶의 의미를 찾아야 한다는 사실을 말해주고 있다.

| 묵상과 질문 |

㉠ 이 세상에 살아가는 인간들이 궁극적으로 추구하며 누리고자 하는 즐거움은 어떤 의미를 지니고 있는지 생각해 보라.

㉡ 사람들이 일시적인 환경을 통해 누리는 기쁨이 결코 영원하지 않다는 사실을 생각해 보라.

㉢ 하나님의 자녀들에게 허락되는 참된 지혜와 참된 지식과 참된 기쁨에 대하여 생각해 보라.

㉢ 하나님으로부터 일반은총을 허락받은 인간들의 모든 노력이 궁극적으로는 하나님의 특별한 은혜를 입은 자들을 위한 것이란 의미를 생각해 보라.

㉣ 하나님의 자녀들에게 있어서 일반은총에 해당되는 내용과 특별은총에 해당되는 삶의 실상을 구분지어 그 의미를 생각해 보라.

# 제3장

# 하나님께 속한 인생

(전3:1-22)

## 1. '때'에 맞게 행하는 지혜 (전3:1-8)

1 범사에 기한이 있고 천하 만사가 다 때가 있나니 2 날 때가 있고 죽을 때가 있으며 심을 때가 있고 심은 것을 뽑을 때가 있으며 3 죽일 때가 있고 치료할 때가 있으며 헐 때가 있고 세울 때가 있으며 4 울 때가 있고 웃을 때가 있으며 슬퍼할 때가 있고 춤출 때가 있으며 5 돌을 던져 버릴 때가 있고 돌을 거둘 때가 있으며 안을 때가 있고 안는 일을 멀리 할 때가 있으며 6 찾을 때가 있고 잃을 때가 있으며 지킬 때가 있고 버릴 때가 있으며 7 찢을 때가 있고 꿰맬 때가 있으며 잠잠할 때가 있고 말할 때가 있으며 8 사랑할 때가 있고 미워할 때가 있으며 전쟁할 때가 있고 평화할 때가 있느니라

전도자는 세상의 모든 일에는 기한이 있고 천하만사(天下萬事)에 다 때가 있다는 언급을 했다. 이 말은 인간들이 분별력 없이 아무렇게나 판단하고 행동해서는 안 된다는 사실을 말해주고 있다. 자연의 섭리에 연

관된 모든 경우에는 인간들이 관여할 수 있는 일이 아무 것도 없다. 그
것들은 하나님의 섭리와 작정 속에 들어있기 때문이다.

인간은 이땅에 태어날 때가 있고 생을 마감하여 죽을 때가 있다. 자
기가 이 세상에 태어나서 한번 살아보고자 결심하거나 사전에 그것을
계획하여 준비한 자는 하나도 없다. 자기 의사와는 전혀 상관없이 이땅
에 태어나게 되는 것이다. 따라서 자기가 태어날 시기를 스스로 정한다
는 것 자체가 말이 되지 않는다.

인간이 이 세상에서 살아가다가 죽는 것도 태어날 때와 마찬가지다.
자기가 죽게 되는 시간을 정확하게 알고 있는 자는 아무도 없다. 앞으
로 몇 년을 더 살다가 어느 해에 죽겠다고 계획을 세우지 못한다. 때가
되면 개인의 의사와 아무런 상관없이 이 에 태어나게 되고 자기의 의사
와 무관하게 세상에서의 생명을 마감하게 되는 것이다. 그 모든 것은
하나님의 섭리와 경륜에 연관되어 있기 때문이다. 마일 누구가가 자기
의 생명의 기간을 정해 스스로 목숨을 끊는다면 그것은 하나님께 저항
하는 행위가 된다.

이 세상에 나타나는 일반적인 인간의 삶 가운데서도 그와 같은 원리
가 적용되어야 한다. 곡식을 얻기 위한 목적으로 식물을 심고 추수하는
일도 동일한 원리 가운데 있다. 봄에 씨앗을 뿌리거나 나무를 심어야
하는데 한겨울에 그렇게 한다는 것은 때에 대한 아무런 감각 없이 헛된
일을 하는 것에 지나지 않는다.

식물을 심은 결과 맺힌 열매를 수확하는 시기도 그렇다. 씨앗을 뿌리
고 심는 것과 마찬가지로 철에 따라 추수해야만 한다. 하지만 우리가
살아가고 있는 첨단 과학 시대에는 그에 관한 원리가 완전히 파괴되어

버렸다고 해도 과언이 아니다. 이제는 자연적인 계절과 철에 따르는 것
이 아니라 인위적인 방법으로 언제든지 심고 거두게 된 것이다.5)

　사람을 죽이는 것과 살리기 위해 치료하는 것에도 때와 원리가 존재
한다. 전쟁을 치르는 중이거나 절대로 있을 수 없는 사악한 범죄행위를
저지른 자를 법적인 근거에 따라 사형에 처하는 경우가 있는가 하면,
질병에 걸려 고통에 빠진 자를 살리고자 치료해 주어야 하는 때가 있
다. 또한 집을 지을 때가 있으며 허물어야 할 때가 있다. 그 '때'에 연
관된 분명한 이해가 없으면 금방 지은 새집을 아무런 생각 없이 허물거
나 혹은 그 자리에 새집을 짓기 위해 허물어야 할 낡은 집을 그대로 둔
다는 것은 말이 되지 않는다.

　사람은 또한 울어야 할 때가 있고 웃어야 할 때가 있다. 이웃이 슬프
고 괴로운 형편에 처한 것을 뻔히 보면서 그 옆에 앉아서 웃고 있다는
것은 결코 있을 수 없는 일이다. 그와는 반대로 이웃이 즐거워하는 잔
치를 배설(排設)한 자리에서 통곡을 하며 운다는 것도 있을 수 없는 일이
다. 사람은 슬퍼할 때와 춤추며 즐거워할 때를 구별하여 그에 맞게 지
혜로운 처신을 할 수 있어야 한다.

---

5) 첨단과학의 시대인 21세기는 과학의 발달로 인한 긍정적인 측면이 있는가 하
　면 부정적인 요소를 내포하고 있다. 사람들은 점차 땅에 씨앗을 뿌리고 나무를
　심어 열매를 거두는 전통적인 방법을 넘어서고 있다. 농부들은 '스마트 팜'
　(smart farm)과 '스마트 그린하우스'(smart green-house)를 만들어 계절에 상관
　없이 원하는 과일을 비롯한 열매들을 얻고 있다. 이는 하나님께서 정하신 창조
　질서의 경계를 넘어서고 있는 것과 마찬가지다. 단기적으로 볼 때 긍정적인 측
　면이 있으나 총체적으로는 어떤 부작용이 발생하게 될지 모른다. 아이들은 딸
　기와 포도가 언제 열리는지 사과와 귤이 어느 계절에 열리는지 알 필요가 없게
　된다. 또한 날마다 먹는 쌀과 보리를 언제 심고 거두는지 모르게 될 수 있다. 이
　는 자연과 더불어 살아가야 할 인간의 삶에 연관된 기본적인 원리를 등한시하
　게 될 우려가 따른다.

　그리고 돌을 바깥에 내다버려야 할 때가 있는가 하면 도리어 모아들여야 할 때가 있다. 버려야 할 돌을 주워 와서 집 안에 가득 채운다든지 돌이 필요할 때 모으지 않는 것은 어리석은 자들의 행동이다. 자기가 처한 형편이 어떠한지 그것이 왜 필요한지에 대한 정확한 판단과 더불어 때에 따라 그렇게 해야 하는 것이다.

　또한 사람은 타인을 포용하는 마음으로 감싸 안아야 할 때가 있으며 그렇게 하지 말아야 할 때가 있다.6) 관대하게 포용해야 할 때 사람을 내치는 것은 사랑이 결여된 것으로 심각한 문제가 된다. 이와는 반대로 냉정하게 대응함으로써 그에게 소중한 교훈을 주어야 할 때 무조건 감싸 안음으로써 오히려 자신과 상대방에게 큰 손해를 끼칠 수도 있다. 그에 대한 올바른 판단과 함께 때에 따라 행동하는 것은 매우 중요하다.

　그리고 사람들은 자기에게 필요한 것을 얻기 위해 찾아 나서야 할 때가 있는가 하면 불필요한 것을 내다 버려야 할 때가 있다. 그것을 마음속에 고이 간직해야 할 때가 있으며 포기해야 할 때가 있는 것이다. 또한 찢어진 천을 꿰매야 할 때가 있고 그것을 찢어 사용해야 할 때가 있다.

　뿐만 아니라 사람은 입을 굳게 다물고 잠잠해야 할 때가 있으며 분명한 말을 해야만 할 때가 있다. 즉 다른 사람의 말을 귀담아들어야 할 때가 있는가 하면 시의적절(時宜適切)하게 자기 생각을 말해야 할 때가 있다. 그 때를 잘 분별하는 자는 지혜로운 자이지만 그렇지 않으면 어리

---

6) 전도서3:5ⓑ 말씀에서 '안을 때가 있고 안는 것을 멀리할 때가 있다'고 한 말을 남녀의 이성 관계로 이해하는 경우가 있다. 하지만 이는 이성간에 서로 끌어안는 것이 아니라 다른 사람을 포용하는 의미로 해석하는 것이 자연스럽다.

석은 자가 될 따름이다.

그리고 다른 사람을 사랑해야 할 때가 있으며 미워하게 될 때가 있다. 사랑할 때와 미워할 때를 구별하여 자신의 삶에 적용하는 것은 매우 중요하다. 이는 칭찬해야 할 때 진정한 칭찬을 아끼지 말아야 하고 엄히 책망해야 할 때 그렇게 해야 한다는 사실에 연관되어 있다.[7] 그때를 모르고 제대로 처신하지 않으면 어리석음에 빠질 수밖에 없다.

그리고 전쟁을 치러야 할 때가 있고 평화를 유지해야 할 때가 있다. 만일 위험한 적군의 세력이 자기 영역을 침략해 들어오는데도 그에 적절한 대응을 하지 않는 것은 어리석은 자의 잘못된 태도일 따름이다. 그에 반해 평화로운 시기에, 힘이 없으면서도 정치 지도자들의 부당한 의도와 욕망에 따라 전쟁을 일으키는 것 또한 어리석은 행위에 지나지 않는다.

전도자는 지혜로운 사람이라면 그 때를 정확하게 알고 그에 따라 행동해야 한다는 사실을 강조하고 있다. 개인적인 욕망에 사로잡히게 되면 분별력이 없어지고 자신의 기분에 따라 행동하게 된다. 그와 같은 처신은 성숙한 하나님의 자녀가 취할 태도가 아니며 때에 따라 올바른 대응을 하는 것이 성도의 성숙한 삶의 자세이다.

---

7) 실제적인 측면에서 볼 때 이는 결코 물론 쉬운 일이 아니다. 책망할 대상이 있어 잘못을 지적하고 나무랄 때 그 당사자가 순순히 잘 받아들인다면 아무런 문제 될 것이 없다. 하지만 그와 반대로 그 책망을 거부하게 되면 다른 심각한 문제가 발생할 수 있다. 문제는 그럴 경우라 할지라도 잘못에 대한 책망을 해야 한다는 점이다.

| 묵상과 질문 |

㉠ 범사에 기한이 있고 천하만사에 때가 있다는 말의 의미를 생각해 보라.

㉡ 이 교훈을 통해 자연의 이치와 원리에 연관된 분야를 생각해 보라.

㉢ '때'에 연관된 내용이 인간들의 삶 가운데 드러나야 할 일반적인 원리에 관하여 생각해 보라.

㉣ 이 세상의 모든 것에는 '때'의 원리가 존재하며, 이는 개인의 신체, 가정, 교회, 일반사회와 국가에도 적용되어야 한다는 사실을 생각해 보라.

㉤ 하나님의 자녀로서 가정과 교회 가운데서 때에 따라 처신하며 대응해야 할 하나님의 교훈을 생각해 보라.

㉥ 지혜로운 자와 어리석은 자의 이에 관한 판단과 행동을 비교하여 생각해 보라.

㉦ 인간의 자기중심적인 이기심과 조급증이, 근본적인 원리를 따르고자 하는 삶에 미치는 부정적인 영향에 관하여 생각해 보라.

◎ 21세기는 창조질서에 연관된 원리를 파괴하는 시대가 되어버린 점에 대하여 신중하게 생각해 보라.

## 2. 인생이 수고한 결과 (전3:9,10)

> 9 일하는 자가 그의 수고로 말미암아 무슨 이익이 있으랴 10 하나님이 인생들에게 노고를 주사 애쓰게 하신 것을 내가 보았노라

전도자는 인간이 온 힘을 기울여 열심히 노력하며 일한다고 해도 그의 수고로 말미암아 얻게 되는 궁극적인 이익이 없다고 했다. 힘든 노동을 통해 이 세상에서 배불리 먹고 살아가며 어떤 일에 대한 성취감을 가진다고 할지라도 그것은 본질적인 유익이 될 수 없다. 그것이 영원한 삶을 보장하지 못한다면 그로 말미암아 얻는 것이 진정한 이익이라 말하지 못할 것이기 때문이다.

전도서 본문에는 인간들이 노동을 하면서 애쓰며 살아가도록 무거운 짐을 지우신 분이 하나님이란 사실을 언급하고 있다. 그것은 인간의 자발적인 판단에 따라 그렇게 하는 것이 아니란 사실을 말해준다. 즉 이 땅에서 생존하기 위해서는 필연적인 수고와 노동이 따라야 하며 그 결과 얻게 된 소출을 먹고 이 세상을 살아가게 된다는 것이다.

이 말은 인간들이 힘들게 노동하며 살아가야 하는 원인이 무엇인지 알아야 한다는 사실을 시사하고 있다. 무엇 때문에 하나님께서 인간들에게 그 무거운 짐을 지우셨는지 알아야 한다는 것이다. 창세기에는 그에 대한 명확한 기록이 나온다. 인간들이 하나님께서 공급하시는 전적인 은총만으로 살아가지 못하고 왜 힘든 노동을 해야만 하는지 그 근원적인 이유를 밝히고 있는 것이다.

"아담에게 이르시되 네가 네 아내의 말을 듣고 내가 너더러 먹지 말라한

나무 실과를 먹었은즉 땅은 너로 인하여 저주를 받고 너는 종신토록 수
고하여야 그 소산을 먹으리라 땅이 네게 가시덤불과 엉겅퀴를 낼 것이라
너의 먹을 것은 밭의 채소인즉 네가 얼굴에 땀이 흘러야 식물을 먹고 필
경은 흙으로 돌아 가리니 그 속에서 네가 취함을 입었음이라 너는 흙이
니 흙으로 돌아갈 것이니라 하시니라"(창3:17-19)

하나님의 이 말씀은 아담이 범죄한 이후 하나님께서 아담과 그의 자
손들에게 주신 메시지이다. 인간이 범죄하기 전 원래의 상태에서는 먹
고 살아가기 위해 땀 흘려 일하지 않아도 되었다. 전적인 하나님의 은
총으로 말미암아 감사하게 살아가며 하나님을 기뻐하며 찬양하는 것이
인간이 감당해야 할 직무였다.

그런데 아담이 사탄의 유혹을 받아 죄에 빠지게 되자 인간들이 직면
한 그 상황은 완전히 달라져 버렸다. 자기 아내 하와의 말을 들은 아담
이 하나님께서 금하신 선악과 열매를 먹음으로써 그에게 허락된 모든
특별한 은총이 거두어졌기 때문이다. 그로 인해 저들이 발을 딛고 살아
가는 땅은 저주를 받게 되었으며 아담은 종신토록 그곳에서 수고해야
만 그 소산을 먹고 살아가게 되었다.

저주받은 땅에는 가시덤불과 엉겅퀴가 나게 되어 그것을 걷어내고
농사를 지어야만 할 형편에 놓이게 되었다. 따라서 인간들은 땀 흘려
일해야 했으며 그로 말미암아 얻는 곡식으로써 생존하게 되었다. 하지
만 땅과 씨름하여 얻게 되는 그 식량은 인간들을 영원히 살게 하는 역
할을 하지 못했다.

결국 흙으로 창조된 인간들은 죽어 흙으로 돌아갈 수밖에 없는 형편
에 놓이게 되었다. 따라서 일시동안 목숨을 부지하며 살아가는 이 세상

이 그 자체로서는 아무런 의미가 없다. 오직 하나님의 작정에 따라 특별한 은혜가 저들에게 임해야만 범죄하기 전 인간이 소유했던 원래적 삶이 회복될 수 있다.

그것을 위해서는 하나님께서 보내시는 메시아가 이땅에 오셔야만 했다. 그는 성자(聖子)이신 하나님의 아들로서 '여자의 몸'을 통해 인간으로 오시게 되는 분이다(창3:15). 하나님께서는 첫 사람 아담을 유혹하여 멸망에 빠뜨린 사탄을 두 번째 아담인 예수 그리스도를 통해 심판하시고자 했다(고전15:45). 그리하여 창세 전에 택하신 자기 자녀들을 구원하여 살리고자 하셨던 것이다.

우리가 여기서 기억해야 할 바는 영원한 삶을 염두에 두고 생각할 때 인간들이 이 세상에서 일시적으로 수고하는 일들 자체로는 특별한 의미가 없다는 사실이다. 이는 그 본질적인 의미를 깨달아 알고 신실하게 행하는 수고여야만 나름대로 참된 가치가 드러날 수 있음을 말해준다.8) 인간들이 세상에서 하는 일이 외견상 동일하게 보일지라도 근본적인 개념에 따라 그 가치는 전혀 다른 것이다.

하지만 어리석은 자들은 그에 대한 사실을 알지 못하고 있다. 인간들이 무엇 때문에 이 세상에서 땀 흘려 일하며 수고해야 하는지 근본 원인을 모르고 있다. 즉 그 모든 것이 첫 사람 아담의 범죄로 말미암아 하나님께서 내리는 징벌이라는 사실에 대한 인식이 전혀 없다. 그들은 조상 때부터 그렇게 행하며 살아왔으니 인간으로서 원래부터 당연히 감

---

8) 사람들이 이 세상에서 무슨 일을 하며 어떤 수고를 하느냐 하는 것은 본질적으로 중요하지 않다. 우리는 사회적으로 인정받는 좋은 직업과 상대적으로 그렇지 못한 직업 사이에서 그 자체로 차등적인 값어치를 부여하지 않는다. 중요한 사실은 사람이 어떤 직업을 가졌든 성경의 교훈에 따라 하나님의 몸된 교회를 위해 살아가느냐 하는 점이다.

당해야 할 일이라고만 생각할 따름이다.


| 묵상과 질문 |

㉠ 인간이 땀 흘려 수고하며 일해야 하지만 그로 말미암아 얻게 되는 본질적인 유익이 없다는 말의 의미를 생각해 보라.

㉡ 하나님께서 인간들에게 노고를 주시면서 애쓰게 하셨다는 말을 생각해 보라.

㉢ 이는 첫 사람 아담의 범죄와 어떤 직접적인 연관성이 있는지 생각해 보라.

㉣ 하나님을 알지 못하는 사람들의 수고와 하나님의 백성들이 행하는 수고 사이에는 어떤 근본적인 차이가 있는지 생각해 보라.

㉤ 하나님의 자녀들인 우리의 노동이 값진 수고가 되기 위해서는 어떤 신앙 자세를 가지고 행해야 하는지 구체적으로 생각해 보라.

㉥ 부패한 인간의 속성을 깨닫지 못한 채 세상에서 드러나는 외형을 보고 서로 비교하며 살아가는 어리석은 인간들에 대하여 생각해 보라.

㉦ 하나님의 백성들에게는 세상에서의 직업이 주(主)가 아니라 종(從)이 된다는 개념과, 하나님의 몸된 교회에 속한 성도들은 직업과 상관없이 성경을 깨달아 그에 순종해야 하는 삶이 본질적으로 중요하다는 사실을 생각해 보라.

## 3. 하나님의 창조 사역과 선을 행하는 성도의 기쁨 (전3:11-13)

11 하나님이 모든 것을 지으시되 때를 따라 아름답게 하셨고 또 사람들에게는 영원을 사모하는 마음을 주셨느니라 그러나 하나님이 하시는 일의 시종을 사람으로 측량할 수 없게 하셨도다 12 사람들이 사는 동안에 기뻐하며 선을 행하는 것보다 더 나은 것이 없는 줄을 내가 알았고 13 사람마다 먹고 마시는 것과 수고함으로 낙을 누리는 그것이 하나님의 선물인 줄도 또한 알았도다

전도자는 태초에 하나님께서 우주 만물을 창조하신 사실을 언급하고 있다. 거기에는 물질과 그 가운데 존재하는 법칙들이 포함되어 있다. 그가 모든 것을 지으실 때 조건과 환경에 따라 최상의 아름다움이 드러나게 창조하셨다. 이는 인간들의 상상을 초월하는 개념으로 받아들여야 한다. 즉 죄에 빠져 오염된 세상 가운데 살아가는 인간들의 상상으로는 절대로 그에 미치지 못한다.9)

그리고 하나님께서는 자신의 형상을 닮은 인간들에게 영원을 사모하는 마음을 주셨다고 했다. 따라서 모든 인간들은 죽기를 싫어하고 영원히 살기를 바라고 있다. 이 말은 그들에게 영원에 관한 어떤 개념이 존재하고 있음을 말해준다. 이는 모든 짐승들이 영원히 살고자 하는 마음

---

9) 인간들의 사고 능력에는 한계가 있다. 피조물인 인간으로서는 영원한 천국이 얼마나 크고 아름다운지, 지옥이 얼마나 끔찍하고 무서운 곳인지 짐작조차 하지 못한다. 분명한 사실은 하나님의 자녀들이 영원히 살아가게 될 천상의 영역은 인간들이 상상하는 범위를 훨씬 넘어선 아름다움을 지니고 있다는 점과, 지옥은 인간들이 도저히 상상할 수 없는 무서운 곳이라는 사실이다. 이는 개미와 같은 작은 곤충이 인간들과 함께 이땅에 살아가고 있으나 인간 세상의 물질과 법칙에 연관된 내용을 전혀 알지 못하는 것과 마찬가지다.

을 전혀 가질 수 없는 것과 크게 대비된다.

인간들은 과거 현재 미래에 대한 시간적인 감각을 소유하고 있다. 그것은 하나님께서 행하신 일에 대해 알고 싶어하는 마음과 연관되어 있다. 그러나 하나님께서는 피조물인 인간들로 하여금 자신이 행하신 모든 일들을 다 알 수 없도록 신비의 영역으로 남겨두셨다. 이는 인간들의 교만을 방지하는 역할을 하기도 한다. 따라서 피조물에 지나지 않는 인간이 조물주와 그가 행하신 모든 것을 다 알고자 하는 것 자체가 오만한 태도이다. 결국 인간은 하나님께서 행하신 처음과 끝을 다 아는 것이 불가능하다.

그런데 어리석은 인간들은 하나님께서 정하신 경계를 넘어서고자 하는 잘못된 심성을 가지고 있다. 하나님께서 계시해 주신 것으로 만족해야 할 자들이 도저히 미치지 못할 경계선 넘어 존재하는 실상을 알고자 하는 위태로운 욕망에 사로잡혀 있는 것이다. 문제는 불신자들은 그렇다고 치더라도 하나님을 안다고 하는 자들 가운데 그런 자들이 많이 나타나는 것은 심각한 문제가 아닐 수 없다.

우리 시대에 일부 신학자들이나 과학주의자들 사이에 크게 왜곡된 채 성행하는 유신 진화론과 우주의 생성에 관한 주장이 바로 그런 것들이다. 그와 같은 것은 피조물에 지나지 않는 인간들이 주장할 바가 아니다. 하지만 성숙한 교회와 성도들은 그런 잘못된 풍조에 노출된 어린 교인들을 위해 정신을 바짝 차려야만 한다.

인간들이 가져야 할 근본적인 선한 삶은 하나님의 모든 뜻에 온전히 순종하는 것에 기초하고 있다. 전도자는 사람이 이 세상에 살아가는 동안 기쁨과 더불어 선을 행하는 것보다 나은 것이 없다는 사실을 언급했다. 그리고 자기는 사람이 먹고 마시며 스스로 수고하는 모든 일에 만족스러운 마음을 가지는 것이 하나님으로부터 허락된 은총의 선물이라는 사실을 깨닫게 되었다고 했다.

우리는 여기서 이 말씀을 올바르게 잘 이해할 수 있어야 한다. 성경이 말하고 있는 바 기뻐하며 선을 행하는 것이란 이 세상의 현상에 근거한 것이 아니라 하나님으로 인해 기뻐하고 그의 뜻에 따르는 것을 의미하고 있다. 즉 하나님의 말씀에 온전히 순종하며 살아가는 것이 성도들을 위한 최선의 삶이 된다는 것이다.

또한 사람이 먹고 마시며 수고함으로 낙을 누리는 것이 하나님의 선물이라고 한 말씀은 세상의 것의 풍족함을 말하는 것이 아니란 사실을 깨달아야 한다. 이는 하나님의 자녀로서 어떤 형편에 직면한다고 할지라도 세상에서 성실하게 살아가는 삶과 밀접하게 연관되어 있다. 이에 대해서는 사도 바울이 여러 서신들을 통해 그에 관한 중요한 교훈을 주고 있다.

> "우리가 세상에 아무것도 가지고 온 것이 없으매 또한 아무 것도 가지고 가지 못하리니 우리가 먹을 것과 입을 것이 있은즉 족한 줄로 알 것이니라 부하려 하는 자들은 시험과 올무와 여러가지 어리석고 해로운 정욕에 떨어지나니 곧 사람으로 침륜과 멸망에 빠지게 하는 것이라"(딤전6:7-9); "돈을 사랑치 말고 있는 바를 족한 줄로 알라 그가 친히 말씀하시기를 내가 과연 너희를 버리지 아니하고 과연 너희를 떠나지 아니하리라 하셨느니라"(히13:5)

이 세상에 살아가는 성도들의 만족과 기쁨은 세상의 것을 많이 소유하는 것에 달려 있지 않다. 인생은 이땅에서 취하여 가진 모든 것들을 결국은 다 두고 죽게 될 것이므로 거기서는 궁극적인 의미가 발생할 수 없다. 따라서 성도들에게는 신실한 신앙인으로 살아가는 것 자체가 의미를 발산하게 된다. 이는 하나님의 자녀들은 이 세상의 부를 탐하지 말고 각자 하나님으로부터 허용된 자기의 삶에 만족하며 살아가야 한다는 의미를 지니고 있다.

그러므로 우리가 깨달아 알아야 할 바는 하나님의 선물로서 얻게 되는 성도의 기쁨과 복락은 타락한 세상으로부터 제공되지 않는다는 사실이다. 그것은 오직 천상에 계시는 하나님으로 말미암게 된다. 따라서 하나님의 자녀들은 그의 말씀에 온전히 순종함으로써 불신자들이 결코 알 수 없는 참된 기쁨과 만족을 누리게 되는 것이다.

| 묵상과 질문 |

㉠ 하나님께서 우주 만물을 창조하신 의도를 생각해 보라.

㉡ 그가 모든 물질과 법칙을 아름답게 지으신 사실을 생각해 보라.

㉢ 하나님께서 인간들에게 영원을 사모하는 마음을 주신 의미를 생각해 보라.

㉣ 영원을 사모하는 마음은 오직 인간들에게만 허락되었다는 점과 다른 짐승들에게는 주어지지 않은 점을 생각해 보라.

㉤ 하나님의 자녀들이 세상에서 기쁨을 누리며 선을 행하게 되는 것이 세상의 일반적인 관점과 어떤 차이가 나는지 생각해 보라.

ⓗ 하나님께 속한 성도들이 먹고 마시는 것과 수고함으로써 복락을 누리는 것이 하나님의 선물이라고 한 말의 의미를 생각해 보라.

ⓐ 본문에 나타나는 '기쁨', '선', '복락' 등의 용어가 교회와 세상 사이에서 어떤 의미로 달리 해석되고 적용되어야 하는지 생각해 보라.

## 4. 하나님의 절대적인 사역과 인간의 입장 (전3:14,15)

> 14 하나님께서 행하시는 모든 것은 영원히 있을 것이라 그 위에 더 할 수도 없고 그것에서 덜 할 수도 없나니 하나님이 이같이 행하심은 사람들이 그의 앞에서 경외하게 하려 하심인 줄 내가 알았도다 15 이제 있는 것이 옛적에 있었고 장래에 있을 것도 옛적에 있었나니 하나님은 이미 지난 것을 다시 찾으시느니라

하나님께서 계획하고 행하시는 모든 일은 피조물이자 타락한 인간들이 계획하고 행하는 것과는 본질적인 차이가 난다. 하나님은 절대적인 선을 행하실 뿐 아니라 완벽한 일을 섭리에 따라 진행시켜 가신다. 그에 반해 죄에 빠져 욕망으로 가득 채워진 인간들이 생각하고 주관하는 모든 것들은 악할 따름이다. 여기서 악하다고 하는 말은 윤리나 도덕적인 측면에서 일컫는 것에 국한되지 않는다. 죄 가운데 빠진 인간들이 거룩한 하나님의 뜻을 배제한 채 행하는 모든 것은 선하지 않다는 의미이다.

그러므로 전도자는 하나님께서 행하시는 모든 일은 영원히 존재할

것이라고 했다. 하나님은 절대선을 지니신 분이기 때문에 그 위에 인간들이 판단하는 어떤 선이 개입할 여지가 없다. 즉 하나님의 영원한 사역에 인간들이 더하거나 뺄 수 없는 것이다. 하나님께서 인간들에게 그와 같은 깨달음의 자세를 요구하시는 것은 하나님 앞에서 겸손한 마음으로 하나님을 경외하도록 하기 위해서였다.

인간들이 범하는 가장 사악하고 두려운 죄 가운데 하나는 하나님이 행하시는 일에 자기의 계략과 의를 더하고자 하는 욕망이다. 그리고 하나님이 행하시는 일 가운데 일부를 빼고 자기의 것으로 대체하려는 태도이다. 하지만 그것은 하나님보다 우위에 있고자 하는 오만한 독선적 행동이 아닐 수 없다. 하나님의 자녀들에게 가장 안전한 길은 하나님의 손을 꼭 붙잡고 그의 말씀에 순종하며 살아가는 것이란 사실을 기억해야 한다.

그럼에도 불구하고 악한 인간들은 하나님을 무시하는 가운데 끊임없이 자기의 것을 보태고자 하며 이기적인 욕망에 따라 하나님의 것을 빼내 버리고자 한다. 이는 부패한 인간의 이성과 경험으로 하나님의 사역을 가로채고자 하는 것에 지나지 않는다. 전도자는 하나님께 속한 성도들을 향해 그와 같은 악한 마음을 버리고 오직 하나님을 경외하는 마음으로 그의 말씀에 온전히 순종해야 한다는 사실을 언급하고 있다.

인간들은 세상에 태어나서 끊임없이 자기의 이성을 통해 새로운 것을 추구하려는 경향성을 지닌 채 살아가고 있다. 하지만 전도자는 해 아래는 새로운 것이 아예 존재하지 않는다는 사실을 말하고 있다. 이미 우주 만물의 창조에 연관된 모든 것을 지으신 하나님의 사역은 이미 완성된 상태에 놓여 있기 때문이다.

그러므로 지금 있는 것이 이제 와서 새로 생겨난 것이 아니라 이미 옛적부터 존재해 온 것이라고 했다. 또한 그 옛적에 있던 것은 장래에도 지금처럼 그대로 있을 것이라는 말을 했다. 따라서 하나님께서는 과거에 일어난 일들을 역사 가운데 되풀이하여 일어나게 하신다. 하나님을 올바르게 아는 자라면 그와 같은 순전한 자세를 가지고 하나님 앞에 겸손한 마음을 가질 수밖에 없게 된다.

| 묵상과 질문 |

㉠ 하나님께서 행하시는 일은 영원하다는 말을 인간 역사와 더불어 생각해 보라.

㉡ 죄에 빠진 인간들이 완벽한 하나님의 일 위에 더하거나 빼고자 하는 구체적인 실상들을 생각해 보라.

㉢ 하나님께서 행하시는 완벽한 사역을 깨닫게 됨으로써 그에 대하여 가지게 되는 진정한 경외심에 대하여 생각해 보라.

㉣ 인간들의 눈앞에 존재하는 모든 것들이 지금에 이르러 생겨난 것이 아니라 과거부터 줄곧 있어 왔다는 사실을 생각해 보라.

㉤ 과거에 있던 것이 지금 존재하며 또한 장래에도 그대로 존속할 것이라고 한 말의 의미를 생각해 보라.

ⓗ 하나님께서 처음에 이룩하신 모든 일을 오직 자신의 고유한 법칙과 질서 가운데 반복적으로 진행시켜 가시는 섭리에 대하여 생각해 보라.

ⓐ 하나님의 자녀들에게 가장 안전한 삶의 길은 어떻게 살아가는 것인지 생각해 보라.

## 5. 인간들의 재판정과 하나님의 심판 (전3:16-18)

> 16 또 내가 해 아래에서 보건대 재판하는 곳 거기에도 악이 있고 정의를 행하는 곳 거기에도 악이 있도다 17 내가 내 마음속으로 이르기를 의인과 악인을 하나님이 심판하시리니 이는 모든 소망하는 일과 모든 행사에 때가 있음이라 하였으며 18 내가 내 마음속으로 이르기를 인생들의 일에 대하여 하나님이 그들을 시험하시리니 그들이 자기가 짐승과 다름이 없는 줄을 깨닫게 하려 하심이라 하였노라

전도자는 타락한 이 세상에는 진정한 정의가 존재하지 않는다는 사실을 언급하고 있다. 악한 자들이 정의의 이름을 빗대어 악행을 저지르는 것이 이상한 일이 아니라는 것이다. 다른 사람들을 판단하고 재판하는 권세를 가진 자들이 오히려 악을 조장하는 경우가 허다하기 때문이다.

그러므로 그는 하늘의 태양 아래 살아가는 인간들 가운데 정의를 실행한다는 재판 과정을 지켜봐도 악이 판치고 있다는 사실을 말했다. 옳고 그름을 가림으로써 억울한 자가 생기지 않도록 하기 위해 세워진 법

집행자들 가운데 악행이 득세하고 있다는 것이다. 정의를 집행하는 기관이라고 일반 사람들에게 알려져 있지만 실상은 그 가운데 악과 불법이 가득 차 있다는 것이다.

타락한 인간 세상에는 자기들이 만든 법령을 기초로 하여 정의를 내세우지만 그것을 집행하는 자들에게서 참된 진실을 기대할 수 없다. 인간들은 제각각 자기를 위한 개별적인 법령을 만들어 두고 있다. 그것을 통해 자기가 옳다는 생각을 하며 스스로 정당성을 내세우게 된다. 따라서 다수의 권력자들은 개인적인 영달(榮達)을 위해 자신의 직위를 악용하며 순진한 백성들을 유린하는 것을 예사로 여긴다. 그런 자들은 겉보기에 근엄한 모습을 띠고 있으나 그 내면은 사악하기 그지없다.

우리가 여기서 기억해야 할 바는 인간들은 시대적 환경에 따라 유동적인 법령을 끊임없이 만들어 낸다는 사실이다. 그것은 진리가 아니기 때문에 특별한 법을 제정했다가 파기하기를 되풀이 한다. 우리 시대에도 그와 같은 시대에 따른 상대적이며 가변적인 법들이 지속적으로 만들어지고 있다. 예를 들어 동성애와 동성결혼은 분명한 죄이지만 그에 관한 법령으로 말미암아 그것을 부정하면 도리어 죄인 취급을 받게 되는 것이다.

그러므로 전도자는 여호와 하나님께서 장차 올바른 심판을 행하시게 되리라는 사실을 언급했다. 그는 하나님이 참된 의인과 악인을 정당하게 심판하실 때가 오리라는 사실을 알고 있었다. 모든 일과 행동에는 선악간의 실상이 드러날 것이므로 때가 되면 억울함으로부터 벗어나고자 소망하는 자들과 저들에게 악행을 저지른 자들의 소행이 하나님의 심판대 앞에 그대로 드러나게 된다는 것이다.

전도자는 또한 하나님께서 장차 인간들을 시험(test)하실 것이라고 했다. 그리고 하나님을 떠나 더러운 죄에 빠진 자들은 처음부터 욕망에 따라 살아가는 존재로서 짐승과 조금도 다를 바 없다는 사실을 언급했다(시49:12, 참조). 하나님을 거부하는 상태에 머물고 있다면 짐승과 같은 성정에서 벗어날 수 없기 때문이다. 따라서 하나님께서 저들을 진리로 시험함으로써 마치 짐승과 같은 저들의 존재와 실상을 밝히 드러내실 것이라고 했다.

이 말은 하나님의 심판을 받을 인간의 영혼 자체가 짐승과 같다는 말이 아니다. 이는 하나님의 말씀을 전혀 알아듣지 못하는 저들의 본질적인 속성과 자기의 배를 불리기에 급급한 이기적인 모습을 말해주고 있다. 하나님의 시험을 통한 확인에도 불구하고 그에 대한 아무런 깨달음이 없다면 그런 자들은 그야말로 짐승과 전혀 다를 바 없다는 것이다.

| 묵상과 질문 |

㉠ 세상에서 사람들을 재판하는 자들과 재판 과정의 한계에 대하여 생각해 보라.

㉡ 정의의 이름으로 불의를 행하는 자들의 사악함을 생각해 보라.

㉢ 시대적 환경에 따라 제정된 법령의 가변성과 상대성에 대하여 생각해 보라.

㉣ 오직 하나님의 심판만이 완벽하게 이루어진다는 사실을 생각해 보라.

ⓜ 최종 심판의 때는 반드시 오게 되며 그때 억울한 자들이 회복되리라는 점과 악한 재판관들이 받을 심판에 대하여 생각해 보라.

ⓗ 하나님께서 인간들을 시험(test)하실 것이라고 한 말의 의미를 생각해 보라.

ⓢ 하나님을 알지 못하는 자들은 짐승과 전혀 다를 바 없다고 언급한 것이 무슨 의미인지 생각해 보라.

ⓞ 교회에 속한 '나' 혹은 '우리'는 하나님의 자녀이면서 마치 짐승처럼 살아가고 있지 않은지 생각해 보라.

ⓩ 개별 인간들은 국가와 사회와는 다른 차원에서 주관적인 사적 법령을 만들어 자신의 인식을 고착시킬 우려가 있다는 사실을 생각해 보라.

## 6. 하나님을 모르는 자들의 내세(來世) (전3:19-22)

19 인생이 당하는 일을 짐승도 당하나니 그들이 당하는 일이 일반이라 다 동일한 호흡이 있어서 짐승이 죽음 같이 사람도 죽으니 사람이 짐승보다 뛰어남이 없음은 모든 것이 헛됨이로다 20 다 흙으로 말미암았으므로 다 흙으로 돌아가나니 다 한 곳으로 가거니와 21 인생들의 혼은 위로 올라가고 짐승의 혼은 아래 곧 땅으로 내려가는 줄을 누가 알랴 22 그러므로 나는 사람이 자기 일에 즐거워하는 것보다 더 나은 것이 없음을 보았나니 이는 그것이 그의 몫이기 때문이라 아, 그의 뒤에 일어날 일이 무엇인지를 보게 하려고 그를 도로 데리고 올 자가 누구이랴

전도자는 여호와 하나님을 알지 못하는 인간들이 얼마나 허망한 존재인가 하는 점을 언급하고 있다. 하나님을 모르는 자들의 삶의 결과는 짐승의 운명과 다를 바가 없다는 것이다. 즉 인간도 짐승과 같이 숨을 쉬면서 세상에 살아가다가 때가 되면 결국 똑같이 죽음을 맞게 될 것이기 때문이다.

그와 같이 되는 인생의 운명이라면 아무런 의미 없는 헛된 것에 지나지 않는다. 이 세상에서 어떤 삶을 추구하며 살아가느냐 하는 점이 중요한 것이 아니라 인생이 덧없이 끝난다는 사실을 생각해 보라는 것이다. 그렇게 된다면 사람이 짐승보다 나을 것이 하나도 없으며 모든 것이 헛될 따름이라는 것이다.

전도자는 사람이나 짐승은 공히 육체를 가진 존재로서 흙에서 나서 흙으로 돌아간다고 말했다. 이 세상에 생존하는 동안 한쪽은 일반적인 이성을 가진 존재인 데 반해 다른 한쪽은 이성이 없는 상태에서 욕망에 따라 움직이는 짐승에 지나지 않는다. 외관상 그런 식으로 구별된다고 할지라도 죽음을 맞으면 똑같이 땅의 흙으로 돌아갈 수밖에 없게 된다.

그런데 죽음 후에 나타나는 실상은 전혀 다르다고 했다. 인생의 영 (spirit)은 위로 올라가는 데 반해 짐승의 영 곧 혼은 땅으로 내려간다는 것이다.10) 인간과 짐승 사이에는 분명한 차이가 나는 데도 어리석은 자

---

10) '인생의 영은 위로 올라가고 짐승의 혼은 땅으로 내려간다' 는 말의 의미를 올바르게 이해하는 것은 매우 중요하다. 이는 인간은 죽음 이후에도 영생하는 존재라는 사실을 말해주고 있다. 하나님의 자녀들은 부활하여 영원한 천국에서 복락을 누리지만 그렇지 않은 자들은 그와 반대적 형편에 놓이게 된다. 전도자가 언급한 인생의 영이 위로 올라간다는 말은 그에 연관되어 있다. 이와 달리 짐승의 혼은 땅으로 내려간다는 말은 짐승은 죽은 후 그 혼이 소멸된다는 사실을 말해주고 있다.

들은 동일한 죽음의 지점을 향해 나아가면서 그 실상을 제대로 깨닫지 못하고 있다는 것이다.

전도자는 그 말씀과 더불어 어리석은 인간들은 자기 손으로 노력하여 무언가 쟁취함으로써 얻는 보람을 느끼는 것보다 더 좋은 것이 없다고 생각한다는 사실을 언급했다. 소위 유능한 사람들은 그것을 통해 자기와 타인의 인생에 대한 값어치를 따지며 논하기를 좋아한다. 타락한 세상 가운데서는 그것이 각자가 소유한 몫이 되어 저들의 삶 가운데 일시적인 큰 의미를 부여하게 되는 것이다.

하지만 그것은 삶의 본질에 해당되는 것이 아니라 인간들이 세상에 살아가는 동안 나타나는 일시적인 현상에 지나지 않는다. 따라서 전도자는 인생에 대하여 잘못된 사고를 하고 있는 그들에게 저들이 죽은 후에 닥치게 될 상황에 대하여 누군가가 알려 주어야 한다고 했다. 그런데 과연 누가 그들에게 그에 관한 분명한 실상을 알려 줄 수 있을지 생각하며 안타까운 마음을 토로하고 있다.

| 묵상과 질문 |

㉠ 사람이 당하는 일과 짐승이 당하는 일이 동일하여 서로 다르지 않다고 한 말의 의미를 생각해 보라.

㉡ 사람이 짐승과 다를 바 없다면 인간의 삶은 과연 무슨 의미가 있는지 생각해 보라.

㉢ '인생의 영은 위로 올라가고 짐승의 혼은 땅으로 내려간다'는 사실과 그 구체적인 의미를 생각해 보라.

㉣ 어리석은 자들이 자기가 세상에서 쟁취하는 일로 인해 즐거워하는 것이 과연 자랑할 만한 것인지 생각해 보라.

㉤ 각 사람들에게 자기의 삶에 부여할 만한 나름대로의 몫이 존재한다는 사실을 생각해 보라.

㉥ 이 세상에서 아무리 자랑할 만한 삶을 살았다고 해도 죽음 후에 닥치게 될 상황을 알지 못한다면 인간에게 어떤 값어치가 존재하는지 생각해 보라.

㉦ 과연 누가 헛된 삶을 살아가는 자들에게 죽음 이후에 따라오게 되는 실상에 관해 알려줄 수 있을지 안타까워하는 전도자의 마음을 생각해 보라.

# 제4장

# 올바른 깨달음을 요구하는 인생

(전4:1-16)

## 1. 불공평한 세상 (전4:1-3)

> 1 내가 다시 해 아래에서 행하는 모든 학대를 살펴 보았도다 보라 학대
> 받는 자들의 눈물이로다 그들에게 위로자가 없도다 그들을 학대하는 자
> 들의 손에는 권세가 있으나 그들에게는 위로자가 없도다 2 그러므로 나
> 는 아직 살아 있는 산 자들보다 죽은 지 오랜 죽은 자들을 더 복되다 하
> 였으며 3 이 둘보다도 아직 출생하지 아니하여 해 아래에서 행하는 악한
> 일을 보지 못한 자가 더 복되다 하였노라

전도자는 세상에서 행해지는 다양한 형태의 모든 학대행위를 살펴보
았다는 말을 했다. 이땅에는 힘이 약하다는 이유만으로 억울하게 억압
을 당하는 자들이 무수히 많다. 특별한 잘못 없이 억울한 박해를 당하
는 자들은 눈물을 흘리며 참고 견뎌야 할 뿐 달리 대응할 만한 방법이
없다.

그럼에도 불구하고 그를 보호하거나 지켜주려는 유력한 사람들이 눈에 띄지 않는다고 했다. 굳이 힘을 보탤 수 없다고 하더라도 그를 위로해 주는 자들마저 없다. 각박한 세상 가운데서 저마다 자기 살기에 급급할 뿐 아무도 억울한 일을 당하는 이웃을 도와주려고 하지 않는다는 것이다.

힘이 없고 연약한 사람들을 억압하고 학대하는 자들의 손에는 국가와 사회가 부여한 권세가 들려 있다. 평범한 백성들은 서슬 퍼런 그 권력 앞에서 감히 저항할 수 없다. 오히려 비굴한 자들은 그들에게 굽신거리며 비겁하게 살아남고자 했을 따름이다. 따라서 그런 자들은 권세자들이 약한 자들을 억누르며 부당한 권력을 휘두르는 것을 보면서도 고통당하는 자들을 감싸주고자 하지 않는다는 것이다.

이는 인간들이 살아가는 타락한 세상에는 근본적으로 참된 정의가 없으며 불공평하다는 사실을 말해주고 있다. 강자들이 군림하는 이 세상에서는 편향되지 않은 공정한 제도나 사회를 기대할 수 없다는 것이다. 이는 세상에는 항상 권력을 지닌 강한 자들에 의한 불법이 자행될 수밖에 없다는 사실을 말해준다. 이 말은 또한 언제든지 부당하게 억압당하는 억울한 자들이 존재한다는 의미를 지니고 있다.

전도자는 불공정이 넘치는 세상의 그와 같은 다양한 형편을 목격하면서 개탄하는 마음을 가지지 않을 수 없다고 했다. 그런 식으로 억울하게 이 세상을 살아갈 바에는 차라리 죽는 것이 낫다는 생각을 하기에 이르렀다. 따라서 아직 살아가고 있으면서 심한 억압을 받는 것보다는 오래전에 죽은 자들이 오히려 복이 있다는 사실을 말했다. 그리고 이 세상에 태어나지 않아 해 아래서 발생하는 악하고 억울한 일을 당해 보지 못한 자가 더욱 복이 있다고 했다(욥3:11, 참조).

우리는 이 말씀을 매우 주의 깊게 이해해야 한다. 즉 이에 관한 내용을 일반적인 관점에서 받아들여서는 안 된다. 즉 미리 죽는 것이 복된 것이라든지 출생하지 않고 태중에서 죽는 것이 복이 된다고 한 말은 불신자들에게 적용될 수 있는 교훈이 아니다.

그러므로 생애를 마치고 죽어 이 세상을 미리 떠난 자들과 태중에서 죽은 아기가 복이 있다고 한 것은 하나님의 언약 가운데 존재하는 성도들에 관한 말씀으로 받아들여야 한다. 하나님의 자녀로서 영원한 생명을 보장받은 성도들이라면 악한 이 세상에 오래 사는 것을 복이라 말할 수 없다. 오히려 빨리 주님의 품에 안기는 것이 최상의 복이 되는 것이다.

우리가 여기서 반드시 기억해야 할 바는 세상의 권력을 가지고 연약한 자들을 부당하게 억압하며 학대하는 자들은 하나님을 알지 못하는 자들로서 저주를 받은 것과 같다고 시사한 사실이다. 그들은 이땅에서 일시적으로 권세를 휘두르지만 하나님의 약속으로부터 거리가 멀기 때문이다. 그에 반해 심한 학대를 당하며 세상에서 아무런 위로를 받지 못하면서도 하나님을 진정으로 의지하는 자들이 참된 복을 소유한 자들이다. 이는 영원한 세계를 알지 못하면서 세상의 것을 탐하는 사람들이 생각하는 것과 전혀 다르다.

예수 그리스도로 인한 복음과 무관한 상태에서 세상의 권력을 가지고 자기의 욕망을 추구하며 살아가는 것은 궁극적인 의미를 가지지 못한다. 이 세상에서 잠시 영화를 누리며 그것을 큰 자랑으로 삼을지라도 잠시 후에는 완전히 사라질 수밖에 없다. 설령 자기가 소유한 권세를 이웃과 사회를 위해 정당하게 사용한다고 할지라도 그것은 일시적인 것을 구축하기 위한 방편이 될 뿐 그 이상의 의미를 지니지 않는다. 하

나님께서 보내시는 메시아가 배척받는 상태에서는 영원한 참된 가치가
형성될 수 없기 때문이다.



| 묵상과 질문 |

㉠ 이 세상에서 발생하는 억압과 학대에 대하여 생각해 보라.

㉡ 약자를 학대하는 권력자들이나 기득권층의 비참한 말로를 생각해 보라.

㉢ 심한 학대를 당하면서도 주변에 아무런 위로자가 없는 상태에 놓인 억울한
자들의 마음을 생각해 보라.

㉣ 살아있는 자들보다 미리 죽은 자와 태중에서 죽은 아기가 더욱 복되다고 한
것이 일반적인 경우에 해당되는 말인지 생각해 보라.

㉤ 구원의 약속을 받은 성도로서 미리 죽은 자들과 창세 전 선택을 받았으
나 세상을 보지 못하고 태중에서 죽은 아기가 복되다고 한 의미를 생각
해 보라.

## 2. 무의미한 풍요로움 (전4:4-6)

> 4 내가 또 본즉 사람이 모든 수고와 모든 재주로 말미암아 이웃에게 시기
> 를 받으니 이것도 헛되어 바람을 잡는 것이로다 5 우매자는 팔짱을 끼고
> 있으면서 자기의 몸만 축내는도다 6 두 손에 가득하고 수고하며 바람을
> 잡는 것보다 한 손에만 가득하고 평온함이 더 나으니라

타락한 인간의 본성은 항상 자기중심의 이기적인 욕망을 추구하는
길로 나아가게 한다. 따라서 이웃이 자기보다 잘 되거나 훌륭하게 되면
그를 칭찬하기는커녕 질시하는 경향이 짙다. 이와 같은 일은 하나님을
알지 못하는 불신자들의 세계에서 발생하는 일이지만 언약에 속한 백
성들이라 할지라도 그로부터 완전히 자유롭지 못하다.

전도자는 자기 주변의 모든 형편을 살펴보면서 인간들이 행하는 모
든 수고와 노력이 좋은 의도에서 나온 것이 아니라는 사실을 알게 되었
다고 했다. 도리어 인간들이 온갖 노력을 기울여 무언가 성취하려고 기
를 쓰는 것은 자기의 욕망을 추구하는 과정에서 발생하는 경쟁심으로
부터 비롯된다는 것이다. 즉 그 모든 것은 변화가 되풀이되는 이 세상
에서 생존하기 위한 몸부림의 결과라는 것이다.

인간들은 자기가 원하는 것을 많이 획득한 것으로 판단하면 한없는
자만에 빠지게 된다. 하지만 그렇지 못하다고 여기면 크게 위축되거나
비굴한 모습을 보이게 된다. 그와 같은 모든 행위는 결국 이웃으로부터
시기의 대상이 되거나 멸시의 대상이 될 따름이라고 했다. 따라서 그
모든 것은 헛되어 손으로 바람을 잡는 것 같은 행위에 지나지 않는다고
했다. 이는 세상에서의 성취 자체로는 아무런 의미가 없음을 말해주고

있다.

  하지만 아무런 경쟁을 하지 않은 채 게으른 태도로 가만히 앉아 있으면서 허송세월(虛送歲月)을 하는 것 역시 올바른 삶의 자세라 할 수 없다. 어리석은 자들은 팔짱을 끼고 앉아 있으면서 아무것도 하지 않고 빈둥거리기를 좋아한다. 그런 자들은 게으름에 빠져 놀기만 하다가 먹을 음식이 없어 자기 몸조차 건사하지 못해 굶어 죽는다면 그것 역시 미련한 행위가 될 따름이라는 것이다.

  그러므로 전도자는, 사람이 자기가 원하는 것을 손에 가득 차도록 소유하기 위해 지나친 수고를 하는 것은 손으로 바람을 잡으려는 것과 같다고 했다. 따라서 그런 태도를 가지고 욕망을 추구하는 것보다 한 손에 적절히 가지는 것이 지혜로운 것이라 말하고 있다. 과도한 욕심을 추구하지 않고 성실한 자세로 겸손하게 살아가는 것이 마음에 평온함을 가지게 한다는 것이다. 이는 정신없이 과도하게 일함으로써 많이 소유한 부자가 아니라 적절하게 소유하여 평안한 마음을 가지는 것이 훨씬 낫다는 의미를 지니고 있다. 이는 물론 일반적인 교훈을 넘어 하나님을 믿는 성도들이 가져야 할 삶의 자세에 연관된 말씀이다.

| 묵상과 질문 |

㉠ 신앙이 없는 사람들이 모든 수고와 노력을 아끼지 않는 것은 어떤 경쟁적인
심성에 기인하는지 생각해 보라.

㉡ 많은 것을 쟁취하여 부자로 살면서 스스로 만족할 수 있을지라도 이웃으로
부터 시기의 대상이 된다면 오히려 어리석은 것이란 사실에 대하여 생각해
보라.

㉢ 어리석은 자들이 게으름에 빠져 마땅히 행해야 할 기본적인 노력마저 하지
않는 것에 대하여 생각해 보라.

㉣ 지나친 부자가 되기 위해 수고와 노력을 아끼지 않는 것보다 많은 것을 소
유하지 않을지라도 겸손한 자세로 성실하게 살아가는 자의 삶의 지혜에 대
하여 생각해 보라.

㉤ 인간들의 수고와 노력에 연관하여 어떤 자세로 살아가는 것이 참된 평온함
을 유지하는 방법인지 생각해 보라.

㉥ 헛된 행위와 안전하고 참된 행위를 올바르게 파악할 수 있는 지혜를 가져야
함을 생각해 보라.

㉦ 위에 언급된 교훈이 일반적인 경우가 아니라 언약의 자손들에게 적용되어
야 할 말씀이라는 사실을 생각해 보라.

### 3. 불행한 인생 (전4:7,8)

> 7 내가 또 다시 해 아래에서 헛된 것을 보았도다 8 어떤 사람은 아들도
> 없고 형제도 없이 홀로 있으나 그의 모든 수고에는 끝이 없도다 또 비록
> 그의 눈은 부요를 족하게 여기지 아니하면서 이르기를 내가 누구를 위하
> 여는 이같이 수고하고 나를 위하여는 행복을 누리지 못하게 하는가 하여
> 도 이것도 헛되어 불행한 노고로다

전도자는 또다시 이 세상 곧 해 아래서 헛된 것을 보았노라는 말을
했다. 이는 어떤 사람이 자식도 없고 형제도 없이 홀로 살아가고 있으
면서 끝없이 많은 수고와 고생을 하는 것에 연관된 것이다. 그런 어리
석은 자들은 열심히 노력하여 많은 재산을 모으면서 그것을 크게 불려
가고자 애쓰지만 결코 만족스러워 할 줄 모른다.

그들은 자기가 밤낮 힘들게 일하는 것이 과연 누구를 위해 그렇게 하
는 것인지 모르고 있다. 즉 그것이 진정으로 자기 자신을 위한 것인지
아니면 다른 누구를 위한 것인지 생각지 못하고 있는 것이다. 그와 같
은 방식으로 살아가는 자들은 이 세상에서 즐거움이나 쾌락을 추구하
는 자들처럼 살아가지도 않는다. 그냥 눈앞에 보이는 일에 얽매여 있으
면서 오로지 부자가 되고 싶어하는 욕망에 사로잡혀 있을 따름이다.

하지만 그 모든 수고는 자신을 포함한 어느 누구를 위한 것도 아닌
지극히 헛된 행위에 지나지 않는다. 설령 그가 크게 성공하여 엄청난
부자가 된다고 한들 죽을 때 그 모든 재산을 어떻게 처리해야 할지 모
른다. 그 유산을 상속해 줄 자가 없다면 더더욱 아무런 의미가 없는 것
이다. 설령 그 재산을 자식이나 형제에게 물려주고 죽는다고 해도 의미

없는 헛된 일에 지나지 않는 터에 이 세상에 가족이나 가까운 친척 없이 홀로 살아가는 자에게는 그 모든 것들이 아무런 의미 없는 헛된 일에 지나지 않는다는 것이다.

그러므로 전도자는 열심히 수고하여 일만 하면서 그와 같은 고된 삶을 살아가는 것이 불행한 것이라고 했다. 즉 그런 사람들이 어리석고 딱하기 그지없다는 말을 하고 있다. 따라서 우리는 이 세상에 살아가면서 하나님과 그가 보내실 그리스도에 대한 소망을 가지지 않는 모든 것은 헛될 뿐이라는 사실을 분명히 깨달아야만 한다.


| 묵상과 질문 |

㉠ 자식과 형제 등 상속자가 없는 상태에서 부를 추구하기 위해 혼신의 노력을 다하는 자들의 삶에 대하여 생각해 보라.

㉡ 전도자가 어떤 식으로 세상을 살아가는 자들에 대하여 딱한 자들이라고 말하고 있는지 생각해 보라.

㉢ 참된 진리를 모르는 체 행하는 인간의 모든 수고와 노력 자체가 소중한 의미를 지니는 것이 아니라고 한 전도자의 교훈을 생각해 보라.

㉣ 하나님을 아는 성도로서 성경이 말하는 참된 삶을 살아가기 위해서는 어떤 깨달음과 신앙 자세를 가져야 하는지 생각해 보라.

## 4. 사회적 존재인 인간 (전4:9-12)

> 9 두 사람이 한 사람보다 나음은 그들이 수고함으로 좋은 상을 얻을 것임이라 10 혹시 그들이 넘어지면 하나가 그 동무를 붙들어 일으키려니와 홀로 있어 넘어지고 붙들어 일으킬 자가 없는 자에게는 화가 있으리라 11 또 두 사람이 함께 누우면 따뜻하거니와 한 사람이면 어찌 따뜻하랴 12 한 사람이면 패하겠거니와 두 사람이면 맞설 수 있나니 세 겹 줄은 쉽게 끊어지지 아니하느니라

전도자는 이 세상에 살아가는 사람들이 혼자 독단적으로 행할 것이 아니라 상호 협력하며 살아가야 한다는 사실을 언급했다. 무엇을 하든지 혼자서 애쓰는 것보다 다른 이웃의 도움을 받아가며 함께 일하는 것이 지혜롭다는 것이다. 따라서 혼자 무엇인가 원하는 것을 얻고자 실행하는 것보다 두 사람이 힘을 합쳐 함께 일하는 것이 낫다고 했다.

그리하여 두 사람이 협력하여 수고하면 더 큰 효과와 더불어 훨씬 좋은 결과를 얻을 수 있게 된다. 혼자 일하다가 혹시 넘어지기라도 하면 크게 다칠 수 있다. 그때 옆에 함께 있던 이웃이 넘어진 자기의 친구를 붙들어 일으켜 세워준다면 크게 다행한 일이다. 만일 혼자 있다가 넘어지게 되었을 때 그를 붙잡아 일으켜 세워줄 사람이 아무도 없다면 그에게 화가 미칠 수 있기 때문이다.

또한 두 사람이 함께 누우면 따뜻하지만 한 사람이면 냉랭하여 따뜻하지 않다고 했다. 여기서는 이 말이 부부 사이에 연관된 말이라기보다 일반적인 원리에 대한 교훈으로 받아들이는 것이 자연스럽다.11) 어떤

---

11) 만일 이 교훈을 부부 사이에 연관된 것으로 이해한다면, 혼인하지 않은 미혼자나 사별(死別)한 배우자에게는 그 의미가 적용되지 않는 것처럼 여겨질 수 있다.

사람이 외출했다가 일을 마치고 집으로 돌아와 차가운 방에 혼자 머무는 것보다 둘이 함께 있으면 훈기(薰氣)가 돌아 따뜻한 기운을 얻게 된다는 것이다.

그리고 한 사람이 악한 자로부터 갑작스런 공격을 받게 되면 저를 막아내기 어렵다. 하지만 두 사람이 함께 있으면 그에 맞서 대응하기에 훨씬 용이하다고 했다. 이는 사람이 어떤 위기에 처하게 되었을 때 서로 의지할 만한 이웃이 함께 있을 경우 큰 힘이 된다는 의미이다. 이는 사람이 혼자 독단적으로 살아가며 행동하는 것보다 이웃과 더불어 서로간 기댈 언덕이 되어주는 것이 가지는 의미를 말해주고 있다.

전도자는 그와 더불어 세 겹줄은 쉽게 끊어지지 않는다고 했다. 이는 두 겹줄보다는 세 겹줄이 상대적으로 더 강하다는 것을 말하는 것 이상의 의미를 지니고 있다. 산술적으로는 하나보다는 둘, 둘보다는 셋이 더 강한 것이 당연하다. 하지만 그 말이 의미하는 바는 세 겹줄은 두 겹줄에 한 줄 더한 정도의 힘이 아니라 그보다 몇 갑절의 힘을 발휘하게 된다는 사실을 말해주고 있다.

우리는 이 말씀을 상식적인 보통의 경우를 넘어 타락한 세상에서 살아가는 성도들이 신앙을 지켜나가는 일에 연관지어 생각할 수 있어야 한다. 이는 단순히 어떤 일을 행하거나 집에서 생활할 때 혹은 강한 적을 만났을 때 두 명 혹은 여러 명이 힘을 합치는 것이 크게 유익하다는 일반적인 교훈을 주는 것에 끝나지 않는다. 우리는 이 말씀을 통해 성도의 신앙생활을 유지하기 위한 더 큰 교훈을 얻을 수 있어야 하는 것이다.

그러므로 하나님의 자녀들은 타락한 이 세상에 살아가면서 신실한 많은 이웃을 두는 것이 중요하다. 그래야 어렵고 힘든 일을 만날 때 서로간 의지하며 살아갈 수 있게 된다. 또한 하나님을 대적하는 자들의 부당한 공격이 있을지라도 여러 형제들이 힘을 모아 그에 맞서 지혜롭게 대처할 수 있다. 그것을 위해 지상에 존재하는 교회공동체와 그에 속한 성도들 사이에 신실한 관계가 유지되어야 한다.

그런데 문제가 되는 것은 세상에는 그 관계를 깨뜨리거나 허무는 자가 생겨난다는 점이다. 함께 걸어가거나 한 집에 살아가면서 혹은 한 교회에 속해 신앙생활을 하면서도 이미 형성된 그 관계를 파괴하는 경우가 발생한다. 모두가 힘을 합치기 위해 노력하는데 그 관계를 파괴하는 일이 있어서는 결코 안 된다.

만일 그런 자가 있다면 그는 하나님을 대적하는 악한 자리에 앉게 되는 것과 같다. 우리가 반드시 기억해야 할 바는 그것을 세우려고 신경을 쓰는 것보다 이미 이루어진 관계를 파괴하지 않고 아름답게 유지 보존해 나가는 것이 더욱 중요하다는 사실이다. 하나님의 자녀들은 두 사람이든 세 사람이든 상호 소중한 관계를 확립하여 유지하는 일에 참여해야 하며, 자신의 죄성으로 말미암아 그 관계를 파괴하는 자리에 앉지 않도록 온 마음을 기울여야 한다.

| 묵상과 질문 |

㉠ 한 사람보다 두 사람이 나은 것은 그들의 수고로 인해 좋은 보상을 얻게 될 것이기 때문이라고 한 말의 의미를 생각해 보라.

㉡ 지상 교회 가운데서 성도들이 서로간 기댈 언덕이 되어줄 수 있는 관계의 소중함을 생각해 보라.

㉢ 한 사람이 넘어질 때 그를 일으켜 세워줄 수 있는 좋은 이웃의 중요성을 생각해 보라.

㉣ 함께하는 좋은 이웃이 없을 경우 당하게 될 낭패에 대하여 생각해 보라.

㉤ 두 사람이 함께 누우면 따뜻하지만 한 사람이면 그렇지 않다는 말의 실제적인 상황을 생각해 보라.

㉥ 두 사람이 함께 누우면 따뜻하다는 교훈이 혼인한 부부 사이의 관계를 두고 한 말인지 생각해 보라.

㉦ 한 사람이면 패하나 두 사람이면 적에 대항하여 맞설 수 있다는 말이 신앙인인 우리에게 어떤 교훈을 주는지 구체적인 상황과 더불어 생각해 보라.

㉧ 세 겹줄은 쉽게 끊어지지 않는다는 말의 실제적인 의미를 생각해 보라.

## 5. 메시아 예언 (전4:13-16)

> 13 가난하여도 지혜로운 젊은이가 늙고 둔하여 경고를 더 받을 줄 모르는 왕보다 나으니 14 그는 자기의 나라에서 가난하게 태어났을지라도 감옥에서 나와 왕이 되었음이라 15 내가 본즉 해 아래에서 다니는 인생들이 왕의 다음 자리에 있다가 왕을 대신하여 일어난 젊은이와 함께 있고 16 그의 치리를 받는 모든 백성들이 무수하였을지라도 후에 오는 자들은 그를 기뻐하지 아니하리니 이것도 헛되어 바람을 잡는 것이로다

타락한 이 세상에 살아가면서 가난한가 부유한가 하는 것은 사람들에게 실제적인 큰 영향을 끼친다. 그로 말미암아 이른바 사람들이 누리는 삶의 질에 있어서 큰 차이가 날 수밖에 없다. 따라서 그것은 하나님을 알지 못한 채 세상일에만 몰두하며 살아가는 자들에게 매우 중요한 역할을 하게 된다.

부유한 자들은 넘치게 소유한 재물로 인해 가지는 만족감 자체뿐 아니라 그것을 통해 권력이나 명예, 일반 생활 등 모든 면에서 가난한 자들이 가지지 못하는 것을 소유할 수 있다. 그에 반해 가난한 사람들은 아무리 원해도 그런 것들을 가지기 어렵다. 따라서 보통 사람들은 기를 쓰고 부자가 되고 싶어한다. 물론 그렇게 되고자 온갖 노력을 기울여 애쓴다고 해서 누구나 부자가 될 수 있는 것이 아니다.

하지만 하나님의 자녀들이 가지는 삶의 가치관은 전혀 그렇지 않다. 그보다 훨씬 소중하고 숭고한 의미가 저들에게 존재하기 때문이다. 부유한 성도들은 하나님의 도우심으로 말미암아 얻은 재물을 단지 자기를 위한 도구로 삼는 것에 머무를 것이 아니라 주변의 어려운 이웃과

적절히 나눌 수 있어야 한다.

전도자는 또한 그와 더불어 세상에서 가난하게 살아갈지라도 진정한 지혜를 소유한 그 젊은이가 훌륭하다는 말을 했다. 나이가 많이 들어 세상의 경륜과 경험이 풍부한 왕이라 할지라도 다른 사람이 자기에게 하는 진심어린 권고의 말을 귀담아듣지 않는다면 지극히 어리석은 자에 지나지 않는다고 했다.

물론 여기서 말하는 지혜로운 젊은이란 일반적인 관점에서 일컫는 것이 아님은 당연하다. 이는 하나님을 경외함으로써 참된 지혜를 소유한 신앙 있는 젊은이에 해당된다. 따라서 설령 언약의 왕국에서 왕위에 오른 자라고 해서 신실한 신앙과 무관하다면 그것 자체를 대단한 것으로 받아들일 필요가 없다.

이 말은 나이와 경험 그리고 신분에 상관없이 하나님의 진리를 소유하는 것이 인간들이 자기를 위해 내세우는 모든 것보다 중요하다는 점을 의미하고 있다. 자신의 신분과 경험에 치중하는 자는 하나님의 말씀을 귀담아듣기보다 개인적인 경험을 앞세우는 것이 일반적이다. 즉 그런 자들은 성경이 계시한 하나님의 진리보다 자기의 이성과 경험으로 모든 것을 해석하고자 하는 오류에 빠지면서도 스스로 잘난 것으로 착각하게 된다.

전도자는 그 말을 하면서 그 젊은이가 '자기의 나라'(in his kingdom)에서 가난하게 태어났을지라도 감옥에 갇힌 상태에서 나와 결국은 왕이 되었다는 사실을 언급하고 있다. 우리는 이 말씀을 깊은 주의를 기울여 살펴보아야 한다. 그 가운데는 매우 중요한 메시아에 연관된 예언의 내용이 담겨 있기 때문이다.

본문에서 그 가난한 젊은이가 '자기의 나라'에서 태어났다고 언급한 것은 원래 그 나라는 그 젊은이의 것이라는 사실을 말해주고 있다. 그런데 그가 그 나라의 주인인 것을 알고 있는 기득권을 가진 자들이 그를 배척하여 감옥에 가두었다고 했다. 즉 그의 나라를 강탈하고 있는 자들이 그가 왕위에 오르는 것을 적극적으로 방해하고자 했다는 것이다.

나중 그 젊은이는 감옥으로부터 나와 자기 나라에서 왕위를 차지하게 되었다고 했다(전4:14). 전도자는 자기가 주변의 상황을 둘러보니 세상에 살아가는 무수히 많은 사람들이 왕위에 오르게 된 그 젊은이를 따르는 것을 보았노라고 했다. 이는 그가 참 지혜로운 왕이 되어 자기 백성을 인도하게 되었다는 사실을 말해주고 있다.

하지만 무수히 많은 백성이 그의 치리를 받으며 떠받들고 있다고 한들 그 다음 세대는 그를 좋아하지 않게 될 것이라고 했다(전4:16). 그가 물러난 후가 되면 후대의 사람들은 그의 사역과 업적을 달갑게 여기지 않으며 그의 통치를 멸시한다는 것이다. 그 왕은 더 이상 세상 사람들로부터 기쁨의 대상이 되지 않으므로 그것도 헛된 것이며 손으로 바람을 잡는 것과 같다는 말을 했다.

우리는 전도자가 전한 이 말씀을 예수님과 직접 연관지어 생각해 볼 수 있어야 한다. 예수님께서는 이 세상의 진정한 주인이자 언약의 백성들이 소유한 나라의 주인이었지만 극히 가난한 중에 이땅에 태어났다. 하나님의 아들인 그는 출생할 때부터 안온한 집안의 방이 아니라 동물의 구유에 눕혀지게 되었다. 이는 보통 사람들에게도 일어나지 않는 찾아보기 힘든 특이한 일이다.

그는 자기 나라에서 왕위를 계승할 인물이었으나 언약에 연관된 백성들로부터도 아무런 환영을 받지 못했다. 도리어 기득권층에 있던 악한 자들은 그가 태어났다는 소문을 듣고 그를 죽이려고 했다. 그들은 그가 자기의 땅에 와서 왕이 될 자라는 사실을 알고 있었던 것이다. 하지만 악한 통치자와 그를 따르던 기득권자들은 그의 자유를 강제적으로 박탈했다.

그리하여 예수님께서는 태어날 때부터 공사역에 이르기까지 자유를 박탈당한 채 피신하여 숨어 지내야만 했다. 언약의 나라에서 모든 통치권을 빼앗은 자들은 '자기의 나라' 왕으로 오신 분을 영접하기는커녕 오히려 심하게 박해했기 때문이다. 따라서 그는 하나님께서 예비하신 때를 인내하며 기다릴 수밖에 없었다.

그러므로 당시 예루살렘의 정치인들과 대제사장들을 비롯한 기득권층 유대인들이 반기지 않고 배척하는 형편에서 베들레헴에 있던 그를 찾아 죽이고자 하는 헤롯 정부의 칼날을 피해 애굽 땅으로 피신하게 되었다. 그후 가난하고 소외된 지역인 갈릴리 나사렛에서 젊은 시절을 숨어지내야만 했다. 또한 공사역을 행하시는 중에도 악한 자들로부터 숱하게 많은 위협을 당하게 되었다.

예수님께서는 그의 공사역이 끝나가는 시점에서 예루살렘 성에 왕으로 입성하시면서 자기의 왕권을 선포하셨다. 그 결과 사악한 유대인들과 로마인들에 의해 십자가의 고난과 더불어 잔인하게 죽임을 당했다. 그가 진 십자가 위의 죄패(罪牌)에는 '유대인의 왕'(The King of the Jews)이라 기록되어 그의 왕위가 만방에 선포되었다.

이는 물론 그가 유대인의 왕일 뿐 아니라 만왕의 왕으로 선포된 것과 동일한 의미를 지니고 있다. 죄패에 히브리어, 로마어, 헬라어 등 세 개의 언어로 기록된 것이 그점을 말해주고 있다(요19:20). 하지만 나중의 인간들 가운데는 그의 실제적인 왕위를 받아들이지 않고 거부하거나 관념적인 것으로 여기는 자들이 많아지게 된다.

이를 통해 우리는 전도자가 선포한 위의 말씀이 메시아 예언에 연관된 내용이란 사실을 알 수 있다. 하나님으로부터 선택받은 자들은 그의 나라와 왕위를 깨달아 받아들이고 그 왕의 백성이 되어 그에게 온전히 복종하게 된다. 하지만 그 실상을 모르고 인정하지 않는 자들의 인생은 헛되어 바람을 잡는 것과 같을 따름이다.

| 묵상과 질문 |

㉠ 가난해도 지혜로운 젊은이란 어떤 사람을 일컫고 있는지 생각해 보라.

㉡ 나이가 많아 경험이 풍부한 왕이라 할지라도 주변에서 하는 참된 권고의 말을 귀담아듣지 않으면 미련한 자에 지나지 않는다고 한 말의 의미를 생각해 보라.

㉢ 본문에 언급된 말씀이 메시아 예언에 연관되어 있다는 사실을 생각해 보라.

㉣ 가난하고 지혜로운 젊은이가 감옥에 갇혔다가 그곳으로부터 나왔다는 말에 대한 구체적인 실상을 생각해 보라.

ⓜ 또한 감옥에서 풀려난 그 젊은이가 왕위에 올랐다는 사실이 가지는 의미를 생각해 보라.

ⓗ 그의 치리를 받는 자들이 무수히 많았다는 사실을 생각해 보라.

ⓢ 다음 세대가 되면 백성들 가운데 그를 배신하는 경우가 많이 생겨난다고 한 말의 의미를 생각해 보라.

ⓞ 본문의 마지막 부분에서 '그것도 헛되어 바람을 잡는 것 같다'고 한 말이 적용되어야 할 구체적인 범주를 생각해 보라.

# 제5장

# 하나님을 경외해야 할 인생

(전5:1-20)

## 1. 하나님의 말씀을 듣는 자세 (전5:1)

> 1 너는 하나님의 집에 들어갈 때에 네 발을 삼갈지어다 가까이 하여 말씀을 듣는 것이 우매한 자들이 제물 드리는 것보다 나으니 그들은 악을 행하면서도 깨닫지 못함이니라

전도자는 언약의 자손들을 향해 하나님의 성전에 나아갈 때 발걸음을 삼가 조심하라는 요구를 했다. 이 말은 성전에 들락거리는 행위 자체가 신앙의 표준이 될 수 없음을 말해주고 있다. 어리석은 자들은 성전에 자주 가는 것 자체가 훌륭한 신앙 행위라도 되는 양 착각한다. 나아가 주변에 살아가는 다른 이웃들도 그런 사람이 마치 하나님을 크게 사랑하는 자인 듯이 오해하게 된다.

그런 습성에 빠진 자들은 하나님을 욕되게 하면서도 자신의 악행에

대한 깨달음이 전혀 없다. 그들은 하나님 앞에 다양한 제물을 갖다 바치는 것이 신앙의 증거가 되는 듯이 생각한다. 거기다가 좀 더 좋아 보이는 것을 많이 바치게 되면 자기가 최상의 신앙인인 것처럼 여기며 왜곡된 자부심을 가진다.

하지만 하나님으로 말미암아 허락된 참된 신앙의 본질은 전혀 그렇지 않다. 값비싼 제물을 가지고 성전으로 가서 하나님께 제사를 드리는 행위보다 훨씬 더 중요한 것은 하나님의 말씀을 진지한 자세로 귀담아듣는 태도이다. 그래야만 하나님의 말씀 앞에서 자신을 제대로 되돌아보며 순종할 수 있을 것이기 때문이다.

이와 같은 교훈은 신약시대 교회에도 그대로 받아들여져야 한다. 오늘날 기독교인들이 종교적인 활동을 열심히 하는 것을 두고 좋은 신앙이라 말하는 것은 바람직하지 않다. 나아가 교회에서 목사나 장로, 집사 등 직분을 맡았기 때문에 훌륭한 신앙인이라 말할 수도 없다. 자칫 잘못하면 그와 같은 행위는 자기의 주관적인 열성일 뿐 하나님의 뜻에 진정으로 순종하는 것과는 무관할 수 있다.

그러나 신앙이 어린 교인들은 종교성과 연관된 저들의 외양을 보고 훌륭한 신앙인이라 여기며 자기도 그와 같이 따라 하고자 하는 경향성을 띠게 된다. 하지만 그것은 누룩과 같은 역할을 할 수 있으며, 전체적으로 그런 분위기가 확산되는 것은 도리어 매우 위험할 수 있다. 종교적인 관행이나 교인들 사이에 나타나는 겉치레가 어린 교인들에게 잘못된 신앙을 부추길 우려가 있기 때문이다.

지상 교회와 성도들에게 가장 중요한 것은 기록된 성경을 통해 드러나는 하나님의 뜻을 올바르게 깨닫는 것이다. 설령 개인적인 순수한 마

음으로 교회 안에서 자기의 취향에 따른 봉사를 열성적으로 한다고 할
지라도 하나님의 말씀에 온전히 순종하는 삶으로써 드러나는 것이 아
니라면 아무런 의미가 없다. 그런 행위는 이기적인 만족을 위한 종교
활동일 따름이며 진정으로 교회 공동체를 위한 것이 될 수 없기 때문
이다.

그러므로 성경은 성전을 찾아가 하나님 앞에 제물을 바치는 제사 행
위 자체보다 하나님의 뜻을 온전히 알아 그에 순종하는 삶이 훨씬 중요
하다는 사실을 말하고 있다. 인간의 종교성이나 신앙 행위가 다른 사람
들로부터 그럴듯한 인정과 평가를 받는 것이 중요한 것이 아니라 하나
님의 뜻이 드러나야 하기 때문이다. 선지자 호세아는 그에 연관된 여호
와 하나님의 말씀을 기록하고 있다.

> "나는 인애를 원하고 제사를 원하지 아니하며 번제보다 하나님을 아는 것
> 을 원하노라"(호6:6)

어리석은 인간들은 하나님 앞에 많은 제물을 갖다 바치면서 자기의
충성심을 드러내 보이기를 좋아한다. 그런 자들은 또한 그와 같은 행위
가 주변의 여러 사람들로부터 좋은 신앙인으로 인정받게 한다는 사실
을 알고 있다. 따라서 제물을 바치면서 스스로 종교적인 만족감을 누리
게 되는 것이다.

하지만 하나님께서 원하시는 것은 거짓 없는 진정한 사랑이며 하나
님을 올바르게 아는 지식이라고 했다. 하나님을 온전히 알 때 비로소
계시된 말씀을 통해 그의 거룩한 뜻을 알아가게 될 것이기 때문이다.
따라서 하나님을 더욱 깊이 알고자 하는 마음과 참된 지식이 없이 행하
는 모든 종교적인 활동은 아무런 의미 없는 행위에 지나지 않는다.

또한 예수님께서도 마리아와 마르다에 연관된 매우 중요한 교훈을 주셨다. 예수님께서 그들의 집으로 들어갔을 때 그들 자매는 공히 그를 반갑게 맞이했다. 하지만 그후에 나타나는 두 자매의 반응과 행동은 전혀 달랐다. 누가복음에는 그때 일어난 사건과 교훈에 관한 내용이 구체적으로 기록되어 있다.

> "그들이 길 갈 때에 예수께서 한 마을에 들어가시매 마르다라 이름하는 한 여자가 자기 집으로 영접하더라 그에게 마리아라 하는 동생이 있어 주의 발치에 앉아 그의 말씀을 듣더니 마르다는 준비하는 일이 많아 마음이 분주한지라 예수께 나아가 이르되 주여 내 동생이 나 혼자 일하게 두는 것을 생각하지 아니하시나이까 그를 명하사 나를 도와 주라 하소서 주께서 대답하여 이르시되 마르다야 마르다야 네가 많은 일로 염려하고 근심하나 몇 가지만 하든지 혹은 한 가지만이라도 족하니라 마리아는 이 좋은 편을 택하였으니 빼앗기지 아니하리라 하시니라" (눅10:38-42)

예수님께서 마리아와 마르다의 집으로 들어와 자리에 앉으셨을 때 두 자매는 전혀 다른 반응을 보이며 행동했다. 마르다는 집에 귀한 손님이 오셨으니 그를 대접하기 위해 헌신적인 마음으로 열심히 준비했다. 예수님을 대접하고자 하는 그 마음은 순수했던 것이 분명하며 그렇게 하는 것이 그에게는 지극히 자연스러운 일이었다.

그런데 동생 마리아는 언니의 행동과는 전혀 다른 태도를 취했다. 그는 귀한 손님을 대접하고자 하는 마음이 없는 듯이 예수님의 발치에 앉아 그가 하시는 모든 말씀을 듣는 것을 훨씬 중요한 가치로 여기고 있었다. 손님 접대로 인해 분주하게 일하는 마르다의 입장에서 볼 때 귀한 손님을 대접하기 위한 관심을 가지지 않는 동생이 얄밉지 않을 수 없었다. 그리하여 마르다는 예수님께 그에 대한 자신의 불만을 드러냈다. 자기는 예수님을 위해 헌신적으로 노력하며 봉사하는데 마리아는 전혀 그렇지 않다는 것이었다.

하지만 예수님께서는 마르다가 기대하던 것과는 달리 매우 실망스러운 말씀을 하셨다. 당연히 열심히 일하는 자기를 칭찬하고 동생 마리아를 책망하여 언니를 도우라는 말씀을 하실 줄 알았는데 오히려 동생을 더 칭찬하셨던 것이다. 이는 마리아가 메시아인 예수님께서 말씀하시는 진리에 더 많은 관심을 가지고 있었기 때문이다.

마르다는 예수님을 위하여 모든 정성을 다해 희생적인 봉사를 아끼지 않았음이 틀림없다. 그는 진심어린 순수한 마음으로 그렇게 했을 것이며 자기가 행하는 일에 큰 의미를 두고 있었을 것이다. 하지만 마리아에게는 그와 같은 봉사와 헌신의 자세가 전혀 보이지 않았다. 마리아는 오직 예수님의 가르침을 통해 참된 진리의 말씀을 듣고자 했을 따름이다. 즉 마리아의 주된 관심은 자기 자신의 충성이나 열정적인 행위가 아니라 주님의 말씀을 듣는 것에 있었던 것이다.

성경에 기록된 이 교훈은 오늘날 지상 교회에 그대로 적용되어야 한다. 하나님의 자녀들에게 중요한 것은 인간의 봉사와 행위 자체가 아니라 우선적으로 하나님의 말씀을 귀담아듣는 자세이다. 전도자가 본문 가운데서 교훈을 주고 있으며 구약의 모든 선지자들이 그렇게 했던 것처럼 성도들은 그 교훈을 따라야 한다.

그리고 예수님께서 친히 그에 연관된 사건과 더불어 주신 교훈의 말씀을 그대로 순종해야 한다. 본질적으로 중요한 것은 하나님의 말씀을 올바르게 알고 그에 순종하는 삶이다. 즉 종교적인 행위 자체가 우선될 수 없다. 우리는 이에 대한 깨달음과 이해가 없으면 소중한 본질을 놓칠 수 있다는 사실을 잊어서는 안 된다.

| 묵상과 질문 |

㉠ '하나님의 집'에 들어간다는 말을 우리 시대의 '교회'와 더불어 생각해 보라.

㉡ '네 발을 삼가라'는 말씀의 의미를 생각해 보라.

㉢ 하나님 앞에 값비싼 제물을 갖다 바치는 행위 자체가 하나님을 기쁘시게 하는 것인지 생각해 보라.

㉣ '하나님의 말씀을 듣는다'는 말의 의미를 구체적으로 생각해 보라.

㉤ 남이 알아주기를 바라며 자기중심적인 종교 생활을 하는 어리석은 자들은 하나님 앞에서 악을 행하면서도 깨닫지 못한다고 했는데, '나'에게는 혹 그런 어리석음이 존재하지 않는지 생각해 보라.

㉥ 호세아 6장 6절 말씀을 깊이 묵상해 보라.

㉦ 누가복음 10장 38-42절에 기록된 마리아와 마르다에 관한 주님의 교훈을 우리 시대 교회와 더불어 생각해 보라.

## 2. 입과 말조심 (전5:2,3)

> 2 너는 하나님 앞에서 함부로 입을 열지 말며 급한 마음으로 말을 내지
> 말라 하나님은 하늘에 계시고 너는 땅에 있음이니라 그런즉 마땅히 말을
> 적게 할 것이라 3 걱정이 많으면 꿈이 생기고 말이 많으면 우매한 자의
> 소리가 나타나느니라

전도자는 하나님 앞에서 함부로 입을 열지 말라는 언급을 했다. 죄에
빠진 인간들은 자기의 이성과 경험에 길들여진 존재라 해도 과언이 아
니다. 더구나 종교적인 측면에 있어서는 자기 인식에 빠져 있으면서 자
기의 판단을 절대화하기 십상이다.

그러므로 하나님의 자녀들은 계시된 말씀과 역사 가운데 활동하시는
성령의 인도하심을 받아 생각하고 말해야 한다. 즉 하나님 앞에서 말할
때는 항상 말씀에 따른 검증과 더불어 입을 열어 말하지 않으면 안 된
다. 이는 자기의 주관적인 판단을 앞세울 것이 아니라 하나님의 뜻에
순종해야 한다는 사실을 의미하고 있다.

그리고 전도자는 언약의 자손들을 향해 조급하고 경솔한 태도로 자
기주장을 펼치지 말라는 당부를 했다. 인간들은 개인적인 목적이 눈앞
에 있으면 그것을 쟁취하려는 마음이 생기게 된다. 그렇게 되면 자기가
하고자 하는 일을 추구하거나 달성하기 위한 욕망으로 인해 이웃을 해
치게 될 우려가 따른다.

그러므로 성숙한 성도들은 하늘에 계신 하나님의 뜻을 알아가고자

한다. 그것은 물론 이 세상에서 생겨난 인간의 지식과 지혜가 아니라 계시된 하나님의 말씀을 통해 가능하게 된다. 천상의 나라에 계시는 하나님은 완벽하시기 때문에 모든 백성은 그의 뜻을 따라야 하는 것이다. 따라서 타락한 죄성을 버리지 못한 인간들은 이땅에 살아가면서 세상의 경험과 이성이 뒤엉켜 스스로는 참된 것을 알아갈 수 없다.

또한 전도자는 하나님의 자녀들은 마땅히 말을 적게 해야 한다는 사실을 언급했다. 이 교훈은 단순히 말수가 적은 과묵한 성격의 인간이 되라고 요구하는 것과 다르다. 하나님을 진정으로 경외하는 성도라면 성경의 전체적인 교훈과 더불어 절대적인 하나님의 뜻을 염두에 두고 자기의 생각을 말해야 한다는 의미이다. 구약성경 잠언은 이에 관한 중요한 교훈을 기록하고 있다.

> "말이 많으면 허물을 면하기 어려우나 그 입술을 제어하는 자는 지혜가 있느니라 의인의 혀는 순은과 같거니와 악인의 마음은 가치가 적으니라 의인의 입술은 여러 사람을 교육하나 미련한 자는 지식이 없어 죽느니라"(잠10:19-21)

어리석은 인간들은 자기의 입술과 혀를 잘못 사용함으로써 걷잡을 수 없는 어려움을 당하게 된다. 주관적인 관점에서 주변 이웃을 향해 함부로 말을 많이 하게 되면 스스로 자기의 허물을 들추어내게 될 따름이기 때문이다. 따라서 자기의 입술을 제어하는 자가 지혜로운 자라는 것이다.

그러므로 하나님을 진정으로 경외하는 의인들의 혀는 순수한 은과 같이 소중하지만 하나님을 경외하지 않고 아무렇게나 입술을 놀리는 악한 자들의 마음은 위태롭기 그지없다고 했다. 따라서 하나님의 뜻을 찾는 의로운 자들의 입술은 여러 사람들을 교육하며 중요한 교훈을 전하게 된다. 그에 반해 어리석고 미련한 자들은 성경에 기록된 참된 지식이 없어 결국 멸망을 향해 나아갈 수밖에 없다.

따라서 하나님을 경외하는 성도들이라면 자신의 입술을 제어하여 함부로 말하는 것을 극히 자제하고 하나님의 뜻 가운데서 말할 수 있어야 한다. 개인의 주관에 따라 말을 많이 하게 되면 걷잡을 수 없는 낭패를 불러일으킬 우려가 따른다. 하나님의 자녀들은 교회와 자신을 위해 그 점을 기억하지 않으면 안 된다. 무책임한 말들이 많아지게 되면 말하는 당사자를 비롯한 교회 공동체 전체에 큰 해악을 끼치게 될 것이기 때문이다.

| 묵상과 질문 |

㉠ 전도자가 하나님 앞에서 함부로 입을 열지 말도록 요구한 사실에 관한 본질적인 의미를 생각해 보라.

㉡ 사람들을 향해 조급한 마음을 가지고 말하지 못하도록 한 이유를 생각해 보라.

㉢ 천상의 나라에 계신 거룩한 하나님의 뜻과 이땅에서 경험과 이성으로 점철된 타락한 인간들의 사고에 대하여 생각해 보라.

㉣ '말을 적게 하라'는 교훈이 주는 본질적 의미를 생각해 보라.

ⓜ 우리가 이 교훈을 어떻게 받아들여야 할지 생각해 보라.

ⓗ 신실한 하나님의 백성은 진리에 대해서는 단호히 말해야 하지만 불필요한 말을 삼가야 한다는 점을 생각해 보라.

ⓐ 전도자가 준 교훈의 말씀이 오늘날 지상 교회 가운데서는 어떻게 적용되어야 할지 구체적으로 생각해 보라.

ⓞ 입술과 혀를 통해 드러나는 인간의 '말'과 하나님으로부터 허락된 참된 지혜의 관계에 대하여 생각해 보라.

## 3. 하나님 앞에서 서원하는 자세 (전5:4-7)

4 네가 하나님께 서원하였거든 갚기를 더디게 하지 말라 하나님은 우매한 자들을 기뻐하지 아니하시나니 서원한 것을 갚으라 5 서원하고 갚지 아니하는 것보다 서원하지 아니하는 것이 더 나으니 6 네 입으로 네 육체가 범죄하게 하지 말라 천사 앞에서12) 내가 서원한 것이 실수라고 말하지 말라 어찌 하나님께서 네 목소리로 말미암아 진노하사 네 손으로 한 것을 멸하시게 하랴 7 꿈이 많으면 헛된 일들이 많아지고 말이 많아도 그러하니 오직 너는 하나님을 경외할지니라

---

12) 한글 개역성경에서는 이 말이 '사자 앞에서'라고 번역되어 있다. 이 말은 '제사장 앞에서'로 이해하는 것이 자연스럽다(한글 새번역, 영어성경 NIV, 참조). 영어성경 KJV에는 'befor the angel'로 번역되어 있다.

전도자는 여기서 서원에 연관된 매우 중요한 교훈을 주고 있다. 본문에 언급된 서원은 개인적인 다짐이나 자기 스스로 하는 맹세와는 그 성격이 다르다. 즉 서원은 하나님께 드린 특별한 서원으로서 제사장 앞에서 행하는 것에 연관되어 있다. 따라서 하나님 앞에서 행한 공적인 서원은 반드시 지켜야 한다.

그러므로 전도자는 하나님께 서원한 것이 있다면 반드시 갚아야 한다는 사실을 강조했다. 그것을 갚지 않는다면 하나님을 멸시하는 것과 같기 때문이다. 이는 또한 하나님 앞에서는 함부로 서원하지 말라는 의미를 담고 있다. 만일 서원을 했다면 지체하지 말고 속히 그것을 실행하도록 해야 한다. 공적인 서원을 한 후 갚기를 더디하고 뭉그적거린다면 하나님을 우롱하는 것과 같다.

그럴 바에는 차라리 서원하지 않는 편이 훨씬 더 낫다고 했다. 여러 사람들 앞에서 서원을 하면서 자기의 존재를 드러내려고 한다면 심각한 문제가 된다. 또한 하나님 앞에 서원을 하면서 자기의 신앙심을 주변에 나타내 보이며 우쭐한 마음을 가지는 것은 올바른 신앙인의 자세라 할 수 없다.

따라서 서원을 지키려는 신실한 마음이 없는 상태에서 말과 행동으로 내보이는 서원은 절대로 하지 말아야 한다. 그것은 자기 육체를 범죄케 하는 것과 마찬가지이기 때문이다. 그리고 서원을 한 후 다른 어떤 변명도 하지 말라고 했다. 특히 '하나님의 사자 앞에서' 자기가 실수로 서원한 것이라는 핑계를 대지 말라는 것이다.

그와 같이 변명하는 것은 하나님을 진노케 하는 것과 마찬가지라고 했다. 그것은 하나님으로 하여금 자기가 이룩한 모든 것을 파멸시켜 달라고 요구하는 것과 같다는 것이다. 자기의 일시적인 기분에 따라 서원을 했다가 기분이 변하면 또 다른 말로 둘러대는 식의 태도는 하나님의 무서운 분노를 불러일으키게 될 따름이다.

인간에게 무언가 추구하고자 하는 욕망이 크고 많으면 의미없이 전개되는 헛된 일들이 많아지게 된다. 또한 그것을 얻고자 정제되지 않은 말들을 아무렇게나 해대는 것도 마찬가지다. 인간이 자기의 주관적인 감정에 따라 제멋대로 입술을 움직이는 것은 신앙을 벗어난 혼란만 초래하게 된다. 따라서 하나님을 진정으로 경외하는 성도들은 하나님의 뜻에 따라 모든 것을 말하고 행하는 것이 중요하다는 사실을 기억해야 한다.

신약시대에 살아가고 있는 지상 교회에 속한 성도들 역시 서원에 연관된 문제를 주의 깊게 생각해 보아야 한다. 우선 예수님께서는 산상수훈에서 제자들을 향하여 말씀하시면서 맹세하지 말라고 당부하셨다. 그리고 야고보 또한 그의 서신에서 도무지 맹세하지 말라는 요구를 하고 있다.

> "또 옛 사람에게 말한바 헛 맹세를 하지 말고 네 맹세한 것을 주께 지키라 하였다는 것을 너희가 들었으나 나는 너희에게 이르노니 도무지 맹세하지 말찌니 하늘로도 말라 이는 하나님의 보좌임이요 땅으로도 말라 이는 하나님의 발등상임이요 예루살렘으로도 말라 이는 큰 임금의 성임이요 네 머리로도 말라 이는 네가 한 터럭도 희고 검게 할 수 없음이라 오직 너희 말은 옳다 옳다, 아니라 아니라 하라 이에서 지나는 것은 악으로 좇아 나느니라"(마5:33-37); "내 형제들아 무엇보다도 맹세하지 말찌니 하늘로나 땅으로나 아무 다른 것으로도 맹세하지 말고 오직 너희의 그렇다 하는 것은 그렇다 하고 아니라 하는 것은 아니라 하여 죄 정함을 면하라"(약5:12)

신약성경에는 구약성경에 기록된 교훈과는 달리 성도들을 향해 맹세하지 말라는 요구를 하고 있다. 이는 아마도 맹세의 주체가 되는 인간들이 스스로 적절한 대상을 선정한 채 자기의 종교적인 욕망에 의존해 맹세하기 때문일 것으로 여겨진다. 원래 구약의 서원은 개인의 능력에 맞추어지기 전에 성전 제사장을 중심으로 한 언약의 자손에게 허락된 삶에 연관된 것으로 이해된다.

즉 구약시대의 서원의 주체는 개인이 될지라도 그 당사자뿐 아니라 제사장과 언약공동체에 속한 전체적인 삶에 밀접하게 연관된 것으로 이해할 수 있다. 그에 반해 예수님의 모든 사역이 완성된 신약시대 성도들의 능력은 예수 그리스도께 속한 것이다. 따라서 그리스도께서 베푸신 구원의 은혜를 입은 성도들은 스스로는 철저히 무능하지만 서원의 대상인 그리스도 안에 살아가고 있으며 그 바깥에 존재하는 것이 아니다.

또한 우리가 여기서 기억해야 할 바는 그와 성격이 다소 다르지만 우리 시대 교회 안에 그와 유사한 개념이 존재한다는 사실이다. 그것은 하나님 앞에서 행해지는 공적인 서약으로서 교회 공동체 안에서 지속적으로 이루어진다. 예를 들어 세례를 베풀 때나 특정 지교회에 입교할 때 그리고 직분자를 세울 때 그 당사자들은 하나님과 교회 앞에서 그에 대한 책무를 다하겠다는 고백적 서약을 하게 된다. 이는 구약성경과 신약성경에 언급된 개인적인 서원이나 맹세와는 다소 다른 성격의 공적인 서약으로 매우 중요한 의미를 지니고 있는 것이다.13)

---

13) 웨스트민스터 신앙고백서, 제22장; 이광호, 웨스트민스터 신앙고백, 서울: 교회와성경, 2009, 2018, pp.312-324, 참조.

| 묵상과 질문 |

㉠ 하나님께 서원하는 이유가 과연 하나님을 위한 것인지 아니면 자기 자신의 욕망을 위한 것인지 주의 깊게 생각해 보라.

㉡ 서원한 것에 대하여 태만하거나 무책임한 태도를 보이는 것이 어떤 의미를 가지게 되는지 생각해 보라.

㉢ 처음부터 지킬 마음이 없거나 부족한 상태에서 행하는 서원의 위험성과 그것이 곧 저의 육체를 더럽히게 된다는 말의 의미를 생각해 보라.

㉣ 서원을 한 후 그것이 사려깊지 못한 실수였다고 변명하며 지키지 않는다면 그것이 하나님의 진노의 대상이 된다는 사실에 대하여 생각해 보라.

㉤ 서원을 갚지 않으므로 인해 자기에게 돌아올 하나님의 보응에 대하여 생각해 보라.

㉥ 개인적인 욕망을 추구하는 과정에서 행해지는 서원의 위험성을 생각해 보라.

㉦ 구약시대의 서원과 달리 예수님과 그의 제자들이 신약시대에 도무지 맹세하지 말라고 요구한 이유에 대하여 생각해 보라.

㉧ 우리 시대 교회 가운데 행해지는 세례, 입교, 직분에 연관된 '공적인 서약'에 대한 정당성을 생각해 보라.

㉨ 하나님을 진정으로 경외하는 자들이 하나님과 교회 앞에서 서약할 때 가져야 할 기본적인 자세를 생각해 보라.

## 4. 하나님의 절대적 통치에 대한 깨달음 (전5:8,9)

> 8 너는 어느 지방에서든지 빈민을 학대하는 것과 정의와 공의를 짓밟는
> 것을 볼지라도 그것을 이상히 여기지 말라 높은 자는 더 높은 자가 감찰
> 하고 또 그들보다 더 높은 자들도 있음이니라 9 땅의 소산물은 모든 사
> 람을 위하여 있나니 왕도 밭의 소산을 받느니라

죄로 말미암아 타락하게 된 이 세상은 본질적으로 불공정한 영역이
다. 권력이나 힘, 부와 능력을 가진 자들은 그런 것들을 도구로 삼아 자
기의 인생을 향유한다. 그에 반해 그런 것들이 없는 자들은 상대적으로
어렵고 힘들게 살아갈 수밖에 없다.

전도자는 그와 같은 불공정한 세상을 염두에 두고 세상의 근본이 그
렇다는 사실을 언급했다. 세상에서는 시대와 장소를 막론하고 어디든
마찬가지라고 했다. 따라서 세상 어느 지역에서든지 부유하고 강력한
힘을 가진 자들이 가난하고 어렵게 살아가는 빈민들을 학대하는 것을
보고 이상하게 여기지 말라고 했던 것이다.

그리고 나라를 통치하는 정치인들이나 공권력을 가진 재판관들이 도
리어 법을 무시하고 정의를 짓밟는 것을 목격할지라도 이상하게 여길
필요가 없다는 말을 했다. 타락한 세상의 속성이 그런 만큼 전혀 놀라
운 일이 아니라는 것이다. 그와 같은 일들은 갑작스럽게 발생하는 것이
아니라 죄에 물든 인간들은 원래 그런 존재이다.

하지만 그런 부당한 권력을 행사하는 자들이라 해서 무작정 끝없이
제 맘대로 할 수 있는 것은 아니라고 했다. 그들보다 더욱 높은 자들이

있기 때문이라는 것이다. 또한 그들과는 결코 비교가 되지 않는 지극히 높은 분이 계신다고 했다. 이는 세상에서 권력을 자랑하는 모든 인간들 위에 전능하신 하나님이 계신다는 사실을 말해주고 있다. 즉 만왕의 왕으로서 전지전능하신 하나님께서 세상의 가난한 자들을 학대하는 모든 권세자들을 지속적으로 감찰하신다는 것이다.

그리고 전도자는 인간들의 기본적인 삶에 연관되는 것들에 대해서는 절대로 기득권을 행사하려고 해서는 안 된다는 사실을 언급했다. 어느 누구라 할지라도 그에 대하여 잘못된 태도를 보이는 것은 하나님을 진노케 하는 행위가 된다. 특히 사람들이 날마다 먹고 살아가는 곡식을 자라나게 하는 모든 근원적인 것들은 예외 없이 전부 하나님의 소유물이기 때문이다.

곡식이 자라나는 바탕인 땅은 인간들의 것이 아니라 하나님의 소유이며 그 곡식을 자라나게 하는 중요한 역할을 하는 태양도 하나님의 것이다. 또한 하늘에서 비가 내리게 하며 때에 따라 바람이 불게 하는 분도 하나님이다. 따라서 인간들의 노동을 통해 생산되는 모든 곡식은 근원적으로 하나님의 소유라고 할 수 있다. 하나님께서는 그 곡식을 특정한 사람들만이 아니라 모두에게 골고루 베풀어주시고자 했다. 즉 그것은 전적으로 하나님의 일반적인 은총에 해당되는 것이다.

그러므로 땅에서 생산되는 다양한 곡식들은 특정 계층에 속한 자들이 아니라 이 세상에 살아가는 모든 인간들을 위하여 제공되어야 한다. 세상 사람들은 예외 없이 하나님께서 허락하신 농산물과 가축과 물고기를 먹고 살아가게 되며 한 나라에서 가장 높은 지위에 있는 왕이라 할지라도 밭에서 나는 곡식을 취하여 먹으면서 살아간다. 따라서 기득권을 가진 자들이 식량을 독점하거나 그것을 문제 삼아 가난한 자들을 학대한다면 하나님의 것을 가로채는 악한 범죄행위가 된다.


| 묵상과 질문 |

㉠ 죄로 말미암아 타락하게 된 세상의 불공정한 속성에 대하여 생각해 보라.

㉡ 부유한 자가 가난하고 어렵게 살아가는 빈민들을 학대하는 문제를 구체적
인 상황과 더불어 생각해 보라.

㉢ 권력을 가진 기득권자들이 법을 무시하며 정의를 짓밟는 행위가 타락한 세
상에서는 일반적이라고 말한 것에 대한 의미를 생각해 보라.

㉣ 아무리 강한 권세를 가진 자들이라 할지라도 항상 자기보다 더 높은 자로부
터 감찰을 받고 있다고 한 말에 관하여 생각해 보라.

㉤ 세상의 권세를 가진 모든 기득권자들은 만왕의 왕이신 하나님의 감찰 대상
이 된다는 사실에 관하여 생각해 보라.

㉥ 땅에서 생산되는 각종 곡물은 세상에 살아가는 모든 사람들을 위해 허락된
하나님의 일반적인 은총에 해당된다는 점을 생각해 보라.

㉦ 곡물을 생산하는 땅과 그것을 자라나게 하는 태양의 주인은 하나님이라는
사실, 그리고 하늘의 비를 내리게 하고 바람을 불게 하시는 분은 하나님이
시기 때문에 인간들이 날마다 먹고 마시며 살아가는 세상의 모든 양식은 근
본적으로 하나님의 소유라는 사실에 대하여 생각해 보라.

◎ 한 나라의 최고 통치권자인 왕도 하나님께서 허락하시는 밭의 소산을 하나 님으로부터 얻어먹고 살아가는 자라는 말의 의미를 생각해 보라.

㊈ 땅의 모든 곡물이 '하나님의 소유'라면 세상에 살아가는 모든 인간들은 예외 없이 하나님께 빚을 지고 있는 존재란 사실을 생각해 보라.

## 5. 재물에 대한 욕망 (전5:10-12)

10 은을 사랑하는 자는 은으로 만족하지 못하고 풍요를 사랑하는 자는 소득으로 만족하지 아니하나니 이것도 헛되도다 11 재산이 많아지면 먹는 자들도 많아지나니 그 소유주들은 눈으로 보는 것 외에 무엇이 유익하랴14) 12 노동자는 먹는 것이 많든지 적든지 잠을 달게 자거니와 부자는 그 부요함 때문에 자지 못하느니라

이기적인 욕망으로 가득한 인간은 어떤 경우에도 만족하지 못한다. 무언가 원하는 것을 어느 정도 채웠다고 판단하면 더 큰 것을 추구하려는 속성이 있기 때문이다. 따라서 어리석은 자들은 항상 세상의 것들을 조금이라도 더 많이 소유하기 위해 노력하며 애쓰는 가운데 살아간다.

그런 자들은 돈과 재물을 사랑하지만 자기가 소유한 것으로 만족스

---

14) "재산이 늘면 그만큼 소비도 많아진다. 그 소유주의 눈을 즐겁게 하는 것 외에 무슨 유익이 있겠느냐?"(한글 현대인의성경)와 "When good things increase, those who consume them increase. So what is the advantage to their owners except to look on?"(영어성경 NASB)을 비교하여 참조해 보라.

러워하는 예가 없다. 그리고 부자가 되어 더욱 풍요롭게 될지라도 그것
으로 만족한 마음을 가지지 못한다. 하나님을 알지 못하는 인간들이 가
지는 욕심은 끝이 없기 때문이다.

하지만 그 모든 것은 헛된 것에 지나지 않는다. 인간들이 아무리 많
은 재물을 소유한다고 할지라도 그것이 자신의 만족감을 완전히 채우
지 못하는 것이다. 그러므로 사도 바울은 디모데에게 보내는 첫 번째
서신에서 그에 연관된 중요한 교훈을 주고 있다.

> "그러나 자족하는 마음이 있으면 경건이 큰 이익이 되느니라 우리가 세상
> 에 아무것도 가지고 온 것이 없으매 또한 아무 것도 가지고 가지 못하리
> 니 우리가 먹을 것과 입을 것이 있은즉 족한 줄로 알 것이니라 부하려 하
> 는 자들은 시험과 올무와 여러 가지 어리석고 해로운 욕심에 떨어지나니
> 곧 사람으로 파멸과 멸망에 빠지게 하는 것이라 돈을 사랑함이 일만 악
> 의 뿌리가 되나니 이것을 탐내는 자들은 미혹을 받아 믿음에서 떠나 많
> 은 근심으로써 자기를 찔렀도다"(딤전6:6-10)

하나님의 자녀들은 타락한 이 세상에 살아가면서 자족(自足)하는 마
음을 소유하는 것이 중요하다. 세상에 대한 모든 욕심을 버리고 자족하
는 마음을 가질 때 비로소 하나님을 향한 경건한 삶을 추구하게 되어
큰 이익을 얻을 수 있게 된다. 따라서 우리는 인간이 세상에 태어날 때
아무것도 가지고 온 것이 없으며 또한 죽을 때 아무것도 가지고 가지
못한다는 기본적인 원리를 기억해야 할 필요가 있다.

그러므로 세상에서 먹을 양식과 입을 옷 등 생존을 위한 가장 기본적
인 것을 갖추게 되면 그것으로 족한 줄로 여길 수 있어야 한다. 이 세상
에 존재하는 모든 것들은 하나님과 영원한 나라를 향해 나아가는 과정

에서 수단적인 역할을 할 뿐 그것이 삶의 본질적인 목적이 될 수 없기 때문이다. 이와 같은 삶을 깨달아 아는 것이 성도들이 소유해야 할 매우 소중한 지혜가 된다. 하지만 하나님을 알지 못하는 자들과 신앙이 어린 자들은 그에 대한 큰 오해를 한 채 살아가게 된다.

그러므로 사도 바울은 자족할 줄 모르고 세상의 부를 추구하는 데 열중하는 자들을 어리석은 자들이라고 했다. 그런 자들은 그로 인해 무서운 시험과 올무에 빠지게 되며 해로운 욕심에 떨어져 자멸에 이르게 된다. 따라서 돈을 사랑하는 것이 일만악(一萬惡)의 뿌리가 된다는 사실을 강조했다.

이처럼 전도자도 사람들이 세상에 살아가는 동안 재산이 많아지고 부유하게 되면 그만큼 소비도 늘어날 수밖에 없다는 사실을 언급했다. 따라서 많은 재산을 소유한 자에게는 그 소비로 말미암아 느끼게 되는 일시적인 만족감이나 즐거움 이외에 아무런 유익을 끼칠 수 없다. 그들이 모은 재물이 자기에게 궁극적인 의미를 부여하지 못하기 때문이다.

이 세상에서 발생하는 일반적인 문제를 생각해 보더라도 큰 부자가 되는 것이 그렇지 않은 자들보다 더 나은 것이 아니란 사실을 쉽게 알 수 있다. 비록 부자가 아닐지라도 성실하게 일하는 노동자들은 먹는 음식의 양에 상관없이 평안하게 단잠을 잘 수 있다. 하지만 돈이 많은 부자들은 맛난 음식을 마음껏 먹는다고 해도 소유한 재산으로 인해 온갖 염려들로 말미암아 편안한 잠을 자지 못할 것이기 때문이다.

| 묵상과 질문 |

㉠ 사람은 돈을 사랑하여 재산을 많이 모으고 풍요를 사랑하여 소득이 크게 늘어 난다고 해도 그로 말미암아 만족하지 못한다는 사실에 대하여 생각해 보라.

㉡ 세상에서 부자가 되는 것이 헛되다고 한 말의 의미를 생각해 보라.

㉢ 하나님의 자녀들이 이 세상에 살아가면서 자족하는 마음을 가지는 것에 대 한 소중함을 생각해 보라.

㉣ 돈을 사랑하는 것이 일만악의 뿌리가 된다고 강조한 사도 바울의 교훈을 생 각해 보라.

㉤ 재산이 많아지면 소비가 늘어나게 되어 그 소비의 증가로 인해 느끼는 현실적 인 기분과 일시적인 만족감 이외에 아무런 유익이 없다고 한 말을 생각해 보라.

㉥ 큰 부자가 아니고 먹는 음식이 넘쳐나지 않을지라도 성실한 노동자가 단잠 을 잘 수 있다고 한 말의 의미를 생각해 보라.

㉦ 돈이 많은 부자는 배불리 먹고 살아가지만 그 재물로 인해 생겨난 온갖 염 려들로 인해 편하게 잘 수 없다는 말을 생각해 보라.

㉧ 빈손으로 태어나 빈손으로 죽게 되는 원리 가운데 살아가는 인간으로서 가 져야 할 삶의 기본적인 자세에 대하여 생각해 보라.

㉨ 하나님을 믿는 성도로서 세상의 것을 탐하지 않는 삶의 자세를 유지하는 것 에 대한 중요성을 생각해 보라.

## 6. 많은 재물의 폐단 (전5:13-17)

13 내가 해 아래에서 큰 폐단 되는 일이 있는 것을 보았나니 곧 소유주가 재물을 자기에게 해가 되도록 소유하는 것이라 14 그 재물이 재난을 당할 때 없어지나니 비록 아들은 낳았으나 그 손에 아무것도 없느니라 15 그가 모태에서 벌거벗고 나왔은즉 그가 나온 대로 돌아가고 수고하여 얻은 것을 아무것도 자기 손에 가지고 가지 못하리니 16 이것도 큰 불행이라 어떻게 왔든지 그대로 가리니 바람을 잡는 수고가 그에게 무엇이 유익하랴 17 일평생을 어두운 데에서 먹으며 많은 근심과 질병과 분노가 그에게 있느니라

전도자는 해 아래 존재하는 이 세상 가운데서 큰 폐단이 되는 특별한 경우를 보았다고 말했다. 그것은 어떤 사람이 자기에게 해가 될 만큼 많은 재물을 소유하고 있는 것에 연관된 문제이다. 이 말은 세상의 보통 사람들이 생각하는 것과는 전혀 다른 관점이라 할 수밖에 없다. 어리석은 자들은 재물을 척도로 삼아 인생을 자랑하며 흡족해할 뿐 그 본질에 대하여는 전혀 모르고 있다. 따라서 이땅에 속한 자들은 할 수 있으면 더 많은 재산을 소유하고자 애쓰는 것이 일반적이다.

그런데 하나님의 백성들이 가지는 삶의 자세는 전혀 그렇지 않다. 많은 재물이 오히려 그 소유주 자신에게 매우 심각한 해를 끼칠 수 있다는 사실을 알고 있기 때문이다. 물론 그것은 직접적인 해가 될 수도 있으며 간접적으로 해를 가져올 수도 있다. 중요한 사실은 어떤 식으로든지 해가 될 만큼 많이 소유하는 것은 지극히 어리석은 경우에 해당될 수밖에 없다는 점이다.

어떤 부자는 심각한 재난을 당함으로써 평생 모은 자기의 전 재산을 일순간에 다 잃을 수 있다. 그와 같은 일은 자의적인 판단에 따른 것이 아니라 본인이 전혀 원하지 않는 상태에서 속수무책으로 발생하게 된다. 그런 경우는 그가 애써 수고하여 모은 재산이 무익할 뿐만 아니라 저의 삶에 치명적인 손상을 끼친다. 즉 재산을 잃어버리는 것 자체보다 정신적으로 더 크게 고통스러워하는 형편에 놓이게 되기 때문이다.

그렇게 되면 사랑하는 자식이 있다고 할지라도 그에게 상속해 줄 재물은 아무것도 남지 않는다. 이는 그가 건강하고 열심히 일할 수 있을 때 행했던 모든 수고가 완전히 헛된 것이 되어버린다는 사실을 의미하고 있다. 즉 그의 모든 노력에 의해 이룩한 성과들 가운데 남는 것이 하나도 없게 되는 것이다.

인간들은 누구든지 모태에서 태어날 때부터 벌거벗은 채 아무것도 가지지 않은 빈손으로 이 세상에 오게 된다. 따라서 사람이 죽을 때가 되면 모든 것을 뒤에 남겨 둔 채 죽게 된다. 즉 자기가 이 세상에서 수고하여 얻은 재물들 가운데 가지고 갈 수 있는 것은 아무것도 없으며 빈손으로 돌아가게 될 따름이다.

이 세상에 살아가는 인생의 모든 수고가 그와 같이 된다면 불행한 일이라 할 수밖에 없다. 사람은 어떤 환경 가운데 출생할지라도 모두가 빈손으로 왔으며 태어난 것과 동일한 형편에서 그대로 죽게 되는 존재이다. 그렇다면 이 세상에서 행하는 인간들의 모든 수고가 마치 손으로 바람을 잡는 것과 같은데 그로 말미암아 얻게 되는 유익이 무엇이며 부자가 되기 위해 몸부림치며 살아가는 까닭이 무엇이냐는 것이다.

그와 같은 허망한 속성을 알고 있는 자들은 세상의 것을 더 많이 취해 부자가 되려는 것을 값어치 있는 삶으로 받아들이지 않는다. 어리석은 자들은 많은 수고를 하며 더 큰 부자가 되고자 하지만 그것은 아무런 자랑거리가 될 수 없다. 즉 세상의 것들로 인해 자부심을 가지거나 그것 자체로 만족스러워하는 것은 도리어 어리석은 판단에 지나지 않는다는 것이다.

이 세상에 속한 것들을 원하는 만큼 쟁취할 목적으로 살아간다면 어두움과 슬픔과 번민과 분노와 질병 가운데서 평생을 살아갈 수밖에 없게 된다. 그런 삶을 추구하는 자들은 스스로 쟁취하게 되는 물질을 통해 일시적인 위안을 받을 따름이다. 우리는 그와 같은 환경이 오히려 인생을 오해하게 만드는 역할을 할 수 있다는 사실을 기억하지 않으면 안 된다.

하나님의 자녀들은 이에 관한 분명한 깨달음을 가져야만 한다. 이 세상에서 많은 수고와 노력을 함으로써 풍부한 재물을 소유하는 것이 궁극적인 가치를 제공하지 못하기 때문이다. 오히려 그런 것들이 본질적인 의미를 제공하지 못한다는 사실을 깨달음으로써 영원한 천상의 나라에 진정한 소망을 두게 되는 것이다.

| 묵상과 질문 |

㉠ 전도자가 본문 가운데 해 아래 곧 이 세상에서 큰 폐단을 보았다고 한 것이 무엇을 두고 하는 말인지 생각해 보라.

㉡ 많은 재산을 모아 큰 부자가 되는 것이 도리어 자기에게 해가 될 수 있다는 사실에 대하여 생각해 보라.

㉢ 예기치 못한 재난으로 말미암아 평생 모은 전 재산을 일시에 잃어버리게 될 때 그것 이상으로 크게 입을 상처에 대하여 생각해 보라.

㉣ 자기 자식에게 남겨줄 재산이 아무것도 없게 된 형편과 더불어 그동안 수고했던 모든 흔적이 완전히 사라지게 된다는 의미를 생각해 보라.

㉤ 인간이 빈손으로 출생하여 온 힘을 기울여 평생 노력하다가 결국 빈손으로 죽음을 맞게 되는 것은 불행이라고 한 말의 의미를 생각해 보라.

㉥ 인간들이 세상에서 행하는 모든 노력이 마치 손으로 바람을 잡기 위해 수고하는 것 같다는 말이 무엇을 의미하는지 생각해 보라.

㉦ 세상의 부를 추구하는 자들이 일평생 어두운 데에서 먹으며 많은 근심과 질병과 분노가 그에게 있다고 한 말의 실제적인 의미를 생각해 보라.

㉧ 전도자가 전한 이 교훈을 통해 하나님의 자녀들은 이 세상을 어떻게 살아야 지혜롭고 값진 삶을 살게 되는지 생각해 보라.

## 7. 하나님의 선물과 인생살이 (전5:18-20)

> 18 사람이 하나님께서 그에게 주신 바 그 일평생에 먹고 마시며 해 아래
> 에서 하는 모든 수고 중에서 낙을 보는 것이 선하고 아름다움을 내가 보
> 았나니 그것이 그의 몫이로다 19 또한 어떤 사람에게든지 하나님이 재물
> 과 부요를 그에게 주사 능히 누리게 하시며 제 몫을 받아 수고함으로 즐
> 거워하게 하신 것은 하나님의 선물이라 20 그는 자기의 생명의 날을 깊
> 이 생각하지 아니하리니 이는 하나님이 그의 마음에 기뻐하는 것으로 응
> 답하심이니라

하나님의 자녀들은 이 세상에서 하나님의 은총을 깨닫는 가운데 살
아가게 된다. 그들은 자신의 삶이 전적으로 하나님의 인도하심과 공급
하심에 달려 있다는 사실을 잘 깨닫고 있다. 즉 하나님의 일반적인 은
총이 아니고는 결코 실아갈 수 없음을 알고 있는 것이다.

그들은 하나님께서 베풀어주시는 은총에 의해 일평생 먹고 마시면서
살아가는 것에 대한 감사의 마음을 가지게 된다. 또한 하나님께서 허락
하신 건강과 재능을 통해 수고하면서 즐거움을 누리는 것이 하나님의
은총에 기인한다는 사실을 잘 알고 있다. 즉 그 모든 것들이 하나님으
로부터 자기에게 제공된 것이란 사실을 깨달아 아는 성도의 삶이 곧 선
하고 아름다운 인생이라는 것이다.

하나님께서는 자기를 경외하는 성도들에게 풍요로운 재물을 허락하
시기도 한다. 그런 자들은 그것을 누리며 자기가 받은 몫에 따라 수고
하는 가운데 즐거움을 얻게 되는 것이다. 그런데 우리는 그것마저도 개
별적인 능력으로 말미암는 것이 아니라 하나님의 선물이라는 사실을

기억해야만 한다.

하나님의 자녀들은 자기가 이 세상에 살아갈 날의 짧고 긴 것에 대해
서는 크게 중요하게 생각지 않는다. 부유한 형편 가운데서도 세상의 인
생살이가 덧없다는 사실을 잘 알고 있기 때문이다. 그들은 단지 하나님
께서 자기에게 허락하신 모든 것을 마음속에 기쁨으로 받아들이고 살
아가게 될 따름이다.

우리가 여기서 기억해야 할 바는 모든 성도들이 가난하게 살아가야
하는 것이 아니란 사실이다. 성도들 가운데는 하나님께서 허락하신 풍
요로운 삶을 누리는 자들이 있다. 물론 그와 같은 삶을 부여받은 성도
들은 그것이 단지 자신의 개인적인 삶을 위한 것만이 아니라 이웃을 위
한 의미가 포함되어 있다는 사실을 깨달아야 한다. 그것은 하나님께서
제공하신 다양한 형편으로 인해 얻은 부를 언약의 자손들과 주변의 이
웃들과 함께 나누며 살아가도록 허락된 것이기 때문이다.

| 묵상과 질문 |

㉠ 하나님의 자녀들도 이 세상에서 수고하며 즐거움을 누리면서 살아가게 된
다는 사실을 생각해 보라.

㉡ 성도들이 소유한 모든 것들은 전적으로 하나님으로부터 공급된다는 사실을
생각해 보라.

ⓒ 하나님께 속한 백성들에게는 이 세상에서 얼마나 오래 사는가 하는 것이 별
  문제가 되지 않는다는 점을 생각해 보라.

ⓔ 성도들 가운데 하나님께서 허락하신 부를 소유한 자들이 있다는 사실을 생
  각해 보라.

ⓜ 하나님께서 일부 성도들에게 많은 재물을 허락하여 부유한 삶을 살도록 허
  락하신 근본적인 의도가 무엇인지 생각해 보라.

ⓗ 하나님의 자녀들이 세상의 어려운 형편 가운데서도 천상으로부터 허락된
  기쁨을 누려야 하는 이유를 생각해 보라.

# 제6장

# 욕망을 버려야 할 인생

(전6:1-12)

## 1. 타인을 위한 도구가 되는 자의 불행 (전4:1,2)

> 1 내가 해 아래에서 한 가지 불행한 일이 있는 것을 보았나니 이는 사람
> 의 마음을 무겁게 하는 것이라 2 어떤 사람은 그의 영혼이 바라는 모든
> 소원에 부족함이 없어 재물과 부요와 존귀를 하나님께 받았으나 하나님
> 께서 그가 그것을 누리도록 허락하지 아니하셨으므로 다른 사람이 누리
> 나니 이것도 헛되어 악한 병이로다

전도자는 해 아래 존재하는 타락한 이 세상에서 또 한 가지 억울하고
잘못된 일을 보게 되었다는 사실을 말했다. 그것은 사람의 마음을 매우
무겁게 하기 때문에 견뎌내기가 쉽지 않다고 했다. 그 실상은 이 세상
에서 많은 수고를 함으로써 소유하게 된 재물과 모든 풍부한 것들을 정
작 자기 자신을 위해 누리지 못하는 것에 연관되어 있다.

모든 사람들은 열심히 일하여 부를 축적하거나 많은 것을 얻기 원한

다. 그렇게 하는 이유는 애써 노력하여 얻은 모든 것을 자기가 풍족하게 누리며 즐거운 삶을 살고 싶어 하는 마음과 관련되어 있다. 만일 아무리 성공해도 자기에게 별다른 유익이 되지 않는다면 굳이 그렇게 할 필요가 없다.

그런데 이 세상에서 땀 흘려 노력하며 살아가는 사람들 가운데는 자신의 그런 기대와 전혀 다른 결과를 맞는 경우가 많다. 즉 한평생 혼신을 다해 이룩한 성취물이 자기 자신에게 아무런 즐거움을 끼치지 못하는 것이다. 그럴 경우 자기가 풍족하게 얻은 것들이 도리어 저로 하여금 더욱 힘들게 만들 수 있다. 예를 들어, 오랫동안 고생하여 부를 이루었는데 갑자기 중병이 걸리게 된다든지 자연재해가 발생하여 모든 것을 한꺼번에 쓸어가 버린다면 그 모든 것이 허사가 될 따름이다.

어떤 사람들은 자기가 원하는 것들을 부족함 없이 모두 쟁취하기도 한다. 그들은 많은 재물을 축적해 부유하게 되고 큰 권력의 자리에 오르기도 한다. 그와 더불어 세상 사람들로부터 명예를 얻어 고귀한 자로 인정받는 자들도 있다.

하지만 인간들이 그와 같은 것들을 통해 일시적인 즐거움을 누릴 수 있을지언정 궁극적인 의미가 있는 것은 아니다. 나아가 그것이 자신의 의도와 상관없이 남의 손으로 고스란히 넘어간다면 억울한 마음을 가지지 않을 수 없다. 시편 기자는 하나님을 향해 그에 연관된 노래를 부르고 있다.

"여호와여 이 세상에 살아 있는 동안 그들의 분깃을 받은 사람들에게서 주의 손으로 나를 구하소서 그들은 주의 재물로 배를 채우고 자녀로 만족하고 그들의 남은 산업을 그들의 어린 아이들에게 물려 주는 자니이다

나는 의로운 중에 주의 얼굴을 뵈오리니 깰 때에 주의 형상으로 만족하리이다"(시17:14,15)

시편 기자는 여기서 하나님을 알지 못하는 자들이 재물을 축적해 배불리 먹으며 만족스러워하는 모습을 언급하고 있다. 그들은 나중 자기 자식에게 큰 유산을 물려주는 것을 의미 있는 것으로 생각하지만 그것은 헛된 것에 지나지 않는다고 했다. 따라서 하나님의 자녀들은 그런 재물을 소유하지 못한다고 해도 의로운 중에 주님을 바라보고 살아가니 그들에 대한 부러운 마음을 가질 필요가 없다는 것이다.

부(富)에 연관된 문제에 대해서는 불신자들뿐 아니라 신앙이 어린 하나님의 자녀들에게도 동일하게 적용될 수 있다. 그런 자들은 이 세상에 살아가면서 원하는 많은 것들을 쟁취하여 그것으로 인해 일시동안 성공한 모습을 보이며 자랑으로 삼기도 한다. 하지만 세상의 부에 치중하여 살아가는 자들은 그 모든 것들이 기본적으로 하나님의 특별한 섭리로 말미암아 허락된 것이란 사실을 모르고 있다.

그런데 전도자는 실제로 땀 흘려 수고하며 고생한 자들이 애써 노력하여 쟁취한 것들을, 하나님께서 저들 자신을 위해 누리도록 허락하시지 않는 경우가 있다고 했다. 그 모든 것들은 결국 다른 사람들의 손에 넘어가게 된다. 즉 그들은 그 재산을 자기 자신이 아니라 다른 사람이 풍족하게 누리며 즐거워하도록 한평생 애쓰고 노력한 것에 지나지 않는다. 그것은 통탄할 만한 헛된 일이 아닐 수 없다고 했다.

어리석은 인간들은 열심히 일하고 노력하여 좀 더 많은 것을 쟁취하고자 애를 쓰며 살아간다. 물론 그와 같이 되기를 원하는 모든 사람들이 그에 성공하는 것은 아니다. 그런데 문제는 설령 모든 것이 원하는 대로 되었다고 할지라도 그 자신에게 특별한 유익을 끼치지 못하는 경우가 있다는 사실이다. 그런 자들은 평생 땀 흘려 일하며 살았으나 자기 자신이 아니라 남을 위해 고생스럽게 산 것밖에 되지 않는다. 이는 결국 예수 그리스도가 없는 상태에서는 모든 것이 무의미할 따름이라는 사실을 말해주고 있다.

| 묵상과 질문 |

㉠ 전도자가 말한 '불행한 일'이란 무엇을 지칭하고 있는 것인지 생각해 보라.

㉡ 이 세상에서 자기가 원하는 모든 것들을 풍족하게 소유하는 것이 과연 어떤 궁극적인 의미를 가지는지 생각해 보라.

㉢ '하나님으로부터 받았으나 하나님께서 그것을 누리도록 허락하지 않는다'는 말씀의 의미를 생각해 보라.

㉣ 인간들이 세상에서 획득한 부가 하나님께서 허락하신 여러 환경들과 특별한 섭리로 말미암아 제공된 것이란 사실을 생각해 보라.

㉤ 하나님의 자녀들이 이 세상에서 부와 권력 등을 통해 성공한 자들을 부러워할 필요가 없는 이유를 생각해 보라.

㉥ 자기가 온 힘을 기울여 노력해서 얻은 모든 것들을 다른 사람이 누리게 되는 사실에 대한 문제를 생각해 보라.

## 2. '장수하는 자와 낙태된 자' [15] (전6:3-6)

> 3 사람이 비록 백 명의 자녀를 낳고 또 장수하여 사는 날이 많을지라도 그의 영혼은 그러한 행복으로 만족하지 못하고 또 그가 안장되지 못하면 나는 이르기를 낙태된 자가 그보다는 낫다 하나니 4 낙태된 자는 헛되이 왔다가 어두운 중에 가매 그의 이름이 어둠에 덮이니 5 햇빛도 보지 못하고 또 그것을 알지도 못하나 이가 그보다 더 평안함이라 6 그가 비록 천 년의 갑절을 산다 할지라도 행복을 보지 못하면 마침내 다 한 곳으로 돌아가는 것뿐이 아니냐

세상 사람들은 잠시동안 이땅에 살아가면서 많은 자식을 낳고 오랜 기간 장수하는 것이 좋은 일이라 여기며 복을 받은 것이라 생각한다. 하지만 스스로 그에 대하여 만족스러워하고, 많은 사람들이 그것을 부러워한다고 할지라도 그 자체로는 아무런 의미가 없다. 즉 그것이 영원한 영적인 유익을 주지 못한다면 헛된 것에 지나지 않는다.

하나님의 복음을 알지 못하는 자들은 인생살이에서 그와 같이 장수하여 유복한 형편에 놓이고자 온갖 노력을 다 기울이게 된다. 그에 따라 크게 만족스럽게 여기며 살아가는 자들이 있는가 하면 크게 절망하여 자기 인생을 실패한 것인 양 판단하는 자들도 있다. 문제는 어떤 삶을 살아가느냐에 따라 세상에서의 평가가 크게 엇갈린다고 해도 그것

---

15) 전도자는 본문 가운데서 인생살이의 길고 짧음 자체가 궁극적인 의미를 가지는 것이 아니란 사실을 말해주고 있다. 즉 오랫동안 생명을 유지하여 세상에서 장수하는 것이나 이땅에 태어나지도 못한 채 어머니의 태중에서 죽어 지극히 짧은 생애를 마친 경우를 두고 평가의 대상으로 삼지 말아야 한다는 것이다.

이 영원한 생명을 보장하지 못한다면 아무런 의미가 없다는 점이다.

그러므로 전도자는, 인간들이 남 보기에 유복하고 행복한 삶을 살아가는 것으로 인해 긍지를 가지고 자랑스러워할지라도 그의 영혼(his soul)은 그로 말미암아 온전해질 수 없다는 사실을 언급했다. 사람이 이 세상에 살아가다가 온전한 삶을 잘 마무리하여 죽음으로써 매장되지 못한다면 차라리 태어나지 않는 자보다 못하다고 했다. 즉 이 세상에서 아무리 성공하고 부자로 살다가 죽는다고 해도 하나님의 구원에 참여한 자가 아니라면 무의미한 인생에 지나지 않는다는 것이다.

이 교훈 가운데는 겉보기에 아무리 크게 성공한 자로 비친다고 할지라도 세상에서 아무런 염려가 없는 상태에서 완벽한 삶을 살아갈 수 없다는 의미가 내포되어 있다. 어머니의 태중에서 사망해 죽은 아이는 지극히 짧은 기간 이 세상에 와서 이름도 없이 일찍 죽게 되지만 세상살이의 고통을 맛보지 않기 때문에 차라리 그가 낫다고 했다(욥3:16, 시58:8, 참조). 햇빛을 보지 못하고 인생이 무엇인지 알지 못하나 그가 오히려 잠시 동안이나마 평안한 인생을 살다가 갔다는 것이다.

우리가 이 말씀에서 눈여겨보아야 할 점은 태중의 아기도 이 세상에 왔다가 돌아가는 존재라는 사실이다(전6:4). 즉 육신으로 출생하지 못했으나 인생으로 와서 태중에서 짧게 살다가 죽었다는 것이다. 이는 태아도 이땅에 출생하여 육신으로 살아가다가 죽게 되는 다른 인간과 똑 같은 완벽한 인간 존재라는 사실을 말해주고 있다.16) 우리는 이를 생각하

16) 우리는 태중에 있는 아기의 생명을 경시하는 현대의 위태로운 풍조를 경계하지 않으면 안 된다. 대개 여권주의(feminism)에 빠진 자들의 태아를 산모의 권리 아래 두려고 하여 낙태를 아무렇지 않게 여기는 경향이 있다. 하나님의 교회에 속한 성도들은 이와 같은 악한 내용이 법제화되는 것을 절대로 받아들일 수 없다.

며 태아의 생명을 경시하는 현대의 사악한 풍조에 대하여 안타까운 마음을 가지게 된다.

타락한 이 세상에 살아가는 인간들은 하나님께서 허락하신 근본 원리가 아니라 시대와 장소에 따라 형성된 인간들의 이성과 경험에 기초하여 모든 것을 이해하고 해석하려 한다. 그들은 세상에서 오래 살면서 큰 성공을 거두고 만족스럽게 살아가는 것을 최고의 가치로 여기고 있다. 하지만 그것 자체로는 아무런 의미가 없는 것에 지나지 않는다.

설령 천 년의 갑절이나 되는 오랜 세월을 산다고 할지라도 인간은 결국 죽을 수밖에 없는 존재이다. 아담의 범죄가 모든 인간들을 죽음에 빠뜨렸기 때문이다. 따라서 하나님께서 약속하신 메시아를 통해 영원한 생명을 제공받지 못한다면 어떤 형태의 삶을 살든지 그 인생은 아무런 의미가 없다. 하나님과 무관하여 그에 불순종하는 자들은 결국 무서운 심판을 받아 멸망의 곳으로 들어가게 될 따름이다.

| 묵상과 질문 |

㉠ 세상에서 많은 자식을 낳고 성공하여 오랜 세월 장수하는 것이 참된 복이 될 수 있는지 생각해 보라.

㉡ 그런 자들이 복 받은 사람이라고 여기는 보통 사람들의 마음을 생각해 보라.

㉢ 복음을 알지 못한다면 빈부에 상관없이 어떤 삶을 산다고 할지라도 헛된 인생이라는 사실을 생각해 보라.

ⓔ 세상에서의 성공과 실패, 오래 사는 것과 그렇지 못한 것 사이에 어떤 근본
적인 차이가 있는지 생각해 보라.

ⓜ 어머니의 태로부터 출생하지 못하여 이름도 없고 햇빛을 보지 못한 채 죽어
인생살이에 대하여 전혀 모르는 것 자체가 불행이라 할 수 있는지 생각해
보라.

ⓗ 완벽한 한 인간으로서의 태아의 짧은 생애에 관하여 생각해 보라.

ⓢ 우리 시대 여성의 인공 유산을 마치 권리인 양 주장하는 자들의 생명경시
풍조의 위험성에 대하여 생각해 보라.

ⓞ 이 세상에서의 생존의 길이와 상관없이, 하나님의 복음을 아는 자들이 장차
가게 될 영원한 나라와 그와 무관한 자들이 가야만 할 멸망의 영역에 대하
여 생각해 보라.

## 3. 먹고 살기 위한 욕망과 가난한 자의 한계 (전6:7-9)

> 7 사람의 수고는 다 자기의 입을 위함이나 그 식욕은 채울 수 없느니라
> 8 지혜자가 우매자보다 나은 것이 무엇이냐 살아 있는 자들 앞에서 행할
> 줄을 아는 가난한 자에게는 무슨 유익이 있는가 9 눈으로 보는 것이 마
> 음으로 공상하는 것보다 나으나 이것도 헛되어 바람을 잡는 것이로다

인간들이 이 세상에 살아가면서 땀 흘려 일하며 수고하는 것은 결국

풍족하게 먹고 살아가기 위해서라고 할 수 있다. 그것을 위해 쉬지 않고 노동하는 가운데 더 많은 것을 소유하고자 한다. 그리하여 스스로 많이 거두었다고 여기면 만족감을 느끼게 되며 그렇지 않은 것으로 판단하면 마음이 크게 상하게 된다.

이와 같이 인간들은 성공적인 삶을 기대하는 가운데 더 많은 땀과 노동을 동원하여 혼신의 노력을 기울이며 살아간다. 하지만 문제는 그 모든 수고가 성공을 약속하지 못한다는 사실이다. 비록 최선을 다해 열심히 살아가지만 그에 적합한 열매를 거두지 못하는 경우가 더 많은 것이다.

사람들은 온 힘을 다해 풍족하고 만족스러운 삶을 확보하기를 원하지만 결국 그 욕구를 채울 수 없다. 즉 인간의 끝없는 욕망을 충족시키는 것은 쉽지 않은 것이다. 사람들은 자기가 원하는 만큼 쟁취했다고 판단하면 또다시 더 크고 많은 것을 얻기 위해 발버둥치게 될 따름이다. 따라서 어리석은 자들은 한평생 그와 같은 삶을 되풀이하다가 결국 덧없는 인생을 마무리하게 된다.

하지만 그와 같은 삶에 대한 형식적 원리와 더불어 어느 정도 지식을 가진 채 가난하게 살아가는 자라고 해서 부자가 되기 위해 발버둥치는 어리석은 자들보다 더 나은 것이라 말할 수 없다. 즉 인생을 어떻게 살아가야 할지 알고 있으면서 가난하게 살아갈 수밖에 없다면 그것도 아무런 의미가 없다. 이는 타락한 이 세상에 살아가는 인간들에게는 진정으로 의미있는 것이 존재하지 않는다는 사실을 말해주고 있다.

일반적인 관점에서 생각한다면, 눈에 보이는 물질이 풍족하고 성공한 삶을 살아가는 것이, 인생의 결과적 원리를 앞세우며 공상에 빠져있는 것보다 차라리 낫다고 했다. 즉 모든 노력을 기울여 돈을 벌고 원하는 것들을 쟁취하는 삶이 별 의미가 있지 않다고 할지라도 가난한 삶 자체를 두고 좋은 것이라 말할 수 없다. 그런 삶 역시 손으로 바람을 잡는 것과 같은 헛된 것에 지나지 않기 때문이다.

인간들이 세상에 살아가면서 풍족한 삶을 쟁취하기 위해 모든 노력을 기울이는 것이나 그것을 아무런 의미 없는 것으로 간주하여 가난하게 생활하는 것이나 둘 다 허망한 인생에 지나지 않는다. 중요한 것은 하나님께서 이 세상에 허락하시고자 하는 근원적인 뜻을 알고 그에 온전히 순종하는 삶이다. 우리는 그것을 위해 예수 그리스도께서 이땅에 오셔서 이룩하신 구원 사역에 참여하여 영생을 얻는 것이 유일한 참된 인생길이란 사실을 기억해야 한다.

| 묵상과 질문 |

㉠ 인간들이 세상에 살아가면서 힘써 일하고 수고하는 목적이 무엇인지 생각해 보라.

㉡ 어떤 사람이 넘치는 수확을 거두어 성공적인 삶을 쟁취했다고 판단하면 그것으로 인해 참된 기쁨을 얻을 수 있을지 생각해 보라.

㉢ 비교와 경쟁을 통해 얻은 세속적인 성공이 자칫 타락한 세상 자체를 값어치 있는 영역으로 착각하게 될 위험성에 대하여 생각해 보라.

ⓔ 인간이 풍족하게 먹고 마시며 살아가기 위해 모든 힘을 기울여 일하는 것이 허망하다는 사실을 깨닫고 가난하게 생활한다면 그것이 더 큰 의미를 지닌 삶이 될 수 있는지 생각해 보라.

ⓜ 결국 넘치는 부를 축적한 자나 그렇지 못해 가난하게 살아가는 자나 그들의 삶은 동일하게 허망하다는 사실을 생각해 보라.

ⓗ 이 세상의 일반적인 관점에서 본다면, 눈에 보이는 부를 소유하는 것이 부질없는 인생의 원리를 내세우며 가난한 것보다 낫다고 한 말의 의미를 생각해 보라.

ⓢ 하나님과 예수 그리스도가 없는 세상은 본질적으로 허망하다는 사실을 생각해 보라.

ⓞ 우리는 과연 이 세상에서 무엇을 추구하며 어떻게 살아가고 있는지 주의 깊게 생각해 보라.

## 4. 조물주의 창조 사역과 피조물인 인간의 한계 (전6:10-12)

10 이미 있는 것은 무엇이든지 오래 전부터 그의 이름이 이미 불린 바 되었으며 사람이 무엇인지도 이미 안 바 되었나니 자기보다 강한 자와는 능히 다툴 수 없느니라 11 헛된 것을 더하게 하는 많은 일들이 있나니 그것들이 사람에게 무슨 유익이 있으랴 12 헛된 생명의 모든 날을 그림자 같이 보내는 일평생에 사람에게 무엇이 낙인지를 누가 알며 그 후에 해 아래에서 무슨 일이 있을 것을 누가 능히 그에게 고하리요

이 세상에는 원천적으로 과거에 존재하지 않던 것이 나중에 저절로 생겨나 존재하는 것이 없다. 하나님의 창조 사역을 통해 원래부터 있던 것들이 인간의 범죄로 말미암아 오염되어 물질이 쇠락하게 되는 경우가 있을 따름이다. 또한 자연법칙에 심각한 문제가 발생하여 일종의 변이가 일어날 수도 있다.

그러므로 그 근원을 생각해 볼 때 모든 것은 이미 오래 전부터 존재하고 있어서 제각각 고유한 원래의 특성을 지니고 있었다. 이는 처음부터 각 개체 물질들이 나름대로 존재 이유가 있었음을 말해주고 있다. 그리하여 하나님의 인도하심에 따라 아담이 각기 다른 개성 있는 이름으로 부르게 되었다. 창세기에는 하나님의 창조와 더불어 인간 세계의 초기 단계에 그와 같은 일이 있었음이 기록되어 있다.

"여호와 하나님이 흙으로 각종 들짐승과 공중의 각종 새를 지으시고 아담이 어떻게 이름을 짓나 보시려고 그것들을 그에게로 이끌어 이르시니 아담이 각 생물을 일컫는 바가 곧 그 이름이라" (창2:19)

이 말씀은 하나님의 뜻에 따른 창조 사역에 연관된 사실을 말해주고 있다. 따라서 하나님께서 창조하신 모든 것들에 각기 고유한 개성에 따라 서로 다른 이름이 주어졌다. 위에 언급된 창세기 2장 본문에는 주로 각종 들짐승과 공중의 새와 같은 동물을 언급하고 있다. 이 과정을 볼 때 그 외에 다른 모든 것들에게도 고유한 이름이 붙여졌을 것은 분명하다.

즉 산과 들뿐 아니라 그곳에 자라나는 다양한 식물이나 각종 예쁜 꽃들에도 이름이 붙여졌을 것이다. 그리고 강과 바다와 그 물 안에 살고 있는 여러 종류의 물고기들에게도 이름이 주어졌을 것이다. 나아가 하늘의 별들을 비롯한 천체들에게도 이름이 붙여졌을 것이다. 이는 모든 물질들이 가지는 각각의 고유한 의미가 있었음을 말해주고 있으며 그에 대한 모든 것들은 처음부터 알려진 바였다.

그러므로 피조물인 인간이, 조물주이신 하나님으로 말미암아 지어진 각 생명체와 물질들이 가지는 속성과 의미를 인간의 경험에 의해 다시금 결정지을 수 없다. 타락한 인간들이 하나님 앞에서 아무리 그에 대한 억지 주장을 펼쳐나갈지라도 아무런 소용이 없는 것이다. 그렇게 하는 것은 조물주이신 하나님과 다투는 것과 같으며 피조물인 자신을 모른다는 사실을 스스로 증거하는 것밖에 되지 않는다.

그럼에도 불구하고 죄에 빠진 어리석은 인간들은 아무런 근거도 없는 헛된 주장을 되풀이하여 펼치기를 좋아한다. 그런 자들은 허망하기 그지없는 자기의 주장이 마치 옳은 듯이 오만한 태도를 보이고 있다. 하지만 그와 같은 말과 행동은 아무런 유익이 없는 헛된 것에 지나지 않는다.

과학이 최고로 발달했다는 우리 시대에는 그에 대한 견제를 더욱 확실히 해야만 한다. 생물을 연구하는 과학자들이나 천체를 연구하는 과학자들 가운데는 자기가 마치 존재하지 않던 새로운 것을 발견해 낸 듯이 엉터리 주장을 펼치기를 좋아하는 자들이 많이 있다. 어리석은 자들은 그와 같은 헛된 주장을 듣고 그에 쉽게 따라가는 경우가 있지만 그것 역시 인간의 죄성에 기인할 따름이다.

생물학자들 가운데 상당수는 하나님께서 창조한 인간과 다양한 동물들을 두고 '진화'(進化)라는 과정을 통해 지금처럼 더욱 발전한 상태가 되었다는 주장을 펼치고 있다. 이는 과학자들 스스로 주장하는 열역학 제2법칙과는 정면으로 배치되는 성격을 지니고 있다.17) 이처럼 그들은 확인이 불가능한 선택적 논리를 내세워 과학적 연구의 결과라고 억지를 부리며 어린 사람들을 미혹한다. 그와 같은 어처구니없는 이론은 진정한 과학이 아니라 과학을 앞세운 궤변적 논리에 지나지 않는다.

창세기에는 하나님께서 창조하신 다양한 생명체들에 관한 기록이 나온다. 그 사실을 염두에 둔다면 피조물인 인간으로서 그런 허망한 논리를 내세워서는 안 된다. 그럼에도 불구하고 기독교 내부에조차 성경의 기록을 완전히 무시한 진화론적 사조가 깊숙이 들어와 있는 실정이다. 그런 자들은 진화론 사상 위에 '유신진화론'이란 어처구니없는 이름을

---

17) 우리의 이해를 돕기 위해 '열역학 제2법칙'을 좀 더 쉽게 설명한다면, '어떤 계를 고립시켜 외부와의 상호작용을 없애 주었을 때 그 계의 분자나 원자들은 더욱 불규칙하고 무질서한 운동을 하는 현상으로 나아가며 그 반대 현상은 일어나지 않는다'는 의미를 내포하고 있다. 이는 열에너지 이동의 방향성을 설명하기 위한 법칙으로서 열에너지는 뜨거운 온도의 물체에서 낮은 온도의 물체로 전환되며 스스로 원래의 뜨거운 상태로 되돌아가지 못한다는 사실을 말해 준다. 예를 들어 책상 위에 뜨거운 물을 올려두면 점차 식어가는데 그와 반대로 점점 뜨거워지지 않으며, 물건들이 어지럽게 널려진 책상이 저절로 깨끗하게 정돈되지 못한다는 불가역적(不可逆的) 현상에 연관되어 있다.

덧붙여 신앙이 어린 교인들에게 접근하고 있다.

또한 하늘의 천체를 연구하는 과학자들 가운데는 우주와 천체의 진화를 주장하는 자들이 많이 있다. 그들은 빅뱅(Big Bang)으로부터 우주가 생성되기 시작한 후 꾸준히 팽창해 가는 과정에서 오랜 세월 진화를 거쳐 지금에 이르렀다고 한다. 그들에게는 하늘의 별들과 태양, 달, 지구까지도 하나님의 창조물이 아니라 진화의 결과일 따름이라고 주장한다.

그런데 문제는 이와 같은 엉터리 사상이 기독교 내부에 깊숙이 들어와 어린 교인들을 현혹하고 있다는 사실이다. 하나님으로부터 계시된 창세기의 창조에 관한 기록을 그대로 받아들일 수 없다는 것이다. 신앙이 부족한 교인들은 근거없는 저들의 헛된 주장을 마치 과학인 양 오해하여 받아들이게 된다.

하나님의 특별한 뜻에 따라 창조된 지구와 그 위에 존재하는 모든 생명체들을 진화에 의한 우연의 산물로 보는 것은 창조주 하나님을 멸시하는 행위와 다르지 않다. 또한 우주 만물을 창조하신 하나님을 멀리 밀어내고 인간들의 생각이 옳다고 주장하는 것도 마찬가지다. 인간들은 하나님의 말씀을 통해 모든 것을 알아갈 수 있을 뿐 타락한 인간들 자신의 연구에 의해 그것이 밝혀질 수 있는 성질의 것이 아니기 때문이다.

하나님께서 창조하신 끝없이 광활한 우주와 그 안에 존재하는 모든 것들을 지극히 미미한 피조물에 지나지 않는 인간의 안목으로 평가하고 주장하려는 태도는 지극히 어리석은 행위에 지나지 않는다. 죄악으로 점철된 인간들의 인본주의적 풍조가 넘쳐나는 시대에 하나님께 속한 성도들은 정신을 바짝 차려 그것을 경계하지 않으면 안 된다. 우리는 오직 하나님께서 계시해 주신 말씀에 의존해야 할 따름이다.

전도자가 말한 것처럼 헛된 것을 더하게 하는 일들이 많이 있으나 그것들이 인간에게 아무런 유익이 되지 않는다는 사실을 기억해야 한다. 그 가운데 하나님의 창조세계에 대한 불필요한 연구는 사람들을 더욱 혼란스럽게 만들어갈 따름이다. 생물에 관한 진화론이나 천체 우주에 대한 빅뱅 이론은 허망한 것이 아닐 수 없다.

그럼에도 불구하고 어리석은 자들은 그것이 마치 인간들이 일구어 낸 대단한 성과라도 되는 양 크게 착각하고 있다. 우리는 신앙이 어린 교인들이 항상 그에 미혹될 우려가 있다는 사실을 기억해야만 한다. 하지만 마치 지나가는 그림자와 같은 짧은 인생을, 연구의 범주를 벗어난 엉뚱한 데 관심을 기울이며 덧없이 살아가는 인간들은 인생의 참된 의미를 모르고 있다. 그런 자들은 타락의 늪에 깊숙이 빠져 있기 때문에 하나님의 뜻과 사역보다 인간들이 만들어 낸 논리에 빠지기를 좋아한다.

세상의 헛된 논리를 내세우는 자들은 사람이 죽은 후에 일어나게 될 일에 대한 근본적인 깨달음이 없다. 그들은 이 세상을 허망하게 살아가면서 인생을 크게 오해하고 있는 것이다. 전도자는 누가 그런 자들에게 이 세상의 것들과 영원한 세계에 관한 실상을 말해 줄 수 있을런지 안타까운 마음을 드러내 보이고 있다.

| 묵상과 질문 |

㉠ 우주와 지구 안에 있는 모든 것들은 하나님의 창조시부터 제각각 고유한 성격을 지니고 있었다는 사실에 대하여 생각해 보라.

㉡ 피조물인 인간이 하나님께서 창조하신 것들에 대하여 근거 없는 새로운 주장을 펼치는 것은 오만방자한 태도에 지나지 않는다는 점을 생각해 보라.

㉢ 창세기 1, 2장에서 보여주는 하나님의 창조 사역과 인간들에게 맡겨진 일에 대하여 생각해 보라.

㉣ 생물학적 진화론자들의 허망한 주장에 대하여 생각해 보라.

㉤ 소위 천체 과학자들이 주장하는 '빅뱅 이론'의 문제점에 관하여 생각해 보라.

㉥ 진화론자들은 과학자들이 주장하는 열역학 제2법칙과 정면으로 배치되는 주장을 하고 있다는 사실을 생각해 보라.

㉦ '유신 진화론'이란 이름으로 어린 교인들에게 접근하는 자들의 위험성과 그에 대한 대처 방안을 생각해 보라.

㉧ 어리석은 자들이 엉터리 주장을 내세우며 그것이 마치 인간들이 일구어낸 대단한 업적이라도 되는 듯 여기는 태도에 대하여 생각해 보라.

㉨ 누가 어떻게 그런 어리석은 자들을 일깨워 줄 수 있을지 생각해 보라.

# 제7장

# 지혜로워야 할 인생

(전7:1-29)

## 1. 출생일과 사망일, 잔칫집과 초상집 (전7:1-4)

> 1 좋은 이름이 좋은 기름보다 낫고 죽는 날이 출생하는 날보다 나으며 2 초상집에 가는 것이 잔칫집에 가는 것보다 나으니 모든 사람의 끝이 이와 같이 됨이라 산 자는 이것을 그의 마음에 둘지어다 3 슬픔이 웃음보다 나음은 얼굴에 근심하는 것이 마음에 유익하기 때문이니라 4 지혜자의 마음은 초상집에 있으되 우매한 자의 마음은 혼인집에 있느니라

전도자는 좋은 이름 곧 아름다운 명예를 얻는 것이 값비싼 향유 (perfum)보다 낫다고 했다. 이 말이 의미하는 바 아름다운 명예란 유명하게 되어 명성을 날리는 것을 의미하지 않는다. 이는 도리어 가난하고 어렵게 살아갈지라도 이웃으로부터 하나님을 경외하는 선한 사람으로 인정받는 것과 더불어 칭찬을 들으며 살아가는 삶에 연관되어 있다. 우리는 여기서 매우 중요한 점을 생각할 수 있어야 한다. 그것은 하나님의 자녀들이 들어야 하는 칭찬은 먼저 성경을 통한 참된 진리와 연관되

어야 한다는 사실이다. 그로 말미암아 진정한 윤리적인 삶이 드러나게 되기 때문이다. 이는 진리가 결여된 상태에서 발생하는 윤리적인 칭찬은 도리어 위태로울 수 있다는 사실을 말해준다.

따라서 여기서 언급된 '좋은 이름'의 본질적인 의미는 세상적인 것을 통해 얻게 되는 명예와는 다르다. 언약의 자손들 가운데 살아가면서 하나님의 언약에 따라 신실한 삶을 살아갈 때 인생의 참 의미가 발생하게 된다. 언약공동체에 속한 성도들은 항상 이에 대한 깨달음을 가지고 이 세상을 살아가야 한다.

하지만 어리석은 자들은 이웃으로부터 인정받는 진실한 명예보다 향기를 내뿜는 값비싼 향유를 통해 인생의 만족을 누리고자 한다. 그들은 자기가 생활하는 집과 몸에 걸치는 의상을 비롯한 모든 것이 남 보기에 화려한 냄새를 풍기는 것을 통해 기쁨을 누리기를 원한다. 그렇게 하는 것이 성공적인 인생을 살아가는 것인 양 여기고 있기 때문이다.

우리가 여기서 기억해야 할 바는 명예로운 이름을 얻는 것은 자기에게 스스로 부여하는 개념이 아니라 이웃으로부터 자연스럽게 주어지게 된다는 사실이다. 그에 반해 값비싼 향유는 개인의 만족을 추구하는 성격을 지니고 있다. 따라서 하나님의 언약 가운데 이웃으로부터 선하게 인정받는 삶이 자기를 위해 스스로 쟁취한 삶보다 나은 것이라고 했다.

그리고 전도자는 사람이 이땅에 태어나는 출생일보다 죽는 날이 오히려 더 낫다고 했다. 즉 인간이 태어나는 날은 고통의 출발점이며 죽음으로 마감한 후에는 영생이 기다리고 있기 때문이다. 또한 그는 초상집에 가는 것이 잔칫집에 가는 것보다 더 유익하다는 말을 했다. 죽음의 길은 예외 없이 모든 사람이 다 거쳐 가야만 한다. 우리는 이 교훈을 올바르게 잘 이해해야 할 필요가 있다. 그것은 단순한 상징적인 의미가 아니라 구체적이며 현실적인 의미를 지니는 것에 연관되어 있다.

집안에 자녀가 태어나면 진심으로 축하하며 큰 기쁨과 더불어 모두가 그로 말미암아 즐거워하게 된다.18) 그에 반해 사람이 죽게 되면 많은 이웃들이 그로 인해 깊은 슬픔에 빠진다. 살아있는 자들은 먼저 죽은 사람에 대하여 안타까운 마음을 가지고 조금이라도 더 살았더라면 좋을 뻔했다는 막연한 생각을 하는 것이 일반적이다. 따라서 사람이 죽으면 대개 온 집안에 눈물바다가 된다.

그런데도 슬픔이 가득 찬 초상집에 가는 것이 웃음과 즐거움이 가득한 잔칫집에 가는 것보다 낫다는 사실을 언급했다. 우리는 이 교훈이 단순한 비유적 표현이 아니라 초상집은 삶의 본질에 연관되어 있으며 잔칫집은 현상적 즐거움에 연관되어 있어서 실제로 그러하다는 사실을 이해해야 한다. 초상집에 가게 되어 얻는 유익은 크게 두 가지를 생각해 볼 수 있다. 그중 하나는 슬픔에 빠진 상주를 위로함으로써 이웃과 좋은 관계가 유지된다는 점이다. 또 하나는 초상집을 방문했을 때 인간 본연의 본질적인 면을 되새겨보는 소중한 기회로 삼을 수 있다는 사실이다.

잔칫집에서는 기쁨에 참여하며 현상적인 즐거움을 같이 누릴 수 있는 데 반해 초상집에서는 유가족과 함께 깊은 슬픔을 나누게 된다. 그것을 깨닫는 삶이 진정한 유익을 끼치게 되므로 살아있는 지혜로운 자들은 항상 그 사실을 염두에 두어야 한다고 했다. 잔칫상을 받으며 즐거움을 누리는 일에 참여하는 것보다 이웃의 슬픔을 공유하며 인생을

---

18) 사람들은 대개 갓 태어난 그 아기가 장차 살아가야만 할 힘든 인생길을 생각하지 않는다.

깨닫는 자리에 앉는 것이 진정한 지혜이기 때문이다.

전도자는 또한 특별한 상황으로 인해 슬픔을 경험하는 것이 어떤 즐거운 일로 말미암아 웃고 떠드는 것보다 낫다는 사실을 언급했다. 얼굴에 근심하는 빛을 띠는 것이 도리어 마음에 유익하다는 것이다. 이에 대해서는 사도 바울이 고린도 교회에 보내는 두 번째 편지에서 그와 연관된 중요한 교훈을 주고 있다.

> "하나님의 뜻대로 하는 근심은 후회할 것이 없는 구원에 이르게 하는 회개를 이루는 것이요 세상 근심은 사망을 이루는 것이니라 보라 하나님의 뜻대로 하게 한 이 근심이 너희로 얼마나 간절하게 하며 얼마나 변명하게 하며 얼마나 분하게 하며 얼마나 두렵게 하며 얼마나 사모하게 하며 얼마나 열심있게 하며 얼마나 벌하게 하였는가, 너희가 저 일에 대하여 일절 너희 자신의 깨끗함을 나타내었느니라" (고후7:10,11)

사도 바울이 여기서 언급하고 있는 내용은 전도서에 기록된 것과 동일한 의미를 지니고 있다. 세상의 모든 근심이 가치있는 것이 아니라 하나님의 뜻 가운데 나타나는 근심이어야 진정한 유익을 얻을 수 있게 된다. 참된 근심은 하나님 앞에 진정으로 회개하게 하며 자신의 모습을 돌아보게 한다. 그렇게 함으로써 구원에 이르게 하는 소중한 교훈을 얻게 되는 것이다.

바울은 이와 더불어 세상의 일로 말미암아 불필요한 근심을 하는 것은 오히려 사망을 이루게 된다는 사실을 말하고 있다. 하나님의 뜻 가운데 근심하는 것은 하나님에 대한 간절한 마음을 더하여 회개하게 하며 자신의 모습을 돌아보는 가운데 악한 세상에 대해 분노의 마음을 가지도록 한다. 나아가 두렵고 진지한 마음을 가짐으로써 하나님을 사모하여 더욱 성실한 자세로 열심히 살아가도록 한다고 했다.

하나님께서는 그 모든 것을 통해 성도가 마땅히 소유해야 할 정결한 삶을 허락하시게 된다고 했다. 따라서 지혜로운 성도들의 마음은 인생의 본질에 연관된 초상집에 가 있으며 여러 상황을 생각하게 된다. 그에 반해 어리석은 자들의 마음은 기쁨의 현상이 드러나는 혼인집에 가 있으며 그 즐거움을 누리고자 한다. 우리가 기억해야 할 바는 하나님과 그리스도가 없는 상태에서 얻고자 하는 모든 즐거움은 무의미한 것에 지나지 않는다는 사실이다.

| 묵상과 질문 |

㉠ 이웃으로부터 얻는 명예로운 인정(認定)이 향기를 내뿜는 값비싼 향유를 취하여 누리는 것보다 낫다고 한 말의 의미를 생각해 보라.

㉡ 죽는 날이 출생하는 날보다 낫다고 한 말을 곰곰이 생각해 보라.

㉢ 초상집에 가는 것이 잔칫집에 가는 것보다 낫다고 한 말의 구체적인 의미를 생각해 보라.

㉣ 모든 사람은 필연적으로 죽음의 과정을 거쳐야 한다는 사실과 그것을 항상 마음에 두고 살아가라는 요구에 대하여 깊이 생각해 보라.

㉤ 슬픔이 웃음보다 낫다고 한 말의 의미와 그 구체적인 경우를 생각해 보라.

ⓗ 얼굴에 근심하는 빛을 띠는 것이 마음에 유익하다고 한 말의 의미를 생각해
보라.

ⓢ 지혜로운 성도들의 마음은 초상집에 가 있으며 어리석은 자들의 마음은 혼
인집에 가 있다는 말의 의미를 생각해 보라.

ⓞ 사도 바울이 고린도후서 7장 10,11절에서 교훈한 내용을 깊이 묵상하며 생
각해 보라.


## 2. 지혜자의 책망과 우매자의 노래 (전7:5-7)

> 5 지혜로운 사람의 책망을 듣는 것이 우매한 자들의 노래를 듣는 것보다
> 나으니라 6 우매한 자들의 웃음 소리는 솥 밑에서 가시나무가 타는 소리
> 같으니 이것도 헛되니라 7 탐욕이 지혜자를 우매하게 하고 뇌물이 사람
> 의 명철을 망하게 하느니라


전도자는 지혜로운 사람의 책망을 듣는 것에 대한 중요성을 언급하
고 있다. 인간들은 개인의 이성과 경험에 익숙한 존재이기 때문에 실제
와는 상관없이 스스로 자기가 옳다고 여기는 것이 일반적이다. 그것이
인식적으로 구조화하게 되면 그로부터 탈피하기 어렵다.

그런데 문제는 지혜로운 사람의 책망을 받고자 한다면 자기를 책망
해 줄 수 있는 그런 인물이 과연 누구인지 알아야 한다는 사실이다. 여
기서 지혜롭다고 하는 것은 세상적으로 머리가 좋거나 일반적인 지혜

를 많이 가진 사람을 지칭하지 않는다. 본문에서 지혜로운 사람이란 하나님을 진정으로 경외하는 자로서 성경 말씀에 대한 온전한 지식을 가진 성도를 일컫는 것으로 이해해야 한다.

또한 그 지혜로운 자는 언약공동체와 그에 속한 성도들을 진정으로 사랑하고 하나님의 말씀에 순종하는 자세를 소유하고 있다. 물론 타락한 이 세상에 살아가는 자들 가운데 완벽한 자는 존재하지 않는다. 하지만 하나님을 경외하는 참된 지혜자를 이웃으로 두는 것은 매우 중요하다. 이땅에 살아가는 성도로서 참으로 복된 자는 자기를 말씀과 지혜로 책망해 줄 수 있는 이웃을 둔 자들이다.

즉 하나님의 몸된 교회에 속한 성도들이라면 누군가 지혜로운 이웃이 자기의 판단과 생각에 대하여 건전한 책망과 조언을 해줄 수 있어야 한다.19) 그렇지 않으면 인간의 이성과 경험에 근거하여 항상 자기가 옳다는 심각한 오류를 벗어나지 못할 것이기 때문이다. 성도들 상호간에 그와 같은 선한 책망을 해줄 수 있는 능력을 소유한 자들이 많아질 만큼 교회가 자라가는 것은 매우 중요하다. 또한 그와 같은 책망을 귀담아 듣고 받아들일 수 있는 성도들이 많아지는 것이 교회를 위한 복이 된다.

기독교인으로서 안타까운 점은 자기에게 올바른 책망을 해줄 만한 지혜로운 이웃이 없을 경우이다. 그리고 그 책망하는 말을 귀담아듣고 그에 따르고자 하는 사람이 별로 없는 것도 심각한 문제이다. 이는 교회의 권징 사역을 통해 드러나야 할 일이기도 하다. 예수님께서는 제자들을 향해 그에 연관된 요구를 하셨다.

---

19) 우리 시대에는 좋은 충고와 권면을 하다가 자칫 잘못하면 도리어 그와 원수가 될지 모르는 사악한 시대가 되어 버렸다.

"네 형제가 죄를 범하거든 가서 너와 그 사람과만 상대하여 권고하라 만일 들으면 네가 네 형제를 얻은 것이요 만일 듣지 않거든 한 두 사람을 데리고 가서 두 세 증인의 입으로 말마다 증참케 하라 만일 그들의 말도 듣지 않거든 교회에 말하고 교회의 말도 듣지 않거든 이방인과 세리와 같이 여기라 진실로 너희에게 이르노니 무엇이든지 너희가 땅에서 매면 하늘에서도 매일 것이요 무엇이든지 땅에서 풀면 하늘에서도 풀리리라"
(마18:15-18)

어떤 형제가 신앙을 벗어난 잘못된 행위를 할 때 그를 책망하며 권고할 수 있는 자는 신앙이 성숙한 사람이어야 한다. 단순한 감정만으로 상대를 대해서는 안 되며 처음부터 정죄하는 듯한 태도를 가져서도 안 된다. 중요한 사실은 절차에 따라 그를 책망함으로써 회개하고 주님께로 돌아오게 하는 것이 그 목적이기 때문이다.

타락한 세상에 살아가면서 잘못을 저지르게 될 가능성은 언약에 속한 성도라 할지라도 누구에게나 발생할 수 있다. 그럴 때 그가 다른 사람의 권면과 책망을 들을 수 있는 신앙 인격자로 여겨지면 누군가 권면을 할 것이다. 하지만 책망을 해도 받아들이지 않을 것처럼 목이 곧은 자로 보이면 그 자체를 꺼리게 될지 모른다. 그래서 자신의 잘못에 대하여 누군가 지혜로운 권면과 책망을 해주고 그것을 받아들이는 자세를 소유할 수 있다면 감사한 일이다.

전도자는 또한 어리석은 자들이 목소리 높여 크게 노래 부르는 소리는 결코 반가운 일이 아니란 사실을 언급하고 있다. 그런 자들은 하나님의 진리보다 자기가 원하는 것을 추구하며 주변 사람들을 끌어들이고자 하는 성향을 지니고 있다. 그와 같은 자가 있다면 오히려 책망의 대상이 될 따름이다.

하나님의 말씀을 벗어난 어리석은 자들의 즐겁게 떠들며 웃는 소리는 도리어 위태로울 수 있다. 그들의 큰 소리는 마치 부엌의 솥 밑에 가시나무를 집어넣고 태울 때 들리는 허망한 소리와도 같다. 아무런 생명 없이 소리만 요란하다는 것이다. 그와 같은 것은 하나님의 진리를 떠난 헛된 것에 지나지 않는다.

그러므로 하나님을 진정으로 경외하는 자들은 세상의 모든 탐욕을 버려야 한다. 자기의 욕심을 채우기 위해 언약의 백성들을 동원하는 일은 절대로 발생해서는 안 되는 것이다. 그와 같은 탐욕은 도리어 지혜로운 자들조차 어리석음에 빠지도록 유혹한다. 또한 사람들을 자기편으로 만들기 위한 도구로서 유무형의 호의나 뇌물을 제공하는 것은 사람의 명철한 마음을 소멸시키는 역할을 하게 된다.20) 성숙한 성도들은 이에 대하여 여간 깊은 주의를 기울이지 않으면 안 된다.

---

20) 우리가 여기서 반드시 기억해야 할 바는 금전이나 물질적인 뇌물보다 훨씬 조심해야 하는 것은 눈에 보이지 않는 무형의 뇌물이라는 사실이다. 올바른 신앙을 가지지 못한 자들이 개인의 친분 관계를 확보하고자 과도한 친절을 베푸는 것이나 그런 자들의 웃음조차도 위험한 역할을 할 수 있다는 점을 기억해야 한다. 따라서 하나님을 진정으로 경외하며 참된 진리를 소중하게 여기는 삶이 항상 그 중심에 있어야만 하는 것이다.

| 묵상과 질문 |

㉠ 지혜로운 사람으로부터 책망을 듣는 것의 중요성에 대하여 생각해 보라.

㉡ 어떤 사람이 진정한 지혜자인지 생각해 보라.

㉢ 자기 주변에 자기를 책망해 줄 수 있는 신실한 지혜자가 있는 것이 참 복이 된다는 사실을 생각해 보라.

㉣ 지혜자의 책망을 받을 수 있는 자세를 지니는 것의 중요성을 생각해 보라.

㉤ 나에게 어떤 잘못이 있을 때 그것을 책망해 줄 만한 이웃이 존재하는지 생각해 보라.

㉥ 누군가 나를 책망할 때 그것을 감사한 마음으로 받을 수 있을지 생각해 보라.

㉦ 어리석은 자들의 즐겁게 웃는 소리의 위태로움에 대하여 생각해 보라.

㉧ 탐욕이 지혜자를 어리석은 자리로 이끌 수 있다는 사실에 대하여 생각해 보라.

㉨ 유무형의 호의나 뇌물이 사람의 명철한 마음을 소멸시킨다는 말이 가지는 본질적인 의미에 대하여 생각해 보라.

㉩ 교회 내에서 신앙이 거의 없는 자들의 과잉친절이나 웃음조차도 무형적인 뇌물의 성격을 지닐 수 있다는 사실을 생각해 보라.

㉣ 우리 시대의 성숙한 교회 가운데는 참 지혜로운 자가 많이 있어야 하며, 모든 성도들이 그로부터 나오는 책망의 말을 귀담아 듣고 고치려는 자세를 유지해야 하는 중요성을 생각해 보라.

㉤ 성숙한 교회에서는 선한 지혜로 상호 권면하는 성도들이 많아야 한다는 말의 의미를 생각해 보라.

## 3. 일의 시작과 끝 (전7:8-10)

8 일의 끝이 시작보다 낫고 참는 마음이 교만한 마음보다 나으니 9 급한 마음으로 노를 발하지 말라 노는 우매한 자들의 품에 머무름이니라 10 옛날이 오늘보다 나은 것이 어찜이냐 하지 말라 이렇게 묻는 것은 지혜가 아니니라

모든 것에는 시작이 있고 끝이 있다. 시작을 위해서는 항상 목적이 있으며 그것을 이루기 위한 구상이 동반된다. 지향하는 바 어떤 결실을 맺어야겠다는 것이다. 하지만 그 과정에는 여러 가지 어려움이 따를 수밖에 없다. 예기치 못한 시행착오(試行錯誤)와 더불어 모든 것이 계획대로 진행되지는 않을 것이기 때문이다.

그러므로 원하던 바 모든 일을 끝내고 뒤를 돌아보면 어느 정도 만족스러울 수도 있지만 상당한 아쉬움이 남을 수도 있다. 하지만 모든 일이 완성되고 그 결실을 보며 마무리하게 되면 이제 두 발을 뻗고 편히 쉴 수 있게 된다. 따라서 일의 시작보다는 모든 것을 완성하고 난 후가

더 낫다는 것이다.

그리고 지혜로운 사람은 어떤 일을 당할 때 오래 참고 인내하는 마음을 가진다. 자기의 주관적인 감정에 따라 성급하게 판단하거나 무리한 처신을 하지 않는다. 다른 사람들의 마음속 깊은 의도와 그 진행 과정을 차분히 지켜보고자 하는 자세가 구비되어 있을 때 그것이 가능하게 된다.

하지만 교만한 자들은 그렇지 않다. 자기가 가진 잣대와 주관적인 판단을 기준으로 모든 것을 평가하고자 한다. 그런 자들은 심사숙고하여 어떤 상황에 대응하지 않고 자기의 이성과 경험에 따라 즉각적인 판단에 모든 것을 의존하기를 되풀이한다. 마음이 교만한 자들은 그와 같이 행하면서도 그에 대한 실상을 전혀 파악하지 못한다.

일반적으로 교만한 자란 스스로 잘난 체 하는 경우를 두고 하는 말일 수 있다. 하지만 그것은 사실 순박한 자들의 겉으로 드러난 표현이라 할 수 있다. 하지만 잘난 체 하면서 남을 무시하는 태도는 교만한 자들의 행태이다. 그보다 더한 정말 교만한 경우는 겉보기에 부드러운 웃음을 띠고 있으면서 실상은 자신의 잘못된 주장을 주변의 어리석은 자들에게 주입시키고자 하는 자들의 행위이다.

앞뒤 상황을 분별하지 못하는 자들은 자기중심적으로 성급한 판단을 내리고 스스로 노를 발하며 자신을 옳은 자의 편에 놓기를 좋아한다. 그런 자들로부터 나오는 분노는 어리석은 자의 전형일 뿐 아무런 의미 없는 거짓을 양산하게 될 따름이다. 하나님의 자녀들은 그와 같은 판단과 행동을 여간 주의하지 않으면 안 된다

어리석음에 빠져있는 자들은 현실적 삶에 대하여 큰 불만을 품고 지나간 과거에 얽매여 있는 경우가 많다. 그런 자들은 오래된 옛날이 현재보다 낫다고 판단하며 왜 지금 이런 힘든 형편이 되었는지 탄식한다. 그와 같은 태도는 지혜로운 자들이 하는 말이 아니라 어리석은 자들의 현실에 대한 핑계에 지나지 않는다.

지혜로운 성도들은 현재 처한 상황이 어떠할지라도 인내하며 견디는 가운데 다가오는 장래의 온전함을 이루기 위해 최선의 노력을 기울인다. 지나간 과거가 소중한 교훈이 될 것이며 비록 현재의 상황이 어려울지라도 그것이 값진 미래를 이루고자 하는 발판이 되는 것이다. 이는 다음 세대와 연관되는 매우 중요한 의미를 내포하고 있다.

자기의 주관적인 판단에 따라 괜찮게 기억되는 과거에 얽매여 오늘을 한탄하는 자리에 머물러 있는 것은 무책임한 행동에 지나지 않는다. 그와 달리 지혜로운 자들은 현재의 고통에 직면하여 그것을 극복하는 가운데 더 나은 미래를 향해 나아가게 된다. 이는 일반적인 형편뿐 아니라 신앙적인 측면에서 다음 세대를 위해 감당해야 할 중요한 책무가 존재한다는 사실을 말해주고 있다.

전도자가 말하고 있는 내용의 이면에는 종말론적인 의미가 내포되어 있다. 하나님의 자녀들은 모든 것이 끝나게 될 종말의 시점을 바라보면서 인내하는 마음과 더불어 겸손한 자세로 미래를 향해 나아가야 한다. 그렇게 함으로써 다음 세대의 자녀들에게 진리와 소망을 상속해 줄 수 있기 때문이다.

| 묵상과 질문 |

㉠ '일의 끝이 시작보다 낫다'는 말의 의미를 생각해 보라.

㉡ '참는 마음이 교만한 마음보다 낫다'고 한 것은 무엇을 두고 하는 말인지 구체적인 경우와 더불어 생각해 보라.

㉢ 조급한 마음으로 분노하는 것에 대한 어리석음을 생각해 보라.

㉣ '옛날이 지금보다 낫다'는 식의 생각을 하는 사람들이 어리석다고 한 말의 의미를 생각해 보라.

㉤ '과거가 미래를 위한 현재의 거울'이 될 수 있음에 대하여 생각해 보라.

㉥ '과거에 지나긴 모든 깃들이 미래를 비추이주는 현재의 등불' 역할을 한다는 사실을 생각해 보라.

㉦ 이 교훈 가운데 종말에 연관된 교훈이 있는지 생각해 보라.

㉧ 이를 통해 성도들이 소유해야 할 참된 지혜에 대하여 생각해 보라.

## 4. 형통한 날과 곤고한 날 (전7:11-14)

> 11 지혜는 유산 같이 아름답고 햇빛을 보는 자에게 유익이 되도다 12 지
> 혜의 그늘 아래에 있음은 돈의 그늘 아래에 있음과 같으나, 지혜에 관한
> 지식이 더 유익함은 지혜가 그 지혜 있는 자를 살리기 때문이니라 13 하
> 나님께서 행하시는 일을 보라 하나님께서 굽게 하신 것을 누가 능히 곧
> 게 하겠느냐 14 형통한 날에는 기뻐하고 곤고한 날에는 되돌아 보아라 이
> 두 가지를 하나님이 병행하게 하사 사람이 그의 장래 일을 능히 헤아려
> 알지 못하게 하셨느니라

지혜는 조상으로부터 받은 유산처럼 아름답고 좋은 것이며 해 아래
서 햇빛을 보며 살아가는 자들에게 큰 유익이 된다. 우리는 이 말씀 가
운데서 참된 지혜는 믿음의 선배들로부터 상속받는 성격을 지니고 있
음을 알 수 있다. 이는 그 지혜가 인간 자체로부터 생성되지 않는다는
의미를 지니고 있다. 물론 통상적으로 생각하는 지혜는 인간에게서 생
성되거나 스스로 외부로부터 얻을 수도 있다.

그에 반해 참된 지혜는 오직 하나님으로 말미암은 것으로서 타락한
이 세상에서 생성되지 않는다. 그것은 하나님의 말씀을 통해 성도들에
게 제공되며 믿음의 조상들로부터 상속받는 성질을 지니고 있다. 즉 진
정한 지혜는 하나님의 은혜로 말미암아 허락된 언약의 상속과 더불어
성도들이 소유하게 되는 것이다. 우리는 이에 대하여 분명한 이해를 할
수 있어야 한다. 그래야만 하나님의 몸된 교회를 통해 그 참 지혜가 상
속되어 간다는 놀라운 사실을 깨달을 수 있기 때문이다.

우리는 인간들이 세상을 살아가는 동안 돈 곧 물질이 사람을 보호하

는 역할을 한다는 사실을 잘 알고 있다. 그처럼 참된 지혜가 사람을 진정으로 보호하는 기능을 하게 된다. 전도자는 참된 지혜를 깨우쳐 아는 지식이 세상에서 필요한 돈보다 훨씬 중요하다고 했다. 이는 돈은 사람의 육신을 보호하는 역할을 하는 데 반해 참된 지혜는 영원한 참된 생명을 보존하는 기능을 하기 때문이다. 잠언에서는 그에 대한 중요한 교훈을 주고 있다.

"지혜는 그 얻은 자에게 생명 나무라 지혜를 가진 자는 복되도다"(잠3:18)

잠언에서는 지혜가 그 소유한 자에게 생명 나무(a tree of life)가 된다는 사실을 언급했다. 이는 그 나무로부터 영원한 생명을 공급하기 위한 열매가 맺힌다는 사실을 말해주고 있다. 즉 하나님께서 생명 나무를 통해 제공하시는 참된 지혜가 곧 생명의 근원이 된다는 것이다.

전도자는 하나님께서 행하고 계시는 일을 보라고 했다. 하나님께서 굽게 하신 것을 곧게 할 자가 인간들 가운데 없다고 했다. 이 말은 하나님의 직접적인 사역에 대해 피조물인 인간들이 그것을 바꾸거나 관여할 수 없다는 사실을 의미하고 있다. 하나님께서 자신의 참된 지혜로 계획하신 구원에 관하여 인간들 가운데 생성된 지혜를 덧붙이지 말라는 것이다.

전도자는 또한 형통하고 좋은 일이 있는 날에는 기뻐하고 곤고하고 어려운 일을 당하는 날에는 그에 대하여 깊이 생각해 보는 기회로 삼으라고 했다. 하나님께서는 자기 자녀들로 하여금 때로 형통하게 해주시기도 하지만 때로는 힘들고 고통스러운 환경을 만들기도 하시기 때문이다. 그와 같은 과정을 통해 인간들이 장래에 발생하게 될 모든 일들에 대하여 쉽게 알지 못하도록 하셨다는 것이다.

그렇게 함으로써 타락한 세상에 살아가는 성도들은 자기의 연약함을 깨닫고 그로 인해 하나님 앞에서 겸손한 자세를 소유하게 된다. 또한 그것을 통해 하나님을 온전히 의지하며 그에게 모든 것을 맡기는 신앙 자세를 유지할 수 있다. 그 모든 것은 오직 하나님께서 허락하신 참된 지혜로 말미암아 유지될 수 있다.

| 묵상과 질문 |

㉠ 참된 지혜란 무엇인가 생각해 보라.

㉡ 참된 지혜는 이 세상에서 생성되는 것이 아니라 하나님의 선물로서 믿음의 조상들로부터 상속받게 된다는 사실에 대하여 생각해 보라.

㉢ 사람들이 통상적으로 말하는 일반적인 지혜 곧 꾀와 성경이 교훈하는 바 참된 지혜 사이의 차이를 생각해 보라.

㉣ 돈 곧 물질이 육신의 보호를 위해 필요한 데 반해 참된 지혜는 영원한 생명을 보존하기 위해 필요하다는 말의 의미를 생각해 보라.

㉤ 잠언 3:18에서 언급된 지혜와 생명 나무(a tree of life)의 관계를 생각해 보라.

㉥ 조물주이신 하나님께서 행하시는 일을 피조물인 인간이 되돌리거나 관여할 수 없다는 사실을 생각해 보라.

Ⓐ 하나님께서 이땅에 살아가는 성도들에게 형통한 날도 허락하시고 곤고한 날도 있게 하신다는 사실에 대하여 생각해 보라.

◎ 인간으로 하여금 장래 일에 대하여 정확하게 알 수 없도록 하신 하나님의 의도에 관하여 생각해 보라.

## 5. 의인과 악인의 불합리한 삶 (전7:15-18)

15 내 허무한 날을 사는 동안 내가 그 모든 일을 살펴 보았더니 자기의 의로움에도 불구하고 멸망하는 의인이 있고 자기의 악행에도 불구하고 장수하는 악인이 있으니 16 지나치게 의인이 되지도 말며 지나치게 지혜자도 되지 말라 어찌하여 스스로 패망하게 하겠느냐 17 지나치게 악인이 되지도 말며 지나치게 우매한 자도 되지 말라 어찌하여 기한 전에 죽으려고 하느냐 18 너는 이것도 잡으며 저것에서도 네 손을 놓지 아니하는 것이 좋으니 하나님을 경외하는 자는 이 모든 일에서 벗어날 것임이니라

타락한 이 세상은 기본적으로 완전히 망가진 사회라 해도 과언이 아니다. 사람이 애써 심은 만큼 거두거나 성실하게 노력한 만큼 취할 수 없다. 거기에는 인간들이 전혀 예측하지 못한 상황이 벌어질 수도 있고 악한 인간들의 부당한 개입으로 인해 그렇게 되기도 한다.

전도자는 이 세상 가운데서 허무한 인생을 살아가는 자들이 당하는 불합리한 경우를 숱하게 많이 보아온 사실을 언급했다. 어떤 사람은 하나님 앞에서 의로운 삶의 자세로 살아가지만 실패하여 망하는 경우가

있는가 하면, 또 다른 어떤 사람은 끊임없이 악행을 저지르고 있음에도 불구하고 승승장구(乘勝長驅)하며 장수하는 경우도 있다고 했다. 이는 신실한 삶을 살아가는 자들에게 반드시 평안하고 안전한 결과가 돌아가는 것이 아니란 사실을 말해 주고 있다.

그러므로 전도자는 본문 가운데서 지나치게 의인이 되지도 말고 지나치게 지혜로운 자가 되지도 말라는 당부를 했다(전7:16). 지나치게 의롭고 지혜로운 자가 되어 살아가면서 스스로 패망에 이를 필요가 없다는 것이다. 그렇다면 성경이 성도들로 하여금 이 세상에서 대충대충 살아가라고 권하고 있는 것인지 생각해 볼 필요가 있다.

우리는 이 말씀이 주는 근본적인 교훈을 잘 이해해야만 한다. 여기서 지나치게 의인이 되거나 지혜로운 자가 되지 말라고 한 것은 자기 스스로 세상에서 높이 평가하는 그런 사람이 되기 위해 지나친 애를 쓰지 말라는 의미가 담겨 있다. 그렇게 되는 것은 자기의 의와 지혜를 내세워 잘못된 우월감에 빠질 수 있으며 그로 말미암아 패망할 수 있는 것이다.

한편 지나치게 악인이 되지도 말고 지나치게 어리석은 자가 되지 말라고 했다. 이는 자기 마음대로 살아가면서 아무런 생각 없이 인생을 망치는 경우와 연관되어 있다. 그런 자들은 짧은 인생을 어떻게 살든 상관없다는 듯이 무책임한 행동을 되풀이하게 된다. 그것은 결국 자신의 욕망을 채우지 못한 채 스스로 자기 인생을 단축시키게 된다고 했다. 즉 의미 없이 막살아가는 인생은 심각한 문제를 일으킬 수밖에 없다는 것이다.

그러므로 전도자는 양쪽 가운데 하나를 잡고 다른 하나를 버리지 않는 것이 좋다고 했다. 즉 어느 한쪽에 집착하여 극단적인 경우에 빠지지 않는 것이 바람직하다는 것이다. 이 말은 지나치게 잘난 척하는 세상적인 지혜자가 되지도 말고 아무렇게나 살면서 지나치게 어리석은 자가 되지도 말라는 뜻을 포함하고 있다.

이 교훈은 사실상 성도들을 향해 하나님을 진정으로 경외하는 겸손한 삶을 살도록 요구하는 의미를 지니고 있다. 하나님에 대한 경외심과 더불어 신실하게 그를 섬기는 성도들은 극단적인 오류를 피할 수 있다고 했다. 잘난 체 하다가 패망하거나 어리석은 상태에서 죽게 되는 자들과 달리 하나님을 진정으로 경외하는 자들은 그 신앙으로 말미암아 영생에 참여하게 되는 것이다.

| 묵상과 질문 |

㉠ 의로운 자임에도 불구하고 멸망하는 경우가 있고 행악하는 자임에도 불구하고 성공하여 장수하는 경우가 있다는 말이 무슨 뜻인지 생각해 보라.

㉡ 여기서 말하는 인간들 가운데 생성되는 '의로움'과 '행악함'에 대한 실제적인 의미가 무엇인지 생각해 보라.

㉢ 지나치게 의로운 자가 되거나 지나치게 지혜로운 자가 되지 말라고 요구한 말은 어떤 의미를 지니고 있는지 생각해 보라.

㉣ 지나친 의인과 지나친 지혜자가 스스로 패망하게 된다고 한 말의 구체적인 의미를 생각해 보라.

ⓜ 지나치게 악한 자와 지나치게 어리석은 자는 자기의 모든 욕망을 채우지 못
한 채 '기한 전'에 죽게 되리라고 한 말의 의미를 생각해 보라.

ⓗ 지나친 지혜자와 지나친 어리석은 자의 양쪽 가운데 어느 한쪽에만 극단적
으로 치우치지 말라고 한 말이 무슨 뜻인지 생각해 보라.

ⓐ 하나님을 진정으로 경외하는 자는 한쪽으로 치우치지 않음으로써 모든 위
기에서 벗어나게 될 것이라고 한 말의 의미를 생각해 보라.

## 6. 지혜자와 권력자의 능력 (전7:19-22)

19 지혜가 지혜자를 성읍 가운데에 있는 열 명의 권력자들보다 더 능력이
있게 하느니라 20 선을 행하고 전혀 죄를 범하지 아니하는 의인은 세상
에 없기 때문이로다 21 또한 사람들이 하는 모든 말에 네 마음을 두지 말
라 그리하면 네 종이 너를 저주하는 것을 듣지 아니하리라 22 너도 가끔
사람을 저주하였다는 것을 네 마음도 알고 있느니라

지혜와 권력은 그 기능적 성격이 서로 다르다. 지혜는 사람의 생각을
통해 정확한 분별력과 더불어 올바른 판단을 내리도록 한다. 그에 반해
권력은 구체적인 힘의 행사를 함으로써 정의를 구현하는 역할을 하게
된다. 기본적으로는 둘 다 인간 사회 가운데 반드시 있어야만 할 중요
한 역할을 한다.

전도자는 지혜 그 자체로서는 권력이 아니지만 지혜를 가진 자가 성

읍 가운데서 열 명의 권력자들보다 더 큰 능력을 소유하게 된다는 사실을 언급했다. 이는 권력자들은 단순히 힘에만 의존할 것이 아니라 지혜자의 도움을 받아야 한다는 사실에 연관되어 있다. 즉 지혜가 결여된 권력은 심각한 문제를 일으킬 수밖에 없다는 것이다.

이 세상에 완벽한 인간은 존재하지 않는다. 그것은 불가능한 일이며 항상 선을 행하면서 어떤 죄도 범하지 않는 완전한 의인은 이 세상에 있을 수 없기 때문이다. 나중 하나님께서 보내시는 예수 그리스도 한 분만이 참된 의인으로 이땅에 오셔서 모든 죄와 악의 문제를 해결하시게 된다.

그리고 전도자는 다른 사람들이 하는 모든 말을 귀담아듣지 말고 그에 관하여 신경을 쓰지도 말라는 당부를 하고 있다. 설령 어떤 부정적인 불편한 얘기가 들려오더라도 못 들은 척하며 넘어가라고 했다. 이것저것 다 들으려고 히다 보면 나중에는 종이 주인인 자기를 욕하며 저주하는 말을 듣게 될지도 모른다는 것이다.

자기의 수하(手下)에서 늘 가까이 있는 사람으로부터 욕과 저주의 말을 듣게 되면 마음이 크게 상할 수밖에 없다. 신뢰하던 사람이 자기를 욕한다는 것은 견디기 쉽지 않다. 따라서 그런 말이라면 아예 듣지 않는 것이 최상의 방책이다. 설령 그런 말을 타인을 통해 들었다고 할지라도 못 들은 척하는 것이 오히려 지혜로운 처신일 수 있다.

전도자는 그에 관한 교훈을 주면서 모든 사람이 크고 작은 정도의 차이일 뿐 마찬가지가 아니냐고 말했다. 누구든지 다른 사람을 욕하고 저주한 적이 있으리라는 것이었다. 그에 대해서는 각자 자기 자신이 가장 잘 알고 있지 않느냐고 했다. 따라서 완전한 의인이 존재하지 않는 이 세상에 살아가면서 다른 사람들이 자기를 향해 던지는 욕을 마음속에 담아두지 말아야 한다는 사실을 교훈해주고 있다.


| 묵상과 질문 |

㉠ '지혜'와 '권력'의 기능적 특성에 관하여 생각해 보라.

㉡ 지혜자와 권력자가 사회에서 감당하게 되는 역할에 관하여 생각해 보라.

㉢ 한 사람의 지혜자가 열 명의 권력자들보다 영향력이 오히려 더 크다고 한 말의 의미를 생각해 보라.

㉣ 이 세상에는 오직 선행만 하고 죄를 전혀 범치 않는 의인이 존재할 수 없다는 점을 생각해 보라.

㉤ 그와 더불어 장차 완벽하고 무죄한 의인으로 이땅에 오시게 되는 예수 그리스도와 그의 사역에 관하여 생각해 보라.

㉥ 다른 사람들이 하는 모든 부정적인 말을 마음에 그대로 받아들이지 말라고 한 교훈이 지니는 의미를 생각해 보라.

㉦ 항상 함께 있으면서 자기 말에 복종해야 할 종이 자기를 향해 내뱉는 욕이나 저주를 귀담아들을 필요가 없다고 한 말에 대하여 생각해 보라.

㉧ 모든 사람은 종종 다른 사람을 욕하거나 저주한다는 사실과 자기 자신도 그와 다르지 않음을 스스로 가장 잘 알고 있다고 한 말에 대하여 생각해 보라.

## 7. 인간이 가지는 지혜의 한계 (전7:23,24)

> 23 내가 이 모든 것을 지혜로 시험하며 스스로 이르기를 내가 지혜자가
> 되리라 하였으나 지혜가 나를 멀리 하였도다 24 이미 있는 것은 멀고 또
> 깊고 깊도다 누가 능히 통달하랴

사람들은 불안전한 이 세상에 살아가면서 많은 궁금증을 가지는 것
이 일반적이다. 여기서 우리는 이 말씀을 전반적인 영역으로 확장하여
생각해 볼 수 있다. 인간들의 눈에 보이는 다양한 물질과 보이지 않는
각종 법칙들뿐 아니라 사람의 정신세계에 대해서도 그렇다. 인간들이
그 모든 것들에 대하여 다 아는 것처럼 행세할지라도 실제로는 아무것
도 알지 못하고 있는 것이다.

그러므로 전도자는 자신이 모든 지혜를 동원해 세상의 신상을 알아
보고자 애쓴 사실을 언급했다. 자기는 스스로 상당한 지혜를 소유한 자
로 여기면서 모든 것을 알 수 있을 것처럼 생각했으나 어림도 없는 일
이란 사실만 깨닫게 되었다고 했다. 인간들이 살아가면서 날마다 목격
하고 경험하는 세상의 것들에 대해서 아무것도 확인할 수 없었다는 것
이다.

결국 전도자는 세상과 우주 만물 가운데 존재하는 모든 것들에 대하
여 인간 스스로는 알 길이 없다는 결론에 다다랐다. 하나님께서 창조하
신 깊고 오묘한 것들을 피조물인 인간이 알아내지 못한다는 것이다. 즉
인간들이 소유한 모든 지혜를 동원한다고 할지라도 인간 스스로는 그
기본적인 것조차 알 수 없다.

이 말 가운데는 우주 만물과 인간을 창조하신 하나님만 모든 것을 완벽하게 알고 계신다는 의미가 담겨 있다. 우리가 여기서 주의를 기울여야 할 바는 인간 스스로 다 알 수 없는 내용을 오직 하나님에 의해 적절하게 허락될 수 있다는 사실이다. 즉 인간들은 하나님께서 계시하신 진리의 말씀과 나중에 그가 보내실 메시아와 그의 사역을 통해서만 그에 접근해 갈 수 있는 것이다.

그러므로 전도자의 말을 듣는 참 지혜로운 자들은 장차 오시게 될 메시아를 간절히 소망하게 된다. 그로 말미암아 감추어진 모든 비밀이 밝혀지게 될 것이기 때문이다. 우리는 인간의 몸을 입고 이땅에 오신 하나님의 아들이신 예수 그리스도를 통해 그 모든 것에 대한 실상을 알게 되는 것이다.

| 묵상과 질문 |

㉠ 인간의 지혜로 세상의 모든 실상을 알 수 없다는 사실에 대하여 생각해 보라.

㉡ 그것을 알아내기 위해 지혜로운 자가 되고자 온갖 노력을 기울이는 것은 오히려 어리석은 행위에 지나지 않는다는 사실을 생각해 보라.

㉢ 세상에 존재하는 모든 것들은 지극히 깊고 심오하기 때문에 그 모든 것을 알아낼 수 있는 지혜를 갖춘 인간이 없다는 점을 생각해 보라.

ⓐ 인간 스스로 만물의 모든 것을 알아낼 수 있다고 여겨 과도하게 나아가는 행위는 살아계신 하나님의 존재에 대한 불신에 연관되어 있다는 사실을 생각해 보라.

ⓜ 하나님의 아들로서 완벽한 인간인 메시아가 이땅에 오시면 그에 대한 가능성이 열린다는 사실에 대하여 생각해 보라.

ⓗ 하나님의 자녀들이 그에 관한 올바른 지식을 가질 수 있게 되는 것은 오직 하나님의 말씀과 예수 그리스도의 사역과 그의 도우심에 의해 가능하다는 사실을 생각해 보라.

## 8. 하나님의 선과 인간의 부패

### 1) 올무와 그물과 포승줄 같은 여인 (전7:25–27)

25 내가 돌이켜 전심으로 지혜와 명철을 살피고 연구하여 악한 것이 얼마나 어리석은 것이요 어리석은 것이 얼마나 미친 것인 줄을 알고자 하였더니 26 마음은 올무와 그물 같고 손은 포승 같은 여인은 사망보다 더 쓰다는 사실을 내가 알아내었도다 그러므로 하나님을 기쁘게 하는 자는 그 여인을 피하려니와 죄인은 그 여인에게 붙잡히리로다 27 전도자가 이르되 보라 내가 낱낱이 살펴 그 이치를 연구하여 이것을 깨달았노라

전도자는 자기의 모든 정신을 쏟아부어 과연 어떤 것이 진정한 지혜와 명철인지 살펴보았다고 했다. 그리고 모든 사물을 비롯한 인생의 이

치가 무엇인지 알아보기 위해 다양하게 연구하고 조사했다는 사실을 언급했다. 나아가 하나님을 멀리하는 악한 것이 얼마나 어리석은 것인지 알고자 노력을 기울였음을 말했다. 즉 인간들이 자신의 욕망을 채우기 위해 저지르는 사악한 행동과 그 심성에 대하여 알아보고자 했다는 것이다.

결국 그와 같은 태도는 개인이 가지는 이기적인 의도와 전혀 다른 결과를 가져올 수밖에 없게 된다. 따라서 그것은 결국 지극히 어리석은 짓에 지나지 않을 뿐더러 진정으로 자기를 위한 것이 될 수 없는 미친 짓에 지나지 않는다고 했다. 그와 같은 사고를 하고 실행에 옮기는 것은 인생을 위해 아무런 도움이 되지 않는다는 것이다.

전도자는 여기서 특별히 지극히 위태로운 여인에 관한 언급을 하고 있다. 그것은 긍정적이고 좋은 관점이 아니라 부정적이고 끔찍한 상황에 연관되어 있다. 미혹하는 사악한 여자로서 그 마음과 심성이 다른 사람을 걸려 넘어지게 하는 덫이나 그물 같고 그 손이 쇠사슬과 같은 자라면 죽음보다 더 지독하다고 말했다. 우리는 이 말씀이 주는 교훈을 주의 깊게 생각해 보아야 한다.

이 내용을 통해 우리가 머리에 함께 떠올리게 되는 점은 우선 아담을 유혹하여 자기와 함께 멸망의 길로 가게 만든 하와에 연관된 사건이다. 사탄의 꾀임에 넘어간 하와의 말을 들은 아담은 그로 말미암아 무서운 죄에 빠져 멸망에 처하게 되었다. 우리는 하나님의 은혜로써 거듭나지 않는 여자들은 여전히 그와 같은 속성을 가질 수 있음을 기억해야 한다.

또한 이 교훈은 가정이나 교회나 사회에서 차지하는 비중 있는 여성의 역할에 연관되어 있다는 사실을 생각해 볼 필요가 있다. 이에 대해서는 모든 여성들과 그로 인해 심각한 문제에 직면하게 될지 모르는 모든 남성들이 공히 마음에 잘 새겨두어야 한다. 이 말은 과거에 주어진 교훈이기도 하거니와 오늘날 우리 역시 신중하게 받아들여야 할 교훈이기 때문이다.

그리고 전도자는 하나님을 기쁘시게 하는 자는 그와 같은 독한 여성을 피할 수 있다고 했다. 하지만 타락한 세상에 초점을 맞추고 죄에 빠져 살아가는 자들은 그런 여자에게 걸려들게 된다고 했다. 본성적으로 자기를 꾸미기를 좋아하는 성품을 지닌 여성에게 장단을 맞추려는 남성의 태도는 여간 조심스럽지 않다.

전도자는 자기가 인생의 원리를 알기 위해 연구하고 살펴본 결과 그와 같은 이치를 깨닫게 되었음을 말했다. 이는 물론 세상에서 익힌 개인적인 지시과 지혜를 총동원하여 얻은 학문적인 결론이 아니다. 오직 하나님으로부터 계시된 율법의 말씀과 그의 도우심을 통해 그 실상을 알게 되었던 것이다. 전도자는 언약의 자손들을 향해 이점을 올바르게 깨달아 잘 받아들이도록 요구하고 있다.

| 묵상과 질문 |

㉠ 타락한 세상에서 형성된 지혜와 명철과, 하나님으로 말미암은 참된 지혜와 명철을 상호 비교하여 생각해 보라.

㉡ '악한 것'이 곧 '어리석은 것'이라고 한 말의 의미를 생각해 보라.

ⓒ '어리석은 것'이 곧 '미친 짓'이라고 한 말의 의미를 생각해 보라.

㉣ 여자의 마음이 올무와 그물 같고 그 손은 포승줄이나 쇠사슬 같으며 죽음보다 지독한 것이라고 한 말의 의미를 생각해 보라.

㉮ 그런 여인은 구체적으로 어떤 여인인지 생각해 보라.

㉯ 아담을 유혹하여 죄의 길로 이끌어 간 하와를 이와 더불어 생각해 보라.

㉰ 본문에 언급된 지독한 여인을 피하는 방법은 무엇인지 생각해 보라.

◎ 그런 여인에게 붙잡히는 남자는 어떤 가치관을 가지고 살아가는 자들인지 생각해 보라.

㉱ 전도자가 그에 대한 이치를 연구하여 깨닫게 된 과정이 율법과 하나님의 도우심에 의한 것이란 사실을 생각해 보라.

## 2) 지혜에 연관된 남자와 여자의 관계 (전7:28,29)

> 28 내 마음이 계속 찾아 보았으나 아직도 찾지 못한 것이 이것이라 천 사람 가운데서 한 사람을 내가 찾았으나 이 모든 사람들 중에서 여자는 한 사람도 찾지 못하였느니라 29 내가 깨달은 것은 오직 이것이라 곧 하나님은 사람을 정직하게 지으셨으나 사람이 많은 꾀들을 낸 것이니라

전도자는 계속해서 '어떤 사람'을 애타게 찾고 있다는 사실을 언급

했다. 그는 그 일을 위하여 절실한 마음을 가지고 있었다. 하지만 자기가 생각하는 그와 같은 자를 찾는 것은 매우 어려운 일이라는 사실을 토로했다. 천 사람 가운데 남자 하나는 찾을 수 있을지언정 여자는 하나도 찾지 못했다는 것이다.

여기서 전도자가 진심으로 찾고자 하는 대상은 지혜로운 사람이었던 것이 분명하다.[21] 물론 여기서 말하는 지혜란 사람들이 일반적으로 판단하는 지혜의 성격을 어느 정도 포함하고 있을지라도 그와는 상당한 차이가 난다. 참된 지혜는 오직 하나님으로부터 선물로 허락된 신령한 지혜를 일컫고 있다.

그런데 여자들 가운데 참 지혜로운 자를 찾기가 더 어렵다고 한 것이 과연 무슨 말인지 생각해 보아야 한다. 이는 여자들 중에 지혜로운 자가 없다는 비하(卑下)의 의미라기보다 남자들보다 찾기가 훨씬 더 어렵다는 뜻을 지니고 있다. 이를 역설적으로 생각해 보자면 여성들 가운데 참 지혜로운 자가 있다면 훨씬 값지다는 의미가 될 수도 있다.

전도자가 수천 명 가운데 한 사람의 지혜자를 찾는 것이 어렵다고 한 말에는 몇 가지 중요한 의미가 내포되어 있다. 그것은 우선 참된 지혜를 가진 자가 그만큼 적다는 것이다. 우리는 이 말이 그다지 과장된 것이 아니란 사실을 기억할 필요가 있다. 이는 우리 시대를 생각해 보면 쉽게 이해할 수 있다. 전 세계에 엄청난 수의 기독교인들이 있으나 그 가운데 하나님으로 말미암은 참된 지혜를 가진 사람들의 수는 지극히

---

21) "천 명의 사람 가운데 지혜로운 남자는 하나밖에 없었으며 그 천 명 가운데 지혜로운 여자는 하나도 없었다"(전7:28, 현대인의성경, 참조). 또한 이 말씀 가운데 메시아 예언적 성격이 어느 정도 내포된 것으로 생각해 볼 필요가 있다. 즉 본문의 내용이 단순히 남녀간의 수적인 차이나 일반적인 희소성에 관련된 것에 제한되지 않는다면 그와 같은 해석을 해 볼 수 있는 것이다.

미미할 따름이다.

그리고 그 적은 수의 지혜자라도 있어야만 다른 사람들에게 선한 영향을 끼칠 수 있다는 사실을 기억해야 한다. 전도자는 그것을 위해 그와 같은 지혜자를 찾고 있다는 사실을 말했다. 이처럼 오늘날 우리는 계시된 말씀을 좇아 하나님을 진정으로 경외하는 참 지혜로운 자가 되어야 한다. 우리 시대의 타락한 기독교 세계 가운데서 온전한 교회에 속한 성도들은 그 천 명 가운데 한 사람의 지혜자가 될 수 있어야 하는 것이다.

전도자는 또한 자기가 그와 연관하여 깨달은 바가 있다는 사실을 언급하고 있다. 그것은 하나님께서는 맨 처음 우주 만물과 더불어 자기의 형상을 닮은 인간을 지으실 때 흠 없는 정직한 존재로 지으셨다는 것이다. 그런데 인간은 범죄한 후로 자기의 욕망을 위해 끊임없이 많은 꾀를 만들어내고 있었음을 말했다.

이 말은 원래 인간은 하나님의 말씀에 순종하며 살아가면 되는 온전한 존재였다는 사실을 드러내 보여주고 있다. 하나님의 뜻에 온전히 따르는 것이 인간에게 절대적인 지혜가 되는 것이다. 그런데 어리석은 인간들은 하나님을 멀리한 채 자기의 꾀로 이 세상을 살아가고자 한다. 그러면서 스스로 그것이 마치 지혜인 양 여기고 있는 것이다.

그러므로 언약의 자손이라 주장하면서도 이 세상에 살아가면서 원래의 죄된 성품을 버리지 못하고 자기 머리에서 짜낸 꾀를 마치 지혜인 양 착각하며 살아가는 자들이 많다. 그런 자들은 언약공동체 내부에서조차 하나님의 말씀을 통한 참된 지혜가 아니라 자신의 꾀를 드러내기를 좋아한다.

전도자가 본문에서 언급하고자 한 것은 타락한 세상에서 살아가는 언약의 자손들 가운데 참 지혜로운 자들이 필요하다는 사실이다. 이에 대해서는 오늘날 우리 시대에도 그대로 적용되어야 한다. 지상에 존재하는 하나님의 교회는 항상 세상의 잘못된 논리에 의해 지속적인 공격을 받고 있다. 그런 중에 세상으로부터 익힌 자기의 꾀를 교회 안에 펼치려 하는 자들은 지극히 위험하다. 따라서 하나님의 참 지혜가 교회 가운데 존재해야 하며 그것을 위해 진정으로 지혜로운 자들이 많아져야 하는 것이다.

| 묵상과 질문 |

㉠ 전도자가 계속해서 찾으려고 한 대상은 어떤 인물이었는지 생각해 보라.

㉡ 천 사람 가운데서 한 사람을 찾았으나 여자는 하나도 찾을 수 없었다고 한 전도자의 말이 가지는 의미를 생각해 보라.

㉢ 전도자가 찾던 그 사람이 하나님을 진정으로 경외하는 참된 지혜자였다는 사실을 생각해 보라.

㉣ 이를 아담과 하와의 선악과 사건과 연관지어 생각해 보라.

㉤ 타락한 세상에 속한 사람들이 말하는 지혜로운 자와 성경이 말하는 참된 지혜자 사이의 차이를 생각해 보라.

㉥ 한 사람의 참 지혜자가 끼치는 선한 영향력에 대하여 생각해 보라.

Ⓐ 하나님께서는 자신의 형상을 닮은 인간을 선하게 지었지만 인간이 타락함
　으로써 상실하게 된 것이 무엇인지 생각해 보라.

◎ 타락한 이 세상에 살아가는 자들이 '꾀'와 '지혜'를 동일한 선상에 두고
　착각하고 있는 실상을 생각해 보라.

㉣ 이 교훈을 오늘날 우리 시대 교회와 우리 자신을 위해 어떻게 적용해야 할
　지 생각해 보라.

# 제8장

# '왕'에게 복종해야 할 인생

(전8:1-17)

## 1. '천상의 왕'이신 메시아의 권능 (전8:1-4)

1 누가 지혜자와 같으며 누가 사물의 이치를 아는 자이냐 사람의 지혜는 그의 얼굴에 광채가 나게 하나니 그의 얼굴의 사나운 것이 변하느니라 2 내가 권하노라 왕의 명령을 지키라 이미 하나님을 가리켜 맹세하였음이니라 3 왕 앞에서 물러가기를 급하게 하지 말며22) 악한 것을 일삼지 말라 왕은 자기가 하고자 하는 것을 다 행함이니라 4 왕의 말은 권능이 있나니 누가 그에게 이르기를 왕께서 무엇을 하시나이까 할 수 있으랴

이 세상에는 완벽한 지혜를 갖춘 자가 존재하지 않는다. 일반적으로 지혜롭다고 일컬어지는 자들은 도리어 지극히 어리석은 자들일 수 있다. 그런 자들은 타락한 세상에서 형성된 인간의 지혜를 진정한 지혜로

---

22) 이 말씀은 '경솔하게 왕의 어전에서 물러남으로써 자기 직무를 벗어나지 말라'는 의미를 지니고 있다.

착각할 뿐 아니라 주변의 많은 사람들이 그를 지혜자로 인정하기 때문에 도리어 그 왜곡된 굴레를 벗어나기 어렵게 된다.

완벽하게 참된 지혜를 소유하신 분은 오직 예수 그리스도 한 분밖에 없다. 하나님의 자녀들은 그의 지혜를 참된 지혜로 알고 그것을 깨달아 본받으려는 신앙 자세를 가지게 된다. 물론 어느 누구든지 그 지혜를 완전히 가질 수는 없으며 그 지혜로운 그리스도를 따라 살아가고자 하는 선한 마음을 소유하게 되는 것이다.

그러므로 전도자는 누가 과연 '그 지혜자'(the wise man)와 같으냐고 묻고 있다(전8:1). 여기서 언급된 '지혜자'란 일반적인 개념에서 말하는 지혜로운 인물이 아니라 특별히 지목된 사람이라는 점을 시사하고 있다. 우리는 물론 그가 하나님께서 이땅에 보내실 메시아를 지칭한다는 사실을 잘 알고 있다. 즉 그분 이외에는 진정으로 지혜로운 자가 이 세상에 없음을 말해준다.

그와 더불어 전도자는 사물의 이치를 제대로 아는 사람이 과연 누구인지 반문하고 있다. 그는 당연히 앞에서 언급한 참 '지혜자'의 지혜를 중심에 두고 살아가는 성도들이다. 오직 그를 통해서 참된 진리를 알아갈 수 있으며 그가 없는 상태에서는 우주 만물에 연관된 사리(事理)를 제대로 파악할 수 없다.

따라서 완벽하고 참된 지혜를 가진 자를 알고 그에 온전히 참여하는 자들에게는 그 지혜가 얼굴을 밝게 해준다. 그와 달리 피조 세계와 인간에 연관된 근본적인 이치를 깨닫지 못하는 사람들은 굳은 마음으로 어두운 상태에서 살아가게 된다. 그것이 사람의 삶과 표정 가운데 드러날 수밖에 없다. 참 지혜의 존재와 근원을 깨닫는 자들은 삶의 진정한 의미가 삶 가운데 드러나게 되는 것이다.

전도자는 또한 그와 더불어 매우 중요한 사실을 언급하고 있다. 그것은 '왕'에 연관된 말씀이다. 그 왕은 사람들이 일반적으로 생각하는 여러 왕들 가운데 하나가 아니라 특정한 인물인 '그 왕'(the King)에 연관되어 있다(전8:2). 따라서 그 왕은 앞 구절에서 언급한 '그 지혜자'(the wise man)와 동일한 인물로 보는 것이 자연스럽다.

그러므로 참된 지혜를 사모하는 자들은 그의 모든 명령을 지키고 그에 절대로 순종해야 한다. 전도자는 언약의 자손들을 향해 그점을 강조하여 말했다. 그들이 그렇게 해야 하는 중요한 이유 가운데 하나는 이미 '하나님 앞에서' 그렇게 하기로 맹세했기 때문이라고 했다. 이 말은 하나님과 언약의 자손들 사이에 오래전부터 특별한 관계가 형성되어 있었음을 드러내 보여주고 있다.

그 왕은 자기가 원하는 것이라면 무엇이든지 하실 수 있는 전지전능한 분이다. 따라서 감히 그에게 저항하거나 자기주장을 고집하면서 왕이 싫어하는 일을 해서는 절대로 안 된다고 했다. 경솔한 자들은 자기의 본분을 벗어나려고 발버둥치며 왕의 뜻을 거스르는 악한 일을 도모하고자 하는 속성을 지니고 있다. 하지만 그와 같은 태도는 왕을 진노케 하는 악행에 지나지 않는다.

전도자는 또한 그 왕과 그의 말씀에는 절대적인 권능이 존재한다는 사실을 언급하고 있다. 이 세상 어디에도 감히 그에게 항변하거나 도전할 수 있는 자는 없다고 했다. 따라서 어느 누구도 감히 그 왕의 면전(面前)에서 세상의 논리에 근거한 주장을 펼치면서 고집을 피우며 왜 그렇게 하느냐고 따져 묻지 못한다는 것이다.

우리는 이 말씀 가운데서 메시아 예언에 관한 성격이 내포되어 있다는 사실을 기억해야만 한다. '그 지혜자'(the wise man)와 '그 왕'(the king)은 동일한 존재로서 장차 오실 메시아에 연관된 의미를 지니고 있다. 따라서 전도자는 장차 이땅에 오실 메시아에 대한 예언과 더불어 그에 속한 성도들의 삶의 자세에 관한 중요한 사실을 언급하고 있는 것이다.

| 묵상과 질문 |

㉠ 본문에 언급된 '그 지혜자'(the wise man)의 존재에 관하여 생각해 보라.

㉡ 이 세상에서 지혜로운 자로 알려진 사람들의 실제적인 어리석음에 대하여 생각해 보라.

㉢ 하나님의 자녀로서 '그 지혜자'의 참된 지혜에 온전히 참여해야 하는 중요성에 대하여 생각해 보라.

㉣ 참된 지혜를 소유하게 되면 삶과 표정에 근본적인 변화가 일어난다는 사실에 대하여 생각해 보라.

㉤ '그 왕'(the King)의 명령을 지키라고 요구한 사실과 그 내용에 관하여 생각해 보라.

㉥ 그의 명령에 순종하고자 하는 삶은 이미 '하나님 앞에서' 맹세한 바라고 한 말이 어떤 의미를 지니고 있는지 생각해 보라.

ⓐ '그 왕'의 절대성과 그 앞에서 취해야 할 그에 속한 백성의 자세에 대하여 생각해 보라.

ⓞ 절대적인 권능을 가진 '그 왕'에게 감히 항변하거나 저항할 수 있는 존재는 아무도 없다는 사실을 생각해 보라.

ⓩ '그 지혜자'와 '그 왕'이 동일 인물이라는 사실을 생각해 보라.

ⓒ 본문에 기록된 말씀이 메시아 예언에 연관되어 있다는 사실을 생각해 보라.

## 2. 하나님의 때와 판단 (전8:5-8)

> 5 명령을 지키는 자는 불행을 알지 못하리라 지혜자의 마음은 때와 판단을 분변하나니 6 무슨 일에든지 때와 판단이 있으므로 사람에게 임하는 화가 심함이니라 7 사람이 장래 일을 알지 못하나니 장래 일을 가르칠 자가 누구이랴 8 바람을 주장하여 바람을 움직이게 할 사람도 없고 죽는 날을 주장할 사람도 없으며 전쟁할 때를 모면할 사람도 없으니 악이 그의 주민들을 건져낼 수는 없느니라[23]

인간들은 이 세상에서 행복하게 살아가기를 원한다. 어리석은 자들

---

[23] "생기를 주장하여 생기로 머무르게 할 사람도 없고 죽는 날을 주장할 자도 없고 전쟁할 때에 모면할 자도 없으며 악이 행악자를 건져낼 수도 없느니라"(전 8:8, 한글개역); "바람을 다스려 그치게 할 수 있는 사람이 없듯이, 자기가 죽을 날을 피하거나 연기시킬 수 있는 사람도 없다. 전쟁이 일어나면 벗어날 사람이 없듯이, 악은 행악자를 놓아주지 않는다"(전8:8, 한글 새번역).

은 자기가 원하는 대로 살아가는 것이 곧 행복이라는 어처구니없는 착각을 하고 있다. 실상은 그것이 자기 인생에 대한 불행과 파멸의 길이란 사실을 모르고 있는 것이다. 대다수 인간들은 자기가 원하는 것을 추구하며 성취해가면서 결국 파멸을 향해 나아가다가 죽음을 맞게 된다.

진정한 행복의 길은 인간들이 생각하듯 여러 갈래가 있는 것이 아니다. 그것은 오히려 하나밖에 없는 '외길'이라 할 수 있다. 그것은 누구든지 행복하게 살기 위해서는 절대적인 능력을 가진 '그 왕'인 예수 그리스도의 명령을 지켜야만 한다는 사실을 말해준다. 그렇게 살고자 하는 자세를 소유하게 될 때 비로소 불행을 극복하고 안전하고 행복한 길을 알게 된다.

죄에 빠진 어리석은 인간들에게는 참된 판단능력이 전혀 없다. 그러니 심각한 문제를 지닌 자기의 왜곡된 판단이 마치 옳은 것인 양 믿으며 잘못된 길을 지속적으로 추구하며 나아간다. 그와 달리 지혜로운 자들은 그 왕의 명령을 듣고 깨달아 어떤 경우에 어떻게 처신하며 살아가야 할지 알게 된다. 따라서 그에 온전히 순종하며 살아가고자 하는 것이다.

전도자는 또한 무슨 일이든지 때가 있으며 그에 관한 판단이 따르게 된다는 사실을 언급했다. 하지만 인간들의 이 세상에서 형성된 주관적인 판단에만 의존할 경우 의외로 화를 입는 경우가 많다고 했다. 인간으로서는 장래에 일어나게 될 일에 대하여 완벽하게 알 수 있는 아무런 방도가 없기 때문이다. 이는 인간들이 아무리 열심히 노력한다고 할지라도 오히려 크게 고통을 당하는 경우가 발생한다는 사실을 말해주고 있다.

이 세상에 살아가는 인간들은 자기의 짧은 경험과 그로 인해 생성된 이성을 통해 마치 엄청나게 많은 것을 알고 있는 듯이 여기며 행동한다. 그리고 그와 같은 과정을 반복하는 가운데 인간들이 마치 매우 유능한 존재인 것처럼 착각하게 된다. 하지만 인간들은 본질적으로 중요한 사안에 대해서는 거의 아무것도 알 수도 없고 행할 수도 없는 전적으로 무능한 존재에 지나지 않는다.

인간들 가운데 눈에 보이지 않지만 분명히 존재하는 각양 바람을 주장하여 자유롭게 조종할 수 있는 자는 존재하지 않는다. 이는 자연적인 바람뿐 아니라 인간이 호흡하는 기초가 되는 생기 곧 목숨을 마음대로 다스리지 못한다는 사실에도 연관되어 있다. 인간은 자기의 호흡이 끊어지고 죽는 날을 스스로 정해 그 때가 이르게 할 수 없으며 꺼져가는 자기의 숨결을 붙잡아 생명을 연장시킬 수도 없다.

그리고 생명을 담보로 하는 끔찍한 전쟁이 일어나면 그로부터 자유롭게 벗어날 자가 아무도 없다고 했다. 즉 개인인 한 시민이 피비린내 나는 그 상황을 개인의 판단에 따라 중단시키지 못할 뿐더러 전쟁을 싫어한다고 해서 마음대로 그것을 피하지도 못한다. 전쟁 중에는 아무 일 없다는 듯이 혼자서 스스로 자신의 완전한 삶을 보장하는 것이 불가능하다. 죄에 빠진 인간으로서 그 전쟁을 중단시키고 다른 사람을 구해낼 수 있는 방도가 없는 것이다.

| 묵상과 질문 |

㉠ 행복하게 살아가고자 하는 인간의 욕망이 실제로 그에게 행복한 삶을 보장할 수 있는지 생각해 보라.

㉡ 어리석은 자들이 자기 인생을 위해 행복을 추구하는 일에 몰두하는 것은 도리어 불행과 파멸을 몰고 오는 것과 다르지 않다는 점을 생각해 보라.

㉢ 행복을 위한 유일한 방도는 '그 왕'이신 예수 그리스도의 명령을 지켜 순종하는 길밖에 없다는 사실을 생각해 보라.

㉣ 인간들이 자기의 판단에만 의존하는 것은 그 의도와 달리 도리어 화를 자초할 뿐이란 사실을 생각해 보라.

㉤ 이 세상에서 발생하게 되는 장래 일에 관하여 알지 못하는 인간의 한계에 대하여 생각해 보라.

㉥ 인간들은 스스로 자신의 호흡 곧 생명을 주관할 수 없는 존재라는 사실을 생각해 보라.

㉦ 인간들은 또한 자기의 것이라고 믿고 있는 그 생명이 죽음에 이르는 시점에 관하여 아무것도 알 수 없는 존재라는 사실을 생각해 보라.

㉧ 사람의 생명을 담보로 하여 발생하는 피 흘리는 전쟁 가운데서 자신의 생명을 보장하기 위해 스스로 할 수 있는 일이 아무것도 없다는 사실에 대하여 생각해 보라.

ⓩ 피조물이자 죄에 빠진 인간의 한계와 그 모든 것이 오직 '그 왕'에게 달려
있다는 사실을 생각해 보라.

## 3. 악한 권세자들의 종말 (전8:9,10)

> 9 내가 이 모든 것들을 보고 해 아래에서 행하는 모든 일을 마음에 두고
> 살핀즉 사람이 사람을 주장하여 해롭게 하는 때가 있도다24) 10 그런 후
> 에 내가 본즉 악인들은 장사지낸 바 되어 거룩한 곳을 떠나 그들이 그렇
> 게 행한 성읍 안에서 잊어버린 바 되었으니 이것도 헛되도다25)

죄에 빠진 인간은 그 자체로 욕망을 추구하는 존재이다. 전도자는 하
늘 아래 곧 이 세상에서 벌어지는 온갖 일들을 다 살펴보려고 애쓴 사
실을 언급했다. 그 결과 알게 된 점은 세상에는 권력을 가지고 다른 사
람들을 지배하며 군림하는 자들이 있는가 하면 그들로부터 심한 고통
을 당하는 자가 있다는 사실이었다.

---

24) "나는 이 세상에서 벌어지는 모든 일을 살펴보다가, 이 세상에는 권력 쥔 사람
따로 있고, 그들에게 고통받는 사람 따로 있음을 알았다"(전8:9, 한글새번역).

25) "나는, 악한 사람들이 죽어서 무덤에 묻히는 것을 보았다. 그런데 사람들은
장지에서 돌아오는 길에 그 악한 사람들을 칭찬한다. 그것도 다른 곳이 아닌,
바로 그 악한 사람들이 평소에 악한 일을 하던 바로 그 성읍에서, 사람들은 그
들을 칭찬한다. 이런 것을 보고 듣노라면 허탈한 마음 가눌 수 없다."(전8:10,
한글 새번역); "악인들은 죽어 무덤에 묻히고 그를 묻고 돌아오는 길에 사람
들은 죽은 자들의 악을 다 잊어버리며 죽은 자들은 자기들이 범죄하던 바로
그 도시에서 칭찬을 받으니 이것도 헛된 것이다."(전8:10, 현대인의 성경). 한
글 개역개정 성경의 위 본문에서 언급된 '거룩한 곳'(the holy place)이란 무덤
과 장지를 일컫고 있다.

이는 결국 타락한 인간사회는 죄로 물든 세상의 본성상 결코 공평할 수 없다는 점을 말해주고 있다. 동일한 인간이지만 어떤 자들은 힘과 권력을 장악하여 부와 명성을 누리는 데 반해 다른 어떤 사람들은 그들에 의해 지배를 받으며 고통스럽게 살아가기 때문이다. 그와 같은 상황이 지속적으로 전개된다면 결코 공평한 사회라 말할 수 없다.

그럼에도 불구하고 대다수 인간들은 그런 부조리한 상황을 오히려 자연스럽게 받아들이고 있다. 권력과 힘을 가진 자들은 그것이 지극히 마땅한 듯이 여긴다. 그들은 그럴 만한 충분한 능력이 자기에게 있으므로 그런 삶을 누릴 수 있는 자격이 있다고 생각한다. 그런데 문제는 그들로 인해 고통을 당하는 자들도 자기는 아무런 힘이 없으므로 그렇게 살아가는 것이 자연스러운 듯이 여기고 있다는 사실이다.

그러다 보니 사람들은 세상의 불공정한 형편을 오히려 당연한 듯이 받아들이게 된다. 따라서 눈치 빠르고 약은 자들은 무슨 수를 써서라도 기득권자들의 세계로 진입하기 위해 모든 노력을 기울인다. 그리하여 자기가 원하던 힘을 획득하게 되면 더욱 무서운 기세로 약한 자들을 괴롭히는 일에 가담하게 된다.

물론 그들은 의도를 가지고 약한 자들에게 물리적인 해를 입힌다는 생각을 아예 하지 않을 수 있다. 하지만 인간들이 세운 제도와 관습을 이용하여 저들에게 돌아가야 할 몫을 박탈하는 자리에 앉게 된다. 그러면서도 자신의 능력을 앞세우면서 무언중에 행하는 그와 같은 행동을 정당한 것으로 여기게 되는 것이다.

전도자는 그와 더불어 기득권을 가지고 선행을 버린 채 살아가던 자들 역시 결국은 죽게 된다는 사실을 언급했다. 그리고 부당한 기득권을 행사하던 자가 죽어 무덤에 매장되는 것을 보며 느낀 바가 크다고 했다. 기득권을 누리던 그 악한 자를 장사지내고 묘지로부터 돌아온 자들이, 그가 생전에 심한 악행을 저지르던 바로 그 도시에서 그를 도리어 존경하는 모습을 보았기 때문이라는 것이었다.

이는 세상에서 악한 일을 행한 자가 자기가 살던 그곳에서 최상의 명예를 얻는 어처구니없는 일이 발생한다는 사실을 말해주고 있다. 그들이 행한 모든 악행은 다 덮이게 되고 도리어 칭찬과 명예가 남는다는 것이다. 이는 인간들이 선과 악에 대한 구별 자체를 하지 못하고 있음을 드러내 보여준다. 전도자는 그와 같은 광경을 보며 그 모든 일들이 헛되다는 사실을 깨닫게 되었노라고 했던 것이다.

| 묵상과 질문 |

㉠ 세상에는 사람들 위에 군림하는 권력자와 그들로부터 지배당하는 자들이 존재함으로써 기본적으로 불공평하다는 점을 생각해 보라.

㉡ 대다수 사람들은 그와 같은 불합리한 현상을 자연스럽게 받아들이고 있다는 사실을 생각해 보라.

㉢ 불공정한 인간사회가 도리어 당연한 듯이 간주되는 현상이 인간의 죄성으로 말미암은 것이란 사실을 생각해 보라.

㉣ 부지중에 행해지는 약자에 대한 기득권층의 박탈 행위에 대하여 생각해 보라.

ⓜ '나와 우리'는 혹시 그와 같은 사회적 기득권층에 속해 약자의 것을 박탈하는 자리에 앉아있지는 않은지 곰곰히 생각해 보라.

ⓗ 만일 그렇다면 하나님의 자녀로서 어떤 자세를 취해야 할지 생각해 보라.

ⓢ 권력을 가지고 약한 자들에게 부당한 행위를 하며 살아가던 자들이 도리어 자기가 살던 곳에서 칭찬과 명예를 얻게 되는 모순되는 상황을 생각해 보라.

ⓞ 고통과 박탈을 당한 자들이 여전히 그 기득권층의 사람들을 존경하는 문제의 원인에 대하여 생각해 보라.

ⓩ 이 세상에서는 심한 비난과 욕을 들어야 할 자들이 오히려 큰 영예를 얻고 있는 경우가 많다는 사실을 생각해 보라.

## 4. 무지한 악인들의 일시적인 삶과 하나님을 경외하는 자들의 영원한 장래 (전8:11-13)

11 악한 일에 관한 징벌이 속히 실행되지 아니하므로 인생들이 악을 행하는데에 마음이 담대하도다 12 죄인은 백 번이나 악을 행하고도 장수하거니와 또한 내가 아노니 하나님을 경외하여 그를 경외하는 자들은 잘 될 것이요[26]

---

26) "죄인이 백 번을 범죄하고도 여전히 살아남을 수 있을는지 모르지만 내가 알기에는 하나님을 두려운 마음으로 섬기는 자가 분명히 잘될 것이다"(전8:12, 현대인의성경).

13 악인은 잘 되지 못하며 장수하지 못하고 그 날이 그림자와 같으리니 이는 하나님을 경외하지 아니함이니라27)

죄에 빠진 인간들은 자기가 얼마나 악한 행위를 하며 살아가는지 기본적인 이해조차 하지 못한다. 권력이나 기득권을 가진 자들은 선악간의 본질적인 생각은 아예 하지 않은 채 그것이 자기에게 허락되어 누릴 수 있는 특권으로 여긴다. 따라서 그것을 다른 사람들 앞에서 성공한 인생으로 내세우며 자랑거리로 삼기도 한다.

나아가 그렇지 못한 자들은 그것을 보며 매우 부러워한다. 따라서 그와 같은 자리에 앉기 위해 모든 것을 투자하며 몸부림치게 된다. 그에 대한 성공이 어렵다는 판단이 들면 자기 대신에 자식들에게는 필히 그 자리에 앉을 수 있는 기회를 제공하고자 최상의 노력을 기울이는 것이 일반적이다.

어리석은 인간들은 대개 그와 같은 기득권의 자리가 무서운 악을 행하는 자리가 될 수 있다는 사실을 거의 인식하지 못한다.28) 만일 그것이 자식으로 하여금 무서운 악을 저지르도록 만든다고 판단하면 결코 그 자리에 억지로 앉히려는 마음을 먹지 않을 것이 분명하다. 이처럼 경우에 따라서는 악한 자리가 선한 자리로 인식될 수 있는 것이다.

27) "그러나 악인은 하나님을 두려워하지 않으므로 그는 잘되지 못하고 그들의 사는 날이 그림자와 같아서 곧 죽고 말 것이다"(전8:13, 현대인의성경).

28) 예를 들어, 소위 정의를 행한다는 판사, 검사, 변호사와 같은 법조인의 지위에 앉은 자들에게는 항상 의도하지 않게 악을 행할 위험이 따른다. 인간으로서는 완벽한 판결을 내리거나 죄인을 완벽하게 가려내기가 어렵다. 즉 죄를 가리기 위해 어느 한편에 섰을 때 누군가를 억울하게 만든다면 그것은 악행을 저지르는 것과 마찬가지이다.

하나님께서는 그런 식의 악한 일을 도모하는 자들을 현장에서 즉시 징벌하시지 않는다. 그와 같은 두려운 심판이 금방 행해지지 않기 때문에 그 상황을 경험한 기득권층에 속한 자들은 자기의 잘못에 대하여 더욱 무디어지게 된다. 그들은 도리어 그로 말미암아 악을 행하는 일에 대담해질 따름이다.

전도자는 또한 수백 번 죄를 짓는 악한 자들이 여전히 잘 살아가는 듯이 보일 수 있다는 사실을 언급했다. 하지만 그들의 그럴 듯한 외적인 모습은 잠시 지나가는 일시적인 현상에 지나지 않는다. 결국 하나님을 진정으로 경외하고 두려운 마음으로 그를 섬기는 자들이 궁극적으로 완전한 복락의 길로 나아가게 된다.

하나님을 두려워하는 마음 없이 인간의 욕망에 따라 함부로 살아가는 악한 자들은 마치 하루살이와도 같다. 그들은 스스로 원하는 것과 달리 복된 삶을 기대하지 못한다. 그런 자들이 세상에서 살아가는 삶의 날은 그림자와 같아서 곧 죽을 수밖에 없는 형편에 처하게 된다. 따라서 어리석은 자들은 현실에 매여 욕망을 추구하기에 급급하지만 하나님의 자녀들은 어려운 중에도 영원한 세계를 바라보며 여유롭게 살아간다.

| 묵상과 질문 |

㉠ 인간들의 악행에 대한 하나님의 징벌이 속히 실행되지 않는 점에 관하여 생각해 보라.

㉡ 악을 저지르는 기득권층에 속한 자들이 더욱 대담한 태도로 악행을 지속하는 까닭을 생각해 보라.

㉢ 악을 행하는 자들이 오히려 이땅에서 장수하며 번창하는 문제에 대하여 생각해 보라.

㉣ 하나님의 자녀들이 얻게 되는 궁극적인 삶의 내용을 생각해 보라.

㉤ 마치 하루살이와 같고 지나가는 그림자와 같은 짧은 인생을 살아가면서 그에 집착하는 자들의 어리석음을 생각해 보라.

㉥ 불신자들이 가진 어떠한 화려한 삶이나 성공이라 할지라도 하나님의 자녀들에게는 결코 부러움의 대상이 될 수 없다는 사실에 대하여 생각해 보라.

㉦ 하나님의 자녀들과 불신자들 사이에 존재하는 근본적으로 상이한 삶의 자세와 그로 인한 삶의 값어치에 대하여 생각해 보라.

## 5. 의인의 억울한 고통과 악인의 형통한 삶 (전8:14,15)

> 14 세상에서 행해지는 헛된 일이 있나니 곧 악인들의 행위에 따라 벌을
> 받는 의인들도 있고 의인들의 행위에 따라 상을 받는 악인들도 있다는
> 것이라 내가 이르노니 이것도 헛되도다29) 15 이에 내가 희락을 찬양하노
> 니 이는 사람이 먹고 마시고 즐거워하는 것보다 더 나은 것이 해 아래에
> 는 없음이라 하나님이 사람을 해 아래에서 살게 하신 날 동안 수고하는
> 일 중에 그러한 일이 그와 함께 있을 것이니라30)

타락한 인간들이 살아가는 이 세상은 전반적으로 보아 모든 것이 불
합리하다. 성실하고 근면한 사람이라고 해서 더 잘 사는 것이 아니며
불성실하고 악한 사람이라고 해서 더 힘들게 사는 것도 아니다. 오히려
그와는 정반대인 경우가 많다. 성실한 사람이 어렵게 살고 그렇지 않은
사람이 부유하게 살아가는 것이다.

그런데 문제는 일반적인 경우가 아니라 하나님을 믿는 의로운 성도
와 불신자 사이에 나타나는 양상도 그와 다르지 않다는 사실이다. 인간
이 범죄한 이후 모든 피조 세계는 사탄이 지배하는 영역이 되어 버렸
다. 즉 하나님께서 창조하신 우주 만물을 비롯한 모든 것이 사탄의 세
력 아래 넘어가게 되었다.

---

29) "이 세상에서 헛된 일이 벌어지고 있다. 악한 사람이 받아야 할 벌을 의인이
받는가 하면, 의인이 받아야 할 보상을 악인이 받는다. 이것을 보고, 나 어찌
헛되다고 말하지 않을 수 있겠는가?"(전8:14, 한글 새번역).
30) "그래서 사람은 인생을 즐길 수 있어야 한다. 이 세상에서 먹고 마시며 즐거
워하는 것보다 더 좋은 것은 없기 때문이다. 그러나 이런 즐거움은 이 세상에
서 하나님이 주신 삶을 사는 동안 열심히 일하는 데서 찾아야 한다."(전8:15,
현대인의성경).

그것은 물론 하나님의 힘이 부족해서 자신이 창조한 피조 세계를 사탄에게 빼앗긴 것이 아니라 죄로 말미암아 더럽게 오염된 세상을 하나님께서 버리셨기 때문에 그렇게 된 것이다. 따라서 사탄은 그로 말미암아 세상의 모든 것이 자기의 소유라고 주장했으며 이땅에 메시아로 오신 예수님께서도 그점을 인정하셨다. 사도 바울 또한 에베소 교회에 편지하면서 그에 대한 언급을 했다.

"마귀가 또 그를 데리고 지극히 높은 산으로 가서 천하 만국과 그 영광을 보여 가로되 만일 내게 엎드려 경배하면 이 모든 것을 네게 주리라 이에 예수께서 말씀하시되 사단아 물러가라 기록되었으되 주 너의 하나님께 경배하고 다만 그를 섬기라 하였느니라"(마4:8-10); "그때에 너희가 그 가운데서 행하여 이 세상 풍속을 좇고 공중의 권세 잡은 자를 따랐으니 곧 지금 불순종의 아들들 가운데서 역사하는 영이라"(엡2:2)

마귀는 인간의 몸을 입고 이땅에 오신 예수 그리스도를 시험했다. 첫번째 아담을 유혹했던 마귀가 두 번째 아담인 예수님께 동일한 시도를 하고자 했던 것이다. 자기에게 엎드려 경배하면 아담의 범죄로 인해 자기에게 속하게 된 모든 세계를 되돌려 주겠다는 것이었다. 물론 그것은 교활한 마귀의 거짓말이었으나 그렇게 말했으며 예수님께서는 당연히 그의 말을 받아들이지 않으셨다.

또한 사도 바울은 사탄 곧 마귀가 공중 권세를 잡은 존재라는 사실을 언급했다. 모든 귀신들의 우두머리인 사탄은 하나님의 사역을 적극적으로 방해했으며 예수 그리스도를 따르는 성도들의 신앙을 훼방하는 일을 했다. 그러나 바울은 하나님께서 사탄으로 말미암아 사망의 그늘 아래 놓이게 된 자기 백성을 그리스도를 보내 구원하시게 된 사실을 말했다.

하지만 예수 그리스도와 하나님의 최종 심판이 임하기 전에는 여전히 세상이 사탄의 세력 아래 놓여 있다. 솔로몬이 하나님의 계시를 받아 전도서를 기록할 당시에도 온 세상은 사탄의 수하(手下)에 있었다. 따라서 하나님의 자녀들은 타락한 이 세상에 살아가기 어려웠으며 사탄의 지배 아래 있던 불신자들이 오히려 살아가기가 용이했다.

그러므로 전도자는 이 세상에서 발생하는 일들을 살펴보면 이해할 수 없는 헛된 일들로 가득 차 있다고 했다. 악한 자가 받아야 할 형벌을 하나님의 말씀에 순종하며 살아가는 의인이 받게 되는가 하면, 마땅히 의인이 받아야 할 보상을 하나님을 대적하는 악한 자들이 받는다는 것이다. 따라서 그와 같은 불합리한 형편을 보며 모든 것이 헛되다고 말하지 않을 수 없다고 했다.

그런데 전도자는 뒤이어 하나님의 자녀들에게 즐거운 마음으로 이 세상을 살아가도록 권면하고 있다. 여기에는 세상의 불합리한 어려운 환경 가운데서도 즐거움을 잊지 말라는 의미가 담겨 있다. 나아가 사람이 세상에 살아가면서 먹고 마시며 즐거워하는 것은 매우 중요한 하나님의 선물이라고 했다.

하지만 하나님의 자녀들은 잘못된 것을 추구하는 가운데 즐거운 삶을 누리고자 하지 말아야 한다. 참된 즐거움은 이 세상에 살아가는 성도들이 하나님께서 요구하신 성실한 삶을 이어갈 때 선물로 주어진다. 즉 그와 같은 기쁨은 하나님의 은혜와 그의 특별한 공급을 통해 이루어지게 된다.

우리는 이 말씀을 통해 세상에 살아가는 성도들이 고행을 추구하거나 세상을 비관적으로만 바라보아서는 안 된다는 사실을 깨닫게 된다.

따라서 지상 교회에 속한 성도들은 하나님께서 공급하신 모든 재능과 건강과 기회를 통해 성실하게 일하며 살아가야 한다. 그것을 통해 이 세상에 살아가는 진정한 기쁨을 부분적으로 맛볼 수 있게 되는 것이다.


| 묵상과 질문 |

㉠ 죄악에 물든 이 세상은 근원적으로 불합리한 영역이라는 점을 생각해 보라.

㉡ 아담의 범죄로 말미암아 이 세상이 통째로 사탄의 손아귀에 넘어가게 된 사실에 대하여 생각해 보라.

㉢ 거룩한 하나님께서 죄로 말미암아 더러워진 세상을 버릴 수밖에 없었던 근원적인 이유를 생각해 보라.

㉣ 타락한 이 세상에서는 악한 자가 받아야 할 형벌을 하나님의 말씀에 순종하며 살아가는 의인이 받게 되는가 하면, 의인이 받아야 할 마땅한 보상을 하나님을 대적하는 악한 자들이 받게 되는 불합리한 상황을 생각해 보라.

㉤ 하나님의 자녀들도 사탄에게 속한 이 영역에서 먹고 마시며 살아가는 동안 즐거워할 수 있다는 사실에 대하여 생각해 보라.

㉥ 그 즐거움은 하나님께서 허락하신 건강과 재능으로써 성실하게 살아가는 성도들의 환경에 의해 제공된다는 사실을 생각해 보라.

Ⓢ 이땅에 살아가는 성도들이 고행이나 비관적인 태도에 빠지는 것을 경계해
야 하는 까닭을 생각해 보라.

◎ 교회에 속한 성도들의 삶이 진정한 즐거움을 누리기 위해서는 하나님의 말
씀 안에서 더욱 견고하고 절실해야 한다는 사실을 생각해 보라.

## 6. 인간의 지식과 지혜가 가지는 한계 (전8:16,17)

> 16 내가 마음을 다하여 지혜를 알고자 하며 세상에서 행해지는 일을 보았
> 는데 밤낮으로 자지 못하는 자도 있도다31) 17 또 내가 하나님의 모든 행
> 사를 살펴 보니 해 아래에서 행해지는 일을 사람이 능히 알아낼 수 없도
> 다 사람이 아무리 애써 알아보려고 할지라도 능히 알지 못하나니 비록
> 지혜자기 이노라 할지라도 능히 알아내지 못하리로다

전도자는 온 마음을 다해 세상에서 일어나는 모든 일들에 관한 지혜
를 가지고자 했음을 언급했다. 이는 세상의 다양한 현상들을 알기가 쉽
지 않다는 사실을 말해주고 있다. 그 가운데 사람들이 무엇 때문에 밤
낮 잠도 제대로 자지 못할 만큼 열심히 일하고 있는지 이해하기 어렵다
고 했다.

세상에 살아가는 사람들 가운데 다수는 자기 몸을 아끼지 않은 채
일에 열중하고 있다. 그들은 밤잠을 설쳐가며 무리하게 일만 한다고

---

31) "나는 지혜를 통해 사람들이 땅 위에서 밤낮 눈도 못 붙이고 수고하는 까닭을
알려고 무던히 애를 써보았다"(전8:16, 공동번역).

해도 과언이 아니다. 그와 같은 힘든 노동을 해를 거듭해가며 지속하는 이유가 과연 무엇을 얻기 위한 것인지 얼른 납득이 되지 않는다는 것이다.

이와 같은 현상은 오늘날 우리 시대도 그대로 나타나고 있다. 많은 사람들은 한평생을 일로써 자기의 인생을 마감하게 되지만 무엇 때문에 그렇게 하는지 자기 자신도 알지 못한다. 밤잠을 설치면서 죽도록 일을 하여 많은 재물을 모은다고 한들 그것이 과연 저에게 어떤 의미가 있느냐는 것이다.

그 모든 재물은 전심을 다 바쳐 일에 열중하여 얻은 결과이기는 해도 결국은 자기가 아니라 다른 사람을 위하게 될 따름이다. 즉 실컷 일을 하고 나서 상당한 재물을 모으게 되지만 결국 그것은 자기를 위한 것이 아니라 남 좋은 일만 시킬 뿐이라는 것이다. 또한 사람들의 눈에 성공한 인물로 비추어짐으로써 그럴 듯한 평가를 받는다고 한들 그것이 저에게 무슨 궁극적인 의미가 있느냐는 것이다.[32]

전도자는 또한 하나님께서 온 우주 가운데 행하신 모든 일을 살펴보았으나 그것은 사람으로서는 도저히 알 수 없는 영역이라고 했다. 전도자는 이 세상에는 분명히 하나님께서 행하시는 특별한 일들이 존재한다는 사실을 알고 있었다. 하지만 그것은 인간들로 말미암은 것과는 다른 차원의 것임이 분명하다.

---

32) 이 세상 사람들은 숱하게 많은 위인들과 영웅들을 만들어 놓았다. 하지만 죽은 당사자들이 그로 말미암아 얻게 될 실제적인 영광은 존재하지 않는다. 어리석은 사람들은 그와 같은 이름을 가지는 것이 그에게 엄청난 영예가 될 것이라 착각하지만 전혀 그렇지 않다. 교회에 속한 성도들은 예수 그리스도께서 베푸신 은혜로 말미암아 겸손한 자세로 이 세상을 살아가는 것이 최상의 삶이란 사실을 깨달아야 한다.

　사람들은 자신이 살아가는 세상과 우주에 대하여 많은 관심을 가지고 있다. 하지만 전도자는 자연 가운데 존재하는 하나님의 모든 사역들을 완전히 알 수 있는 자는 아무도 없다는 사실을 깨닫게 되었음을 말했다. 피조물인 인간의 지혜로서는 조물주이신 하나님의 일을 다 아는 것이 불가능한 일이라는 것이다.

　그럼에도 불구하고 어리석은 인간들은 그에 대한 많은 부분을 안다고 생각하거나 알 수 있다고 주장한다. 그런 자들은 세상에서 지식과 지혜를 갖춘 자로서 널리 알려져 있을지라도 실상은 지극히 어리석은 자에 지나지 않는다. 절대로 알 수 없는 영역을 마치 알고 있는 것처럼 주장하는 것은 참 지혜로운 자의 태도가 아니기 때문이다.

　이와 같은 양상은 인간 역사 가운데 각 시대마다 존재해 왔으나 우리 시대에는 더욱 심하게 극성을 부리고 있다. 하나님을 부인하거나 하나님에 대한 경외심이 없는 자들은 인간들의 손과 두뇌가 굉장히 뛰어난 것으로 착각하고 있다. 그 전 시대보다 조금 더 많은 것을 발견했다고 해서 마치 모든 것을 알아낸 듯 오만한 태도를 보이고 있는 것이다.

　대표적으로 우리 시대의 각종 진화론은 심각한 수준에 이르고 있다. 생물학적 진화론과 더불어 우주 진화론도 마찬가지다. 그에 빠진 자들은 성경에 기록된 하나님의 말씀을 순순히 받아들이지 않는다. 자기가 살아가는 사회에서 형성된 인간의 이성과 경험을 모든 것의 토대로 삼고 그것을 마치 과학인 양 주장하고 있기 때문이다.

　이처럼 피조물인 인간들이 감히 조물주의 영역에 접근하여 하나님과 상관없는 답을 제시하고자 애쓰고 있다. 과학주의자들은 기본적인 몇 개의 토대와 기준을 정하고는 그에 맞추어 모든 것을 대입하고자 하는 근본적인 오류에 빠져 있다. 인간들은 과거에 비하여 약간의 새로운 것을 발견하여 대단한 것으로 여기지만 그것은 단지 인간의 시각에 따른 것에 지나지 않는다. 즉 하나님 보시기에는 그와 같은 것들이 거의 아무것도 아닌 초보적 수준일 따름이다.

그러므로 인간의 과학적 발견이라며 진화론을 내세우는 자들은 참 과학과 거리가 먼 지극히 어리석은 자들일 뿐이다. 설령 세계적인 과학자로 인정받는다고 할지라도 그 어리석음은 극치를 이룬다고 해도 과언이 아니다. 즉 인간들 사이에서 대단한 지식과 능력을 갖춘 것으로 인정받을지라도 하나님 앞에서는 아무런 의미가 없다. 그들이 지극히 어리석은 까닭은 우주 만물을 창조하신 전지전능한 하나님 앞에서 인간의 지혜가 아무것도 아니란 사실을 제대로 인식하지 못하고 있기 때문이다.

**| 묵상과 질문 |**

㉠ 사람들이 밤잠을 설쳐가며 죽도록 일하는 목적이 무엇인지 생각해 보라.

㉡ 그런 자들은 과연 누구를 위해 그와 같이 일에 열중하고 있는지 그 실상을 이해하고 있을지 생각해 보라.

㉢ 많은 재물을 모으면 그것이 그 자신에게 어떤 유익을 끼치게 되는지 생각해 보라.

㉣ 세상에서 성공하여 많은 사람들로부터 큰 명예를 얻으면 그것 자체가 그에게 어떤 유익이 되는지 생각해 보라.

㉤ 하나님께서 이 세상에서 행하신 모든 일들은 인간이 도저히 알아낼 수 없다고 한 전도자의 말을 깊이 생각해 보라.

㉥ 그럼에도 불구하고 하나님께서 행하신 일을 알 수 있다고 착각하는 자들의 오만한 태도를 생각해 보라.

㉦ 우리 시대에 크게 기승을 부리고 있는 과학주의자들의 생물 진화론과 우주 진화론의 문제점을 생각해 보라.

㉧ 설령 세계적인 과학자로 인정받는 사람이라 할지라도 하나님의 무한하신 능력과 지혜를 알지 못한다면 지극히 어리석은 자에 지나지 않는다는 사실에 대하여 생각해 보라.

㉨ 성경을 무시하는 과학주의적 사고가 기독교 내부로 침투해 들어오는 것에 대한 위험성과 그 대응책을 생각해 보라.

# 제9장

# 세상의 부조리에 처한 인생

(전9:1-18)

## 1. 하나님의 통치 아래 있는 모든 인간 (전9:1)

> 1 이 모든 것을 내가 마음에 두고 이 모든 것을 살펴 본즉 의인들이나 지
> 혜자들이나 그들의 행위나 모두 다 하나님의 손 안에 있으니 사랑을 받
> 을는지 미움을 받을는지 사람이 알지 못하는 것은 모두 그들의 미래의
> 일들임이니라

하나님을 알지 못하는 악한 자들이 세상에서 아무리 잘 되는 듯 보여
도 결국은 패망에 이를 수밖에 없다. 그에 반해 하나님을 진정으로 경
외하는 성도들은 전혀 그렇게 보이지 않을지라도 궁극적으로 하나님의
은혜 가운데 영생을 누리게 된다. 하나님의 자녀들은 이와 같은 사실을
알고 그점을 항상 마음에 두고 살아가야 한다. 성도들이 세상에 살아가
면서 우여곡절을 겪으며 심한 고통에 처할 수도 있지만 그것이 진정한
소망이 되기 때문이다.

전도자는 또한 그 모든 것을 염두에 두고 세상 사람들의 삶을 살펴보았노라고 했다. 그 결과 이땅에 살아가는 인간들은 예외 없이 전부 하나님의 손 안에 놓여 있다는 사실을 알게 되었음을 언급했다. 세상에서 참된 의인으로 인정받는 성도들이나 진정한 지혜자들도 스스로 그렇게 된 것이 아니라 하나님의 도우심을 힘입어 그렇게 되었다는 것이다.

그러므로 인간들 가운데 누가 하나님의 사랑을 받는 자인지 미움의 대상이 되는지 인간적인 판단 만으로는 알 수 없다고 했다. 이는 겉으로 드러나는 사람들의 외모로 그에 대한 판정을 내리지 못한다는 사실을 말해 준다. 그것은 메시아를 통한 하나님의 절대적인 주권에 달려 있는 문제이기 때문이다. 즉 그 모든 상황은 장래에 일어날 일이기 때문에 하나님의 최후 심판을 통해 그 모든 것들이 밝혀지게 되리라는 것이다.

하지만 이 말이 이 세상에 살아가는 동안에는 하나님과 그의 백성 사이의 관계를 절대로 알 수 없다는 것을 의미하지 않는다. 하나님의 자녀들은 당연히 여호와 하나님을 알고 장차 자기가 영원히 거할 영광의 처소에 대한 지식을 가지고 있다. 즉 그들은 자기가 하나님의 사랑을 받고 있다는 사실을 깨닫고 있는 것이다.

물론 그것은 개인의 주관적인 판단이 아니라 성령 하나님의 도우심에 의해 그에 대한 깨달음을 가지게 된다. 그에 연관된 모든 것들은 계시된 하나님의 말씀을 기초로 한 언약공동체를 통해 확인되는 성질을 지니고 있다. 즉 하나님의 명령에 온전히 순종하는 믿음의 공동체가 그에 속한 성도들의 신앙을 공적으로 확인하게 되는 것이다.

| 묵상과 질문 |

㉠ 모든 인간들은 예외없이 하나님의 손 안에 놓여 있다는 사실을 생각해 보라.

㉡ 참된 의인들이나 진정한 지혜자들의 행위를 비롯한 저들의 모든 것이 전적으로 하나님의 손 안에 있다고 한 말을 생각해 보라.

㉢ 하나님으로부터 사랑을 받고 있을지 아니면 미움을 받고 있을지 사람이 알지 못한다고 한 말의 일반적인 의미를 생각해 보라.

㉣ 이 말이 하나님에 대한 참된 믿음과 구원의 확신을 가질 수 없다는 것을 의미하고 있는지 생각해 보라.

㉤ 계시된 하나님의 말씀과 성령의 도우심에 의해 세워진 언약공동체가 그에 속한 성도들의 참된 신앙을 보증하게 된다는 사실에 대하여 생각해 보라.

㉥ 하나님께서 미래를 위해 예비해두신 영원한 천국을 하나님의 자녀들은 현재 이미 소유하고 있다는 사실을 생각해 보라.

## 2. 신 · 불신을 막론하고 동일한 국면에 처한 인간들 (전9:2,3)

> 2 모든 사람에게 임하는 그 모든 것이 일반이라 의인과 악인, 선한 자와 깨끗한 자와 깨끗하지 아니한 자, 제사를 드리는 자와 제사를 드리지 아니하는 자에게 일어나는 일들이 모두 일반이니 선인과 죄인, 맹세하는 자와 맹세하기를 무서워하는 자가 일반이로다33) 3 모든 사람의 결국은 일반이라 이것은 해 아래에서 행해지는 모든 일 중의 악한 것이니 곧 인생의 마음에는 악이 가득하여 그들의 평생에 미친 마음을 품고 있다가 후에는 죽은 자들에게로 돌아가는 것이라

인간들이 살아가고 있는 이 세상은 하나님의 일반적인 은총에 의해 모든 것이 진행되어 가고 있다. 하나님께서는 사람들의 일상생활에 필요한 모든 기본적인 것들을 끊임없이 공급해주고 계신다. 그때 선악에 따른 사람들의 개인적인 형편에 따라 은총을 베풀어주시는 것이 아니라 모든 사람들에게 동일하게 은총을 베풀어 주신다.

그러므로 하나님께 속하여 죄가 없는 의인이라고 해서 이땅에서 더 나은 조건을 부여받는 것이 아니며 죄에 빠진 인간이라고 해서 저들에게는 그 은총이 임하지 않는 것이 아니다. 또한 선한 사람과 나쁜 사람들에게 차등적인 별도의 다른 혜택이 돌아가지 않는다. 나아가 깨끗한 자와 부정한 자라고 해서 다른 등급에 속한 대우를 받지도 않는다.

---

33) "인간은 하나의 공동운명체이다. 의로운 자와 악한 자, 선한 사람과 나쁜 사람, 깨끗한 자와 더러운 자, 제사를 드리는 자와 제사를 드리지 않는 자가 다 같은 운명에 처해 있으니 선한 사람이 죄인보다 나은 것이 없고 맹세를 하는 자가 맹세하지 않는 자보다 나은 것이 없다."(전9:2, 현대인의성경).

뿐만 아니라 하나님께 참된 제사를 드리는 성도들과 아무런 제사를 드리지 않는 불신자에게 자연적인 모든 일들이 동일하게 발생하게 된다. 또한 선한 일을 행하는 사람이나 악한 일을 행하는 자 역시 하나님 앞에서 맹세하며 신앙인의 삶을 사는 자와 막연한 두려움으로 맹세하지 않는 자 모두가 마찬가지다.

이는 하늘에 태양이 비치고 비가 내리는 자연현상이 사람들의 개인적인 형편과 상관없이 모든 사람들에게 아무런 차별이 없이 똑같은 혜택을 주게 된다는 사실을 말해 주고 있다.[34) 사시사철 계절이 바뀌는 것이나 농사일에 흉년이 들거나 풍년이 드는 것도 마찬가지다. 하나님께서는 온갖 이방신을 섬기는 종교인들이나 저들의 착하고 그렇지 않은 성품과 상관없이 동일한 은총을 베풀어주신다.

또한 전도자는 본문 가운데서 그와 더불어 매우 중요한 언급을 덧붙여 설명했다. 그것은 세상에 살아가는 모든 인간들은 선악과 상관없이 이땅에서 동일한 운명을 가지고 산다는 사실이다. 죄에 빠진 인간들은 일정 기간 이 세상에서 살아가다가 때가 되면 죽을 수밖에 없는 존재에 지나지 않는다. 의인과 악인에게 공히 발생하는 그 상황은 공평하지 못한 처사로 보이지만 죄의 결과로 말미암아 그렇게 된 것이다.

---

34) 하지만 이 말이 세상에 살아가는 모든 사람들에게 획일적인 보편성을 띤다는 의미가 아니다. 모든 자연현상은 역사적 환경과 지역에 따라 상이하게 나타난다. 그리고 우리가 분명히 기억해야 할 바는 그 가운데 하나님의 징계와 심판으로 인한 현상들이 존재한다는 사실이다. 즉 인간들이 하나님의 사역을 근본적으로 방해하는 악행을 저지르거나 하나님의 백성이라 주장하면서 배도에 빠진 자들이 사악한 행동을 지속할 때 하나님께서 다양한 자연현상들을 통해 저들을 벌할 수 있다. 인간들이 그에 관한 상황 판단을 정확하게 하기 쉽지 않다고 할지라도 그와 같은 일들이 발생한다는 것은 분명한 사실이다.

그와 같은 일반적인 은총을 되풀이하여 경험한 인간들은 하나님의 섭리에 연관된 뜻을 진지하게 생각하기보다 인간 세상에서 발생하는 현상들에만 관심을 두고 살아간다. 그것은 하나님의 뜻을 멸시하는 인간적인 오만한 생각일 따름이며 구태여 하나님을 알고 그를 섬기며 살고자 하는 마음을 먹지 않는다. 그들은 결국 타락한 세상의 욕망을 추구하며 내키는 대로 한평생 살다가 죽음을 맞이하게 된다.

하지만 하나님으로부터 허락되는 일반적인 은총이 우선은 상당한 혜택으로 보일지 모르나 실상은 악한 자들에게 오히려 저주가 된다. 그것으로 인해 인간들은 더욱 오만하게 되며 하나님을 두려워하는 마음을 가지지 않게 되기 때문이다. 하나님께서는 그런 가운데 자기 백성을 위하여 영원한 구원을 베푸시며 나머지 인간들에 대해서는 무서운 심판을 행하시게 되는 것이다.

| 묵상과 질문 |

㉠ 이 세상에 살아가는 모든 인간들 가운데 동일하게 허락되는 하나님의 일반적인 은총에 대하여 생각해 보라.

㉡ 의인과 악인, 깨끗한 자와 더러운 자, 하나님을 섬기는 자와 그렇지 않는 자 등에게 차별없이 동일한 자연적인 은총이 베풀어지게 된다는 사실에 대하여 생각해 보라.

㉢ 그런 보편적인 상황을 경험함으로써 굳이 선하고 의로운 삶을 살고자 하지 않는 인간들의 악한 심성에 대하여 생각해 보라.

㉣ 하나님의 일반적인 은총이 선악간 아무런 차별 없이 모든 사람들 위에 동일하게 베풀어지는 것이 악한 인간들에게 도리어 저주가 될 수 있다는 점을 생각해 보라.

㉤ 평생 자신의 욕망을 추구하며 제멋대로 살아가다가 결국 죽음을 맞게 되는 인간의 허망한 존재에 대하여 생각해 보라.

㉥ 이 세상에서 인간들에게 일어나는 일반적인 현상은 보편적인 성격을 지니고 있을지라도 그것이 획일적인 것은 아니란 사실을 생각해 보라.

㉦ 일반적인 것으로 보이는 자연현상들 가운데 하나님께서 구체적으로 의도하신 징계와 심판이 존재할 수 있다는 사실을 생각해 보라.

㉧ 하나님의 자녀인 우리는 이 일반적인 은총을 어떤 감사한 마음으로 받아들여야 할지 생각해 보라.

㉨ 전도서의 교훈에 비추어 볼 때, 일부 기독교인들이 가지고 있는 잘못된 기복주의(祈福主義)의 폐단에 대하여 생각해 보라.

㉩ 이 세상에서의 외적인 성공과 부유한 삶이 오히려 저주가 될 수 있다는 사실에 관하여 생각해 보라.

㉪ 세상에서 발생하는 다양한 재앙들이 하나님으로부터 임하는 징계의 성격을 지니고 있다는 점과 그 의미를 올바르게 인식하는 것이 중요하다는 사실을 생각해 보라.

## 3. 산 자들의 역할과 죽은 자의 종료 (전9:4-6)

> 4 모든 산 자들 중에 들어 있는 자에게는 누구나 소망이 있음은 산 개가 죽은 사자보다 낫기 때문이니라 5 산 자들은 죽을 줄을 알되 죽은 자들은 아무것도 모르며 그들이 다시는 상을 받지 못하는 것은 그들의 이름이 잊어버린 바 됨이니라 6 그들의 사랑과 미움과 시기도 없어진 지 오래이니 해 아래에서 행하는 모든 일 중에서 그들에게 돌아갈 몫은 영원히 없느니라

전도자는 살아있는 인간들 가운데 있으면서 그 삶에 참예한 자에게는 소망이 있다는 사실을 언급했다. 기록된 문장 자체로 볼 때 이 말은 일반적인 인간들의 생애에 연관된 의미를 지니고 있는 것으로 보인다. 하지만 우리는 그 말씀을 하나님의 복음 안에서 해석해야 할 필요가 있다. 즉 여기서 말하는 산 자들이란 단순한 육신의 생명이 아니라 하나님의 참 생명을 소유한 자로 이해하는 것이 자연스럽다.

그러므로 생명을 소유한 자들 사이에 존재하는 인간에게 소망이 있다고 언급한 것은 단순히 타락한 세상에서 목숨을 부지하고 살아가는 것 자체를 두고 말하지 않는다. 이는 앞의 본문에 이 세상에서 장수(長壽)하는 삶 자체는 아무것도 아니며 차라리 이 세상에 태어나지 못하고 어머니의 태중에서 죽은 아기가 오히려 더 낫다는 사실을 언급하고 있기 때문이다(전6:3-6). 따라서 살아있는 자에게 소망이 있다고 말한 것은 참 생명을 소유한 산 자들에 연관된 것으로 이해해야 한다.

전도자는 그에 관한 이유를 설명하면서 살아있는 개가 죽은 사자보다 낫다는 사실을 언급하고 있다. 개는 사람들이 살고 있는 집이나 다

른 가축을 지키기 위해 키우는 짐승이다. 그 짐승은 기본적으로 사람들을 위해 존재하는 것으로 이해할 수 있다. 하지만 그 개가 아무리 충성스러울지라도 그 이상의 대단한 존재로 인정받지는 못한다.

그에 반해 사자(獅子)는 인간을 위한 짐승이 아님에도 불구하고 막강한 힘을 소유한 동물의 왕이라 일컬어질 만큼 대단한 짐승이라 할 수 있다. 따라서 어떤 강한 짐승이라 할지라도 사자 앞에서는 힘을 쓰지 못하고 그 앞에 몸을 낮추게 된다. 따라서 동물들 가운데 사자는 특별한 존재로 인정받으며 그 용맹성으로 말미암아 대단한 위상을 차지하고 있다.

그런데 큰 힘을 가진 대단한 존재는 아니라 할지라도 살아있는 개가 과거에 막강한 힘과 용맹을 과시하다가 죽은 사자보다 낫다고 했다. 이 말은 엄청난 힘을 가지고 있었으나 더 이상 그 영향력이 사라진 존재는 별 의미가 없다는 것을 의미한다. 그와 달리 다소 미약해 보일지라도 자기의 역할을 신실하게 감당하며 살아있는 존재가 훨씬 더 낫다는 사실을 말해 준다.

그러므로 본문 가운데서는 살아있는 자들이 지각(知覺)을 소유하고 있다는 사실을 언급하고 있다. 그에 반해 죽은 자들은 아무것도 알지 못하며 지각 자체가 없다고 했다. 산 자들은 죽음에 관한 이해를 하는 데 반해 죽은 자들은 삶과 생명에 대하여 아무것도 모를 뿐더러 죽음 자체에 대한 인식조차 없다는 것이다.

우리가 여기서 깊은 주의를 기울여 생각해 보아야 할 점은 본문에 언급된 산 자와 죽은 자란 인간의 육체적 생명을 기준으로 삼아 말하고 있지만 실제로는 참 생명의 존재에 연관된 의미가 담겨 있다는 사실이다. 따라서 그 진정한 생명을 소유한 자들은 지각이 있으므로 영원한 삶과 죽음에 관한 이해를 하고 있다. 그에 반해 참 생명이 없으므로 죽은 자들은 그에 대한 이해를 전혀 하지 못한다.

그러므로 참 생명이 없으므로 죽음에 처한 자들은 장래에 아무런 보상(reward)을 받을 수 없다. 그들의 이름은 잊어버린 바 되었기 때문에 그 보상을 받을 수 있는 대상에서 완전히 제외될 것이다. 즉 그들의 이름은 잊혀질 것이며 그들에 관한 기억은 산 자들의 머리에서 완전히 사라지게 될 따름이다.

생명이 없는 그 죽은 자들에게는 아무런 감각이 존재하지 않는다. 따라서 그들은 인간의 판단과 감정을 근거로 한 진정한 사랑과 미움과 시기의 마음을 가지지 못한다. 하지만 참된 생명을 소유한 인간은 선한 것에 대한 사랑과 악한 것에 대한 미움과 부당한 일에 대한 의분의 감정을 가지게 되는 것이 자연스럽다.[35]

그러나 하나님을 떠난 상태에서 영원한 죽음에 처한 자들에게는 진리와 연관된 일상적인 정당한 감정이 존재하지 않으므로 참된 생명의 기능이 지속될 수 없다. 따라서 해 아래서 일어나는 모든 일들 가운데 저들에게 돌아갈 참된 값어치를 지닌 몫은 영원히 사라지게 된다. 이는 그들이 영원한 멸망에 빠지게 된다는 사실을 말해주고 있다.

---

35) 하나님으로부터 허락된 진정한 생명을 소유한 성도들은 진리를 기준으로 선악을 구별하며 사랑과 미움의 감정을 소유하게 된다. 하나님께 속한 것들은 사랑하게 되지만 하나님을 대적하는 것들에 대해서는 미워하는 마음을 가지게 되는 것이다.

| 묵상과 질문 |

㉠ 산 자들 가운데 존재하는 자에게는 소망이 있다는 말의 의미를 생각해 보라.

㉡ 살아있는 개가 죽은 사자보다 낫다고 한 말이 과연 무엇에 대한 상징적인 비유인지 생각해 보라.

㉢ 살아있는 개가 집을 지키거나 양 떼와 같은 동물들을 모는 일 등 그 고유한 역할과 더불어, 우리 시대에 소위 '반려동물' 이라는 이름으로 다가온 인간과 개 사이의 뒤엉켜 버린 어처구니없는 관계에 대하여 생각해 보라.

㉣ 본문에서 언급된 산 자와 죽은 자는 단순한 육체적인 의미가 아니라 영적인 의미가 내포되어 있는지 생각해 보라.

㉤ 살아있는 자들이 지각으로 인해 삶과 죽음에 대한 것을 알고 있는데 반해 죽은 자들은 그에 대하여 아무것도 알지 못한다는 사실을 생각해 보라.

㉥ 산 자들이 받게 될 영원한 보상과 죽은 자들은 그것을 전혀 받을 수 없다는 사실을 생각해 보라.

㉦ 그들의 이름이 완전히 잊어버린 바 되리라는 말의 의미를 생각해 보라.

㉧ 그들에게는 진정한 사랑과 미움과 시기도 사라지게 된다는 것이 무엇을 의미하는지 생각해 보라

㉨ 해 아래서 일어나는 일들 가운데 저들에게 돌아갈 참된 값어치를 지닌 몫이 아무것도 없다고 한 말의 의미를 생각해 보라.

## 4. 언약의 자손들에게 허용되는 삶 (전9:7-10)

> 7 너는 가서 기쁨으로 네 음식물을 먹고 즐거운 마음으로 네 포도주를 마
> 실지어다 이는 하나님이 네가 하는 일들을 벌써 기쁘게 받으셨음이니라
> 8 네 의복을 항상 희게 하며 네 머리에 향 기름을 그치지 아니하도록 할
> 지니라 9 네 헛된 평생의 모든 날 곧 하나님이 해 아래에서 네게 주신 모
> 든 헛된 날에 네가 사랑하는 아내와 함께 즐겁게 살지어다 그것이 네가
> 평생에 해 아래에서 수고하고 얻은 네 몫이니라 10 네 손이 일을 얻는 대
> 로 힘을 다하여 할지어다 네가 장차 들어갈 스올에는 일도 없고 계획도
> 없고 지식도 없고 지혜도 없음이니라36)

전도자는 본문 가운데서 마치 독백을 하듯이 스스로 자기에게 말하
고 있다. 이제 가서 좋아하는 음식을 기쁘게 먹고 즐거운 마음으로 포
도주를 마시라는 것이다. 이는 세상에 살아기는 하나님을 아는 구원받
은 성도로서 하나님의 뜻 가운데서 그가 원하는 대로 살아가도 된다는
의미를 지니고 있다.

그리고 이 말씀은 간접적으로나마 메시아 예언에 연관되는 것으로
이해할 수 있다(전9:7,8). 예수님께서 이 세상에 계시는 동안 기쁘게 음
식을 먹었으며 즐거운 마음으로 포도주를 마시기도 하셨다. 예수님의
그런 모습을 본 유대주의자들은 그를 심하게 비판하며 모함했다. 그것
을 알고 계시던 예수님께서는 저들을 염두에 두고 그에 연관된 말씀을
하셨으며, 마태복음에는 그에 관한 내용이 기록되어 있다.

---

36) "너는 무슨 일을 하든지 최선을 다하라. 네가 앞으로 들어갈 무덤에는 일도
없고 계획도 없으며 지식이나 지혜도 없다."(전9:10, 현대인의성경).

"요한이 와서 먹지도 않고 마시지도 아니하매 저희가 말하기를 귀신이 들렸다 하더니 인자는 와서 먹고 마시매 말하기를 보라 먹기를 탐하고 포도주를 즐기는 사람이요 세리와 죄인의 친구로다 하니 지혜는 그 행한 일로 인하여 옳다 함을 얻느니라"(마11:18,19)

예수님께서 이땅에 오셔서 자기를 따르는 백성들과 함께 좋아하는 음식을 드시고 즐거운 마음으로 포도주를 마신 것은 그가 영원한 천국 잔치의 주인이라는 사실에 대한 선언적 의미를 지니고 있다. 당시 그와 함께 있던 세리와 죄인으로 묘사된 사람들은 사악한 유대주의자들의 눈에는 경멸의 대상에 지나지 않았다.

그런데 이땅에 왕으로 오신 예수님께서는 세상에서 자랑할 만한 것이 아무것도 없는 소외된 자들을 자기에게 초대하셨다. 따라서 세상에 자랑거리가 없고 의지할 만한 것이 없던 자들이 주님을 따르며 그를 의지하게 되었다. 그와 같은 일은 스스로 잘난 것으로 착각하던 악한 유대인들의 질시를 불러일으키기에 충분했다.

그리고 전도서 본문에서 기쁨으로 음식을 먹고 즐거운 마음으로 포도주를 마시라고 한 것은 특별한 허용적 의미를 지니고 있다. 일반적인 경우라면 굳이 그와 같이 하는 것을 언급할 필요가 없다. 그럼에도 불구하고 그것이 허용된 이유는 하나님께서 그가 하는 일들을 기쁘게 받으셨기 때문이라고 했다(전9:7).

그러므로 항상 의복을 희게 하고 머리에는 향 기름이 그치지 않도록 하라는 요구를 했다. 이 말은 그의 순결한 상태가 유지된다는 의미와 머리에 기름부음 받은 상태를 유지하라는 의미를 지니고 있다. 이는 그가 다른 모든 사람들과 구별되는 특별한 지위에 앉게 된다는 사실에 연

관되어 있다. 즉 이 말씀은 메시아 예언적 성격을 지니고 있는 것으로
이해할 수 있는 것이다.

또한 세상 가운데서 한평생 헛된 삶을 살아가는 형편에 관한 언급을
했다. 여기서 헛된 삶이라고 언급한 것은 일반적인 형편에 연관되어 있
다. 그런데 하나님께서 허락하신 그 모든 날 가운데 자기의 아내와 함
께 가정을 이루어 즐겁게 살아가라고 했다. 그것이 평생 해 아래서 수
고하며 살아가는 가운데 저에게 허락된 특별한 몫으로 보상의 성격을
지니고 있다는 것이다.

그리고 무슨 일을 하든지 최선을 다하라는 요구를 했다. 이 말씀은
헛된 세상 가운데서 그가 감당해야 하는 일은 중요한 의미가 있는 것이
란 사실을 말해준다. 즉 이땅에서 맡겨진 저의 사명을 힘써 감당해야
한다는 것이다.

그러면서 그가 장차 죽어 스올 곧 무덤에 묻히게 되면 더 이상 그와
같은 일이 존재하지 않으며 그에 대한 계획도 없다는 사실을 언급했다.
또한 그 일을 하기 위한 지식과 지혜도 없다고 했다. 이 말은 이 세상에
살다가 죽으면 모든 것이 끝이라는 뜻이 아니라 세상에서 하나님께서
작정하신 모든 것이 완성된다는 의미이다. 이는 예수님께서 "때가 아
직 낮이매 나를 보내신 이의 일을 우리가 하여야 하리라 밤이 오리니
그때는 아무도 일할 수 없느니라"(요9:4)고 하신 말씀과 조화되는 의미
를 지니고 있다.

| 묵상과 질문 |

㉠ '이제 가서 기쁨으로 음식을 먹고 즐거운 마음으로 포도주를 마시라'고 한 말씀 가운데 특별한 의미가 담겨 있는지 생각해 보라.

㉡ 그와 같은 것이 허용된 근거는 하나님께서 그의 일을 기쁘게 받으셨기 때문이라고 한 말의 의미를 생각해 보라.

㉢ 그의 의복을 항상 희게 하고 머리에 향 기름이 그치지 않게 하라고 요구한 말의 의미를 생각해 보라.

㉣ 본문에 기록된 이 부분의 말씀이 메시아 예언적 성격을 지니고 있는지 생각해 보라.

㉤ 그와 더불어 헛된 이 세상 가운데서 가정을 이루어 아내와 함께 즐겁게 살라고 한 말의 의미를 생각해 보라.

㉥ 그와 같은 삶이 그가 해 아래서 수고한 결과로써 얻은 일종의 보상과 같은 성격을 지닌다고 한 말의 의미를 생각해 보라.

㉦ 잘못된 기독교인들이 주장하는 금욕주의와 고행주의 등이 지니는 심각한 폐단에 대하여 생각해 보라.

㉧ 손으로 할 일을 얻는 대로 힘을 다하라고 요구한 것은, 헛된 세상 가운데서도 그 일에 특별히 소중한 의미가 존재하기 때문이라는 사실을 생각해 보라.

ⓩ 장차 죽어 무덤에 묻히게 되면 일도 없고 계획도 없고 지식도 없고 지혜도 없다고 한 말의 의미를 생각해 보라.

ⓩ 이를 예수님께서 제자들을 향해 교훈하신, "때가 아직 낮이매 나를 보내신 이의 일을 우리가 하여야 하리라 밤이 오리니 그때는 아무도 일할 수 없느니라"(요9:4)고 하신 말씀과 더불어 생각해 보라.


## 5. 인간들의 판단과 상이한 하나님의 계획과 섭리 (전9:11,12)

> 11 내가 다시 해 아래에서 보니 빠른 경주자들이라고 선착하는 것이 아니며 용사들이라고 전쟁에 승리하는 것이 아니며 지혜자들이라고 음식물을 얻는 것도 아니며 명철자들이라고 재물을 얻는 것도 아니며 지식인들이라고 은총을 입는 것이 아니니 이는 시기와 기회는 그들 모두에게 임함이니라 12 분명히 사람은 자기의 시기도 알지 못하나니 물고기들이 재난의 그물에 걸리고 새들이 올무에 걸림 같이 인생들도 재앙의 날이 그들에게 홀연히 임하면 거기에 걸리느니라

전도자는 본문 가운데서 이 세상의 모든 인간사(人間事)는 상식적인 원리 가운데 진행되지 않는다는 사실을 언급했다. 이는 우주의 모든 천체와 지구상에 존재하는 자연적인 물질과 그 가운데 존재하는 법칙들 가운데는 원리가 보존되는 데 반해37) 인간들의 일상적인 삶에 있어서는 전혀 그렇지 않다는 사실을 말해주고 있다. 즉 인간사 가운데는 당

---

37) 날마다 해가 뜨고 지는 것과 매달 달이 차고 기우는 것, 그리고 봄 여름 가을 겨울 일년 사계절이 지속되는 것 등은 기본적인 자연 원리에 속한다.

연히 그러해야 할 것 같은데 정반대의 결과가 나타나는 경우가 많다는 것이다.

그러므로 전도자는 그에 관한 몇 가지 예를 들어 설명하고 있다. 빨리 달리는 경주자라고 해서 반드시 목표 지점에 먼저 도착하는 것이 아니라고 했다.38) 그리고 용맹한 병사들이라고 해서 전쟁에서 꼭 승리를 거두리라는 보장이 없다고 했다. 또한 지혜로운 사람이라고 해서 이땅에서 먹고 살아가는 음식물을 풍부하게 얻는 것도 아니며, 명철한 자라고 해서 그렇지 못한 자들보다 더 많은 재물을 모은다고 할 수 없다는 사실을 말했다. 나아가 많은 지식을 소유한 자라고 해서 더 큰 은총을 입는 것이 아니라고 했다.

각 사람들이 가진 개인적인 능력에는 상당한 차이가 난다. 그와 더불어 외부에서 임하는 형편 또한 다양한 모습을 보이게 된다. 전도자는 개인이 소유한 능력보다 뜻하지 않게 발생하는 외부적인 환경이 훨씬 더 큰 영향을 미친다고 했다. 이는 인간들이 전혀 예기치 못하는 일들이 인간 사회에 끊임없이 발생한다는 사실에 연관되어 있다.

이 세상에 살아가는 인간들은 장차 자기에게 어떤 심각한 위기가 닥치게 될지 모른다고 했다. 국가간의 전쟁이나 사회적인 격변, 인간들이 당할 수 있는 각종 전염병이나 재난 사고 등에 대해서는 완벽한 예측을 하기 어렵다. 나아가 자기가 언제 어디서 어떻게 죽음을 맞게 될지 분명히 아는 것은 불가능한 일이라는 것이다. 그와 같은 갑작스런 변동이나 위기의 상황은 누구에게나 미칠 수 있다.

---

38) 올바른 방향과 푯대를 분명히 정하지 않고는 아무리 빨리 달린다고 해도 아무런 소용이 없는 행동에 지나지 않는다. 그리고 최선을 다해 열심히 잘 달린다고 할지라도 도중에 걸려 넘어진다면 달리기에서 이길 수 없다.

이는 마치 물 속에서 살아가는 물고기들에게 언제 그물에 걸려 재난을 당하게 될지 예측할 수 없는 것과 마찬가지다. 또한 하늘을 날아다니는 새들은 올무에 걸리는 때가 언제인지 알지 못한다. 이처럼 인간들에게도 재앙의 날이 전혀 예기치 못한 시기에 홀연히 임할 수 있다. 그렇게 되면 누구든지 그 올무에 걸릴 수밖에 없게 된다.

우리가 여기서 관심을 기울여 깨달아야 할 바는 세상의 인간사가 일반적인 상식과 원리 가운데 진행되는 것이 아니란 사실이다. 그에 대하여 알지 못하는 인간들은 자기에게는 그런 끔찍한 일이 결코 발생하지 않을 것처럼 여기며 살아간다. 따라서 예기치 못한 위기가 갑작스럽게 닥치게 되면 당황스러워하지 않을 수 없게 된다.

그러므로 하나님을 진정으로 경외하는 성도들은 이와 같은 인간사에 대한 기본적인 속성을 이해하고 있어야만 한다. 이는 지상 교회에 속한 성도들은 성실하게 일하는 가운데 오지 하나님만 바라보아야 한다는 사실을 말해주고 있다. 그래야만 이 세상에서 어떤 끔찍한 사건이 발생한다고 할지라도 천상의 나라에 소망을 두고 살아가는 성도들은 전혀 흔들림 없이 오직 주님만 바라볼 수 있게 되는 것이다.

| 묵상과 질문 |

㉠ 이 세상에서 발생하는 많은 인간사(人間事)가 상식적인 원리 가운데 진행되지 않다는 사실을 생각해 보라.

ⓛ 이를 우주의 모든 천체와 지구상의 자연적인 물질과 모든 법칙이 어느 정도 원리 가운데 존재한다는 사실과 비교하여 생각해 보라.

ⓒ 인간들이 소유한 능력과 강한 힘이 가지는 한계에 대하여 생각해 보라.

ⓔ 지혜와 명철과 지식을 가진 인간들이 그로부터 얻을 수 있는 실질적인 유익에 대하여 생각해 보라.

ⓜ 인간들의 신분적인 구별이나 차등 없이 때에 따라 임하는 특별한 시기와 기회에 관하여 생각해 보라.

ⓗ 물고기와 새가 전혀 예기치 못하고 있을 때 그물에 걸리듯이 인간들에게 닥치는 재앙의 날도 홀연히 임하게 된다는 사실을 생각해 보라.

ⓢ 인간들이 이와 같은 위기를 피할 수 있는 길이 과연 무엇인지 생각해 보라.

## 6. 왕의 세력보다 강한 가난한 지혜 (전9:13-16)

13 내가 또 해 아래에서 지혜를 보고 내가 크게 여긴 것이 이러하니 14 곧 작고 인구가 많지 아니한 어떤 성읍에 큰 왕이 와서 그것을 에워싸고 큰 흉벽을 쌓고 치고자 할 때에 15 그 성읍 가운데에 가난한 지혜자가 있어서 그의 지혜로 그 성읍을 건진 그것이라 그러나 그 가난한 자를 기억하는 사람이 없었도다 16 그러므로 내가 이르기를 지혜가 힘보다 나으나 가난한 자의 지혜가 멸시를 받고 그의 말들을 사람들이 듣지 아니한다 하였노라

전도자는 해 아래 존재하는 이 세상에서 지혜로운 좋은 예를 보고 깊은 인상을 받은 적이 있음을 말하고 있다. 그와 같은 일은 일상적으로 볼 수 있는 광경이 아니다. 따라서 그것을 매우 특별한 경우로 받아들여 언급했던 것이다.

그가 목격한 것은 규모가 작고 인구가 많지 않은 어떤 성읍에 큰 세력을 갖춘 외국의 왕이 침공하는 현장이었다. 그 왕의 군대가 작은 성읍을 포위하고 성벽을 무너뜨리기 위해 그 외부에 구조물을 설치하고자 했다. 그리하여 인구가 많지 않은 그 작은 성읍은 절체절명(絶體絶命)의 위기에 처하게 되었다.

그런 상황에서 누군가 막강한 세력을 가진 자의 지원이 없이는 그냥 패망할 수밖에 없었다. 그럴 때 그 성읍에 한 가난한 지혜자(a poor wise man)가 있었다. 그의 지혜로써 멸망 직전에 처해 있던 그 성읍을 구하게 되어 사람들의 생명을 건질 수 있었던 것이다. 이는 한 사람의 지혜가 외국의 힘센 군대나 그 성읍에 살고 있던 전체 부유한 거민들보다 훨씬 강하다는 사실을 말해주고 있다.

그런데 문제는 그 모든 위기가 지나가고 성읍이 원래의 모습을 회복했을 때 그 가난한 지혜자를 기억하는 사람이 아무도 없었다는 사실이다. 죽음 직전에서 생명을 구하게 된 모든 백성들은 그 지혜자에게 속한 자들이라 해도 과언이 아니다. 하지만 은혜를 모르는 오만한 자들은 그에게 감사하는 마음조차 가지지 않았다.

전도자는 그와 같은 상황을 설명하면서 겉보기에 부유하지 않고 보잘것없어 보이는 한 사람의 지혜가 강력한 무기를 소지한 병사들의 세력보다 훨씬 강하다는 사실을 언급했다. 그래서 그 지혜로운 사람이 막

강한 외국 군대를 물리치고 그 성읍의 백성들을 구출할 수 있었다는 것
이다. 그것이 실제적으로 입증되고 전체 백성들에게 큰 혜택이 베풀어
졌음에도 불구하고 사람들은 그에 대한 기억을 하려고 하지 않았다고
했다.

그리고 백성들은 그 지혜자의 말을 듣지 않으려고 도리어 귀를 막아
버렸다. 이는 결국 가난한 지혜자가 사람들로부터 멸시를 당하게 되었
음을 말해주고 있다. 작고 나약한 성읍에 살던 사람들이 먹고 살 만하
게 되자 그 지혜자의 말을 듣지 않는다는 것이었다. 이 말은 진정한 지
혜를 멀리하는 그들에게 참된 소망이 사라졌음을 의미하고 있다. 현실
적인 만족이 참 지혜를 버리게 함으로써 다시금 삶을 포기하는 어리석
음에 빠지게 된 것이다.

우리는 이 말씀이 메시아 예언적 성격을 지니고 있다는 사실을 기억
해야 한다. 언약의 왕국에 속한 거룩한 성과 그 성읍 사람들의 수는 그
다지 많지 않다. 그런데 외국의 큰 왕이 막강한 세력을 갖춘 군대를 이
끌고 와서 그 성을 침공하고자 했다. 하나님께서 도와주시지 않으면 그
성읍은 더 이상 지탱될 수 없는 위기에 빠졌다.

그때 한 가난한 지혜자가 원수들을 물리치고 그 성읍과 백성들을 구
출했다. 이는 천한 인간의 모습으로 이땅에 오신 예수 그리스도께서 참
된 지혜로써 언약의 백성들을 구출해 내신 것에 연관되어 있다. 그의
지혜가 다양한 무기들을 갖춘 세상의 큰 군대의 세력보다 훨씬 강력했
던 것이다.

예수님께서 언약의 백성들을 위해 그와 같은 놀라운 은혜를 베풀어
주셨음에도 불구하고 배도에 빠진 악한 자들은 그를 기억하고자 하지

않았다. 그들에게 풍요로운 삶이 주어지자 그분에게 속한 참 지혜를 잊어버리고 그동안 받은 모든 은총에 대한 감사의 마음을 버렸다. 그런 자들은 눈앞에 보이는 것에 치중하여 살다가 결국은 영원한 생명을 잃어버리는 어리석음에 빠지게 되는 것이다.

| 묵상과 질문 |

㉠ 인구가 많지 않은 어떤 성읍에 외국의 큰 왕이 공격해 왔다는 것에 대한 상징적인 의미를 생각해 보라.

㉡ 멸망의 위기에 처한 그 성읍에 한 가난한 지혜자(a poor wise man)가 있었다는 사실에 대하여 생각해 보라.

㉢ 그 가난한 지혜자 한 사람의 지혜가 그 성읍의 모든 백성들과 막강한 세력을 갖춘 외국 군대보다 훨씬 강하다는 사실에 관하여 생각해 보라.

㉣ 이 말씀을 천한 인간의 모습으로 이땅에 오신 예수님께서 언약의 백성들을 구원하신 사실과 더불어 생각해 보라.

㉤ 성읍이 망하지 않고 회복되자 자기를 구출해준 참 지혜자가 멸시당하고 그 지혜자를 잊어버린 바 된 사실에 대하여 생각해 보라.

㉥ 이 말씀을 예수 그리스도의 은혜를 입은 언약의 백성들이 배도에 빠지게 된 것과 연관지어 생각해 보라.

Ⓐ 본문에 기록된 말씀(전9:13-16)이 전체적으로 메시아 예언적 성격을 지니고 있음을 생각해 보라.

## 7. 지혜자들의 말과 악한 권세자의 호령의 무게 (전9:17,18)

> 17 조용히 들리는 지혜자들의 말들이 우매한 자들을 다스리는 자의 호령보다 나으니라 18 지혜가 무기보다 나으니라 그러나 죄인 한 사람이 많은 선을 무너지게 하느니라

하나님의 자녀들은 '지혜자들'(wise men)의 말을 들으며 살아가야 한다. 여기서 지혜자들이란 앞 구절에서 언급한 '한 가난한 지혜자'(a poor wise man)에게 속한 자들이다. 이는 물론 하나님의 보내심을 받은 구약시대의 선지자들과 신약시대의 모든 사도들을 포함하고 있다.

성경에 기록된 그들의 말을 듣지 않고는 하나님의 진리를 알 수 있는 방법이 없다. 따라서 그들이 조용하게 전하는 지혜의 말씀은 백성들을 통치하는 어리석은 통치자의 호령보다 낫다고 했다. 참 지혜자들의 말은 영원한 생명을 보장하는 데 반해 이 세상에서 권력을 가진 자들의 호령은 잠시 지나가는 현상에 지나지 않기 때문이다.

그러므로 전도자는 참된 지혜가 어떤 강력한 무기보다 낫다고 했다. 하나님으로 말미암은 진정한 지혜는 생명을 구원하는 선한 역할을 하는 데 반해 전쟁을 위한 무기는 사람들을 죽이는 데 사용될 따름이다. 이와 더불어 한 사람의 사악한 죄인이 많은 선한 것들을 파괴하고 무너

뜨리는 역할을 하게 된다는 사실을 언급했다. 이 말은 이 세상에 살아
가는 성도들은 하나님의 말씀에 온전히 귀를 기울이는 가운데 항상 민
감한 자세를 유지해야 한다는 사실을 말해주고 있다.


| 묵상과 질문 |

㉠ 본문에서 언급한 지혜자들(wise men)은 과연 누구를 지칭하고 있는지 생
  각해 보라.

㉡ '그 지혜자들'과 앞 구절(전9:15)에 기록된 '한 가난한 지혜자'(a poor
  wise man)의 관계를 생각해 보라.

㉢ 조용히 들리는 지혜자의 말과 권력을 소유한 통치자의 호령을 비교하여 생
  각해 보라.

㉣ 생명을 살리는 '참된 지혜'와 사람을 죽이는 데 사용되는 '무기'에 관하
  여 생각해 보라.

㉤ 지혜가 무기보다 낫다고 한 본질적인 의미를 생각해 보라.

㉥ 한 사람의 죄인이 많은 선한 것들을 무너뜨리는 악한 역할을 하게 된다는
  사실에 관하여 생각해 보라.

㉦ 참 지혜자인 예수 그리스도에게 속하지 않는 진정한 지혜자는 존재하지 않
  는다는 점을 생각해 보라.

◎ 하나님의 자녀인 우리도 참 지혜자인 예수 그리스도께 속한 진정한 지혜자
들이 되어야만 한다는 당연한 사실을 생각해 보라.

㉾ 이와 더불어 교회에 속한 성도들은 항상 하나님의 말씀을 주의 깊게 귀담아
들어야 한다는 사실을 생각해 보라.

# 제10장

# 어리석은 인생
(전10:1-20)

## 1. 우매자의 어리석은 행동 (전10:1-3)

1 죽은 파리들이 향 기름을 악취가 나게 만드는 것 같이 적은 우매가 지혜와 존귀를 난처하게 만드느니라 2 지혜자의 마음은 오른쪽에 있고 우매자의 마음은 왼쪽에 있느니라 3 우매한 자는 길을 갈 때에도 지혜가 부족하여 각 사람에게 자기가 우매함을 말하느니라

이 세상에는 항상 예기치 못한 사건들이 끊임없이 발생하고 있다. 그것은 대개 부정적인 역할을 하게 된다. 어떤 사람이 한평생 모든 힘을 기울여 이룩한 업적이라 할지라도 한순간에 물거품이 될 수도 있다. 하지만 어리석은 인간들은 자기에게 그와 같은 일이 발생할 것이라고는 전혀 생각지 않는다.

그런데 이와 같은 문제는 불신자들의 세계뿐 아니라 언약의 자손들 가운데도 그대로 일어나게 된다. 언약의 백성들 가운데 어리석은 자들

은 그런 심각한 위기에 직면하고도 그에 대한 진정한 깨달음이 없다. 그러니 하나님의 뜻에 따른 올바른 대응을 하지 않은 채 도리어 위기 속으로 빠져들어가게 되는 것이다.

전도자는 본문 가운데서 의미심장한 예를 들고 있다. 죽은 파리들이 향기로운 기름을 한순간에 악취를 풍기게 만들어버린다고 했다. 이 말은 더러운 파리가 향 기름이 가득한 병 안에서 죽게 되면 그 병 안에 들어있던 향 기름은 아무런 쓸모가 없게 된다는 의미를 지니고 있다. 즉 향은 사라지고 향수가 든 병 전체를 완전히 버리게 된다는 것이다.

아무런 가치가 없을 뿐 아니라 오히려 인간들에게 해악을 끼치는 더러운 파리가 인간들에게 소중한 물건인 값진 향수 전체를 못쓰게 만들어버린다는 것은 심각한 문제가 아닐 수 없다. 우리가 여기서 알 수 있는 점은 아무것도 아닌 더러운 파리가 매우 값진 향수를 일순간에 무용지물로 만들게 되는 나쁜 영향력을 가지고 있다는 사실이다. 따라서 지혜로운 사람은 하잘것없어 보이는 더러운 파리를 단순히 무시할 뿐 아니라 파리가 향수병 가까이 접근하지 못하도록 극히 주의를 기울여 경계하지 않으면 안 된다.

전도자가 이 말을 하는 것은 진리에 대항하는 어리석은 인간들의 하찮은 행동이 지혜로 얻은 존귀하고 영광스러운 것들을 짧은 시간에 물거품으로 만들어버릴 우려가 있다는 사실을 강조하기 위해서였다. 이는 언약의 자손들이 모든 힘을 기울여 애써 세운 소중한 것들을 악하고 어리석은 자들의 별것 아닌 행동으로 인해 순식간에 무너질 위기에 처할 수 있다는 점을 의미하고 있다. 따라서 성숙한 성도들은 어리석은 자들의 무책임한 언행을 결코 가볍게 좌시해서는 안 된다는 사실을 항상 염두에 두고 있어야 한다.

그러므로 우리가 특별히 기억해야 할 바는 하나님을 진정으로 경외하는 지혜로운 자의 마음과 악하고 어리석은 자의 마음은 정반대 편에 자리잡고 있다는 사실이다. 전도자는 이를 두고 지혜자는 오른편에 있고 우매자는 왼편에 있다고 했다. 그 둘은 하나님 앞에서 전혀 다른 말과 행동을 보이고 있다.

그럼에도 불구하고 지혜로운 마음과 미련한 마음은 항상 언약의 자손들의 좌우편에 자리잡고 있다. 특히 악하고 어리석은 자들은 이웃 사이에서 하나님의 뜻에 저항하는 언행을 끊임없이 되풀이 한다. 그러면서도 자신이 얼마나 어리석고 악한 행위를 저지르고 있는지 전혀 모르고 있다.

전도자는 또한 어리석은 자들의 사악한 말과 행동이 주변 사람들을 미혹하고 있다는 사실을 언급하고 있다. 참된 지혜가 없는 자들은 길을 걸어가면서도 다른 사람들에게 자기의 어리석음을 드러내는 말과 행동을 주저하지 않고 되풀이한다. 그 어리석은 자들은 그와 같은 악한 행위를 하는 것이 일상화되어 있기 때문에 그 실상을 제대로 깨닫지 못하고 있다. 따라서 지혜자들은 그런 자들을 경계함으로써 하나님께서 언약 가운데 특별히 허락하신 영광스러운 상태를 유지할 수 있어야만 하는 것이다.

## | 묵상과 질문 |

㉠ 죽은 파리가 향 기름이 담긴 향수병 전체에 악취가 나게 하여 못쓰게 만들 어버린다는 사실을 생각해 보라.

㉡ 어리석은 자의 하찮은 행동이 하나님께서 허락하신 지혜자가 세운 모든 것 을 일순간에 허물 수 있다는 사실을 생각해 보라.

㉢ 하나님을 진정으로 경외하는 지혜자의 마음과 사악하고 어리석은 자의 마 음은 정반대 편에 놓여있다는 점을 생각해 보라.

㉣ 지혜로운 자의 마음과 미련한 자의 마음은 항상 언약의 백성 좌우편에 자리 잡고 있다고 한 말의 의미를 생각해 보라.

㉤ 하나님을 경외하지 않는 어리석은 자들은 악행을 일상화한 채 길을 걸어가 면서도 자기의 잘못된 주장을 끊임없이 내뱉으며 주변의 어린 사람들을 미 혹하고자 한다는 사실을 생각해 보라.

㉥ 그 어리석은 자들은 자기가 얼마나 악하고 어리석은지에 대한 아무런 깨달 음조차 없다는 사실을 생각해 보라.

㉦ 성숙한 성도들은 항상 그런 어리석은 자들의 언행을 경계하는 가운데 어린 성도들을 보호해야만 한다는 사실을 생각해 보라.

## 2. 주권자의 역할과 백성들의 신분 붕괴 (전10:4-7)

> 4 주권자가 네게 분을 일으키거든 너는 네 자리를 떠나지 말라 공손함이 큰 허물을 용서 받게 하느니라 5 내가 해 아래에서 한 가지 재난을 보았노니 곧 주권자에게서 나오는 허물이라[39] 6 우매한 자가 크게 높은 지위들을 얻고 부자들이 낮은 지위에 앉는도다 7 또 내가 보았노니 종들은 말을 타고 고관들은 종들처럼 땅에 걸어 다니는도다

전도자는 여기서 매우 의미심장한 언급을 하고 있다. 최고 통치권을 가진 주권자가 비록 자기에게 심하게 분노할지라도 그 자리를 떠나지 말고 그대로 있으라는 것이다. 여기에는 그와 같은 상황이 벌어질 경우 당사자의 주관적인 판단으로 인해 그 자리를 박차고 나가지 말라는 의미가 담겨 있다.

만일 그런 일이 발생한다면 오히려 침착하게 자신을 비롯한 주변의 모든 것을 돌아볼 수 있어야 한다고 했다. 만일 통치자가 분노하는 것을 보게 된다면 먼저 자신의 잘못을 살펴보는 자세가 필요하다. 즉 자기 혹은 그 주변에 무언가 잘못된 일이 존재하기 때문에 주권자가 분노하게 된다는 것이다. 누구든지 그와 같은 공손한 자세를 가질 때 더 큰 허물도 그로부터 용서받을 수 있다고 했다.

그런데 전도자는 이와 더불어 자기가 이 세상에서 한 가지 '폐단'을 보았다는 사실을 언급했다. 그것은 상식적으로 이해할 수 없는 일이며 주권을 가진 통치자로부터 나오는 '일종의 허물'(the sort of error)이라

---

[39] "내가 해 아래서 한가지 폐단 곧 주권자에게서 나는 허물인듯한 것을 보았노니"(전10:5, 한글개역).

는 식으로 말했다. 여기서 언급된 '허물'이란 우리가 일반적으로 생각하는 허물이라기보다 보통 사람들의 상식적인 사고로는 도저히 납득하기 어려운 것이란 의미를 지니고 있다.

그러므로 이 말은 어리석고 힘이 없는 자들이 오히려 크고 높은 지위를 얻게 되는가 하면 유력한 자로 인정받던 자들이 오히려 낮은 자리에 앉게 된다는 사실에 연관되어 있다. 그로 말미암아 주인을 섬기던 비천한 종들이 권위의 상징을 나타내는 말을 타고 다니는가 하면 높은 자리에서 권세를 누리던 고위 관료들이 마치 종들처럼 땅 위를 걸어 다니게 된다는 것이다. 이와 같은 상황은 세상의 갑작스러운 격변과 더불어 사람들의 신분적 귀천이 완전히 뒤바뀌게 된다는 사실을 의미하고 있다.

이는 상식적으로 볼 때 도저히 발생할 수 없는 상황이자 상상조차 하기 어려운 일이라 할 수 있다. 그런데 전도자는 그와 같은 상황이 벌어지는 것을 보게 되었노라고 했다. 그래서 그는 최고 통치권을 가진 주권자로 말미암아 일어나게 된 그 놀라운 일을 두고 일반적으로 이해하기 어려운 '폐단'이라 했으며 주권자로부터 나오는 일종의 '허물'이라고 칭했던 것이다.

우리는 이 말씀을 장차 있게 될 그림자와 같은 성격으로서 메시아 예언으로 이해하는 것이 자연스럽다. 주권자인 하나님께서 메시아를 통해 일반적인 상식을 뒤엎는 놀랍고 큰일을 행하시게 되리라는 것이다. 때가 이르면 지위가 낮고 천박한 자들이 하나님의 부르심을 받아 궁극적으로는 승리자의 자리에 앉게 되고 세상에서 막강한 권세와 더불어 풍요로운 삶을 누리던 자들은 모든 것을 상실하게 된다.

또한 교회사 가운데는 그와 같은 실상이 구체적으로 발생한 경우가 종종 있다.40) 그런 놀라운 일은 이 땅에 메시아가 오시게 됨으로써 이루어지게 되었다. 그것은 결코 상식적이라 할 수 없다. 따라서 그런 상황이 도래하게 되자 많은 사람들이 크게 놀라게 되었다. 하지만 하나님의 자녀들은 이 세상에서 심한 고난을 당하며 어렵게 살아왔으나 주님의 은혜를 입어 그와 함께 왕 노릇하며 영원한 삶을 누리게 된 것이다.

| 묵상과 질문 |

㉠ 주권을 가진 통치자가 자기를 향해 크게 분노할 때 그 자리에서 떠나지 말라고 한 말의 의미를 생각해 보라.

㉡ 통치권자가 분노하는 것은 그렇게 할 만한 충분한 이유가 있다는 사실을 생각해 보라.

㉢ 그와 같은 현실을 받아들이는 공손한 자세를 가질 때 큰 허물조차 용서받게 된다고 한 말의 의미를 생각해 보라.

---

40) 한 예로, 사도교회 시대의 오네시모는 빌레몬의 노예였으나 사도 바울을 통해 복음을 깨닫게 된다(빌레몬서, 참조). Hieronymus에 의하면 그는 나중 에베소 지역 교회의 주교(主敎)가 되었다고 한다. 그리고 한국교회사 가운데도 그와 같은 경우가 있다. 1908년에 세워진 전북 금산교회 설립 초기 당시 마을의 지주였던 조덕삼의 마부였던 이자익이 교회의 장로가 되었다. 신분사회를 감안한다면 쉽지 않은 일이었지만 나중 그는 목사가 되어 금산교회에서 목회를 했다.

ⓔ 전도자가 주권자에게서 나오는 '재난' 혹은 '폐단'과 '일종의 허물'(the sort of error)을 보았다고 한 말의 진정한 의미를 생각해 보라.

ⓜ 어리석고 천박한 자들이 크고 높은 지위를 얻게 되고 유력하게 인정받던 자들이 도리어 낮은 자리에 앉게 된다는 말의 의미를 생각해 보라.

ⓗ 비천한 종들이 권위를 상징하는 말을 타고 다니며, 권세를 가지고 행세하던 고위 관료들이 종들처럼 땅 위를 걸어 다닌다고 한 말의 의미를 생각해 보라.

ⓢ 본문에 나타나는 말씀을 메시아 예언에 연관된 의미라는 사실을 생각해 보라.

ⓞ 영원한 왕이신 메시아가 이땅에 오시게 되면 분노와 자비의 심판을 하시게 된다는 사실을 생각해 보라.

ⓩ 메시아 사역을 통해 이땅에서 심한 고난을 당하던 하나님의 자녀들은 고귀한 자리에 앉게 되는 반면, 이 세상에서 막강한 권세와 더불어 풍요로운 삶을 살던 자들은 모든 것을 상실한 채 부끄러움을 당하게 된다는 사실을 생각해 보라.

ⓧ 이 말씀을 지상교회 가운데 존재하는 직분과 직분적 사역에 연관하여 생각해 보라.

## 3. 어리석은 자들의 허망한 행동 (전10:8-11)

> 8 함정을 파는 자는 거기에 빠질 것이요 담을 허는 자는 뱀에게 물리리라 9 돌들을 떠내는 자는 그로 말미암아 상할 것이요 나무들을 쪼개는 자는 그로 말미암아 위험을 당하리라 10 철 연장이 무디어졌는데도 날을 갈지 아니하면 힘이 더 드느니라 오직 지혜는 성공하기에 유익하니라 11 주술을 베풀기 전에 뱀에게 물렸으면 술객은 소용이 없느니라

세상에서 가장 어리석고 악한 자는 이웃을 음해할 목적으로 함정을 파는 일을 되풀이한다. 자기의 추한 욕망을 이루기 위해 그와 같은 사악한 행위를 하게 되는 것이다. 하지만 그런 자들은 자기가 판 함정에 빠져 더욱 심한 곤욕을 치를 수밖에 없게 된다.

또한 그와 같은 어리석은 자들 가운데는 담 곧 울타리를 허무는 악행을 저지르기도 한다. 담은 집의 안과 바깥을 구분짓는 경계의 역할을 한다. 그래서 아무나 그 담을 넘어 들어올 수 없다. 모든 사람들은 반드시 문을 통해 드나들어야 한다. 문으로 들어가지 않고 담을 넘는 경우는 나쁜 도둑이 그렇게 할 따름이다.

그런데 다른 사람의 담을 허무는 행위는 그 집주인의 권리를 무책임하게 침해하도록 만드는 것과 같다. 따라서 남의 경계를 파괴하는 행위는 가장 악한 일이 아닐 수 없다. 담이 허물어지고 없으면 아무나 제멋대로 그 집 안으로 들어갈 수 있게 되기 때문이다. 이는 건물을 보호하는 담뿐 아니라 사람들의 모임인 조직을 보호하는 울타리를 포함

하고 있다.41)

그리고 만일 어떤 형태이든 남의 담을 허무는 그런 사악한 자들은 뱀에게 물리게 될 것이라고 했다. 그것은 저절로 발생하는 일이 아니라 하나님의 징계와 심판에 직접 연관되어 있다. 이는 자기의 욕망을 위해 남을 해코지하는 그와 같은 악행은 결국 자기를 해치는 것과 마찬가지라는 사실을 말해준다.

또한 채석장에서 돌을 떠내는 자들은 돌로 인해 다칠 수가 있으며 나무를 패는 자들은 그 나무로 인해 위험을 당할 수가 있다는 사실을 언급했다. 이는 자기가 일하는 곳에서는 항상 위험부담이 따르기 때문에 언제든지 조심해야 한다는 사실을 말해주고 있다. 즉 신실한 삶을 이어가는 자들의 주변에는 항상 음해를 가하며 함정을 파는 자들과 담을 헐고자 하는 악한 자들이 존재한다는 것이다. 따라서 이 세상에 살아가는 성도들은 항상 주변의 상황을 살피는 가운데 깊은 주의를 기울이는 지혜를 가져야 한다.

그러므로 전도자는 그 모든 것을 하나님의 말씀을 통해 주변을 예리한 자세로 살펴볼 수 있는 능력을 키우라는 요구를 하고 있다. 그것을

---

41) 우리 시대의 대다수 한국교회는 울타리를 완전히 상실한 상태가 되어버렸다고 해도 과언이 아니다. 이는 예배당 건물의 담장을 의미하는 것이 아니라 교회공동체의 울타리를 말하고 있다. 한 개체교회에 속한 성도로서 회원권을 가지기 위해서는 엄격한 고백과 절차가 요구된다. 신구약 성경 66권을 하나님으로부터 계시된 진리의 말씀으로 믿고 삼위일체 하나님과 예수 그리스도의 동정녀 탄생 및 그의 십자가 사역을 통한 죽음과 부활, 그리고 승천과 재림 약속을 심중에 받아들여야 한다. 그런 상태에서 교회의 지도와 교육을 받고자 하는 고백이 있어야만 언약의 공동체에 가입할 수 있게 된다. 하지만 현대 한국교회에서 그런 엄격한 기준이 사라진 것은 곧 교회의 울타리가 허물어진 것을 말해주고 있다.

위해 비유를 들어 교훈하면서, 도끼와 같은 철 연장이 무디어졌는데도 날을 갈지 않으면 힘이 더 든다는 점을 언급했다. 즉 계속해서 나무를 자르기 위해서는 끊임없이 날을 갈아야 한다는 사실을 말해주고 있다.

만일 날이 무디어졌음에도 불구하고 그것을 갈지 않은 채 힘들게 일한다는 것은 미련한 행위에 지나지 않는다. 그렇게 하는 것은 어리석을 뿐 아니라 그로 말미암아 자신의 신체를 다칠 수 있다. 따라서 도끼와 같은 철 연장을 항상 잘 다듬어 사용하듯이 주의를 기울여 모든 상황을 관리하는 것이 참된 지혜라고 했다. 즉 그렇게 하는 것이 실패하지 않고 성공으로 나아가는 길을 위해 진정한 유익이 된다는 것이다. 여기서 성공한다는 것은 자기가 처한 위험을 방지할 수 있다는 사실을 말해주고 있다.

그리고 전도자는 뱀을 부리는 마술사가 자기 입에서 나오는 주술을 통해 뱀을 부린다는 점을 언급했다. 그런데 그가 만일 뱀에게 주술을 베풀기 전에 그 뱀에 의하여 물리게 된다면 그가 행하고자 하는 모든 계획은 허사로 돌아갈 수밖에 없다. 그렇게 되면 자기가 행하고자 하는 일을 진행하는 것이 불가능하게 된다. 이처럼 하나님의 자녀들이 어떤 심각한 문제를 앞에 두고 그것을 해결하고자 할 때 그 전에 그에 흔들려 버린다면 아무런 소용이 없다는 사실을 말해주고 있다.

| 묵상과 질문 |

㉠ 이웃을 모함하기 위해 함정을 파는 사악한 자와 그가 장차 처하게 될 형편에 대하여 생각해 보라.

㉡ 다른 사람의 집의 담이나 어떤 조직의 울타리를 허무는 악한 자들은 뱀에게 물리게 될 것이라고 한 말을 하나님의 심판과 더불어 생각해 보라.

㉢ 채석장에서 돌을 떠내는 자들과 나무를 패는 자들에게는 항상 어떤 위험이 도사리고 있다고 한 말이 주는 교훈을 생각해 보라.

㉣ 도끼 곧 철 연장이 무디어졌는데도 날을 갈지 않고 그대로 사용함으로써 힘들게 일하는 자들의 미련함에 대하여 생각해 보라.

㉤ 참된 지혜자는 항상 자기가 사용하는 연장을 신실하게 잘 관리해야 한다는 사실을 생각해 보라.

㉥ 자기의 연장을 성실하게 관리하는 자들이 자기 앞에 놓인 위험을 방지하는 데 성공한다고 한 말의 의미를 생각해 보라.

㉦ 뱀을 부리는 마술사가 입으로 주술을 베풀기 전에 그 뱀에게 물려버린다면 모든 것이 허사로 돌아간다고 한 말을 생각해 보라.

㉧ 하나님의 자녀들이 어떤 심각한 문제를 앞에 두고 그것을 해결하기 전에 그에 흔들리면 모든 것이 소용없게 된다는 사실을 생각해 보라.

## 4. 지혜자의 말과 우매자의 어리석은 처신 (전10:12-15)

> 12 지혜자의 입의 말들은 은혜로우나 우매자의 입술들은 자기를 삼키나니 13 그의 입의 말들의 시작은 우매요 그의 입의 결말들은 심히 미친 것이니라 14 우매한 자는 말을 많이 하거니와 사람은 장래 일을 알지 못하나니 나중에 일어날 일을 누가 그에게 알리리요 15 우매한 자들의 수고는 자신을 피곤하게 할 뿐이라 그들은 성읍에 들어갈 줄도 알지 못함이니라

인간이 사용하는 언어는 사람들의 관계를 위해 매우 중요한 역할을 한다. 그것은 사람의 마음뿐 아니라 그 사람 자체를 외부로 드러내는 수단이 되기 때문이다. 그래서 어떤 사람들의 언어를 들으면 그의 인격과 성품을 그대로 알 수 있다. 따라서 하나님을 경외하는 성도들은 언어 사용에 매우 신중해야만 한다.

인간의 언어는 단순한 의사표시를 위한 방편일 뿐 아니라 그 이상의 소중한 의미를 지니고 있다. 언어는 사람의 속마음과 인격을 드러내 보이는 중요한 수단이 되기 때문이다. 따라서 지혜로운 사람의 입술에서 나오는 모든 말들은 은혜로워서 듣는 사람의 마음을 편안하게 해 준다.

그에 반해 어리석은 자의 입술에서 나오는 말들은 전혀 그렇지 않다. 그런데 문제는 어리석은 자들은 자기의 언어가 얼마나 심각하게 악한 역할을 하는지 모르고 있다는 사실이다. 그런 자들은 도리어 다른 사람들에게 근거 없는 말을 끊임없이 퍼뜨리면서도 자기가 마치 지혜로운 자인 양 크게 착각하기도 한다.

성숙한 사람의 언어는 자신의 겸손함을 드러내는 수단이 되는 데 반

해, 어리석은 자들은 언어를 통해 잘못된 자기주장을 내세우는 데 치중할 따름이다. 그처럼 어리석은 자들의 입술은 자기의 인격을 삼켜버리게 된다. 즉 자기가 원하는 것과 정반대로 도리어 자기의 말이 스스로 자기를 치게 만드는 역할을 하게 되는 것이다.

그와 같은 자들의 입술에서 나오는 말은 처음부터 지혜롭지 못하다. 즉 상대를 염두에 두지 않은 채 자기가 옳다는 주장을 앞세우고자 하는 말은 미련한 행동을 시작하는 것과 마찬가지다. 그렇게 시작된 말로부터 전개되는 모든 언술의 결말은 결국 크게 미친 행위에 지나지 않는다는 것이다.

전도자는 그럼에도 불구하고 어리석은 자들은 말을 많이 한다는 사실을 언급했다. 여기서 말을 많이 한다는 표현의 속뜻은 일반적인 관점에서 볼 때 대화(對話)를 좋아하는 개인의 성품에 연관된 것이 아니다. 즉 본문에서 언급하고 있는 바는 주변의 이웃들을 만나 교제하며 대화하기를 좋아하는 성품과는 상관이 없다.

여기서 어리석은 자들이 말이 많다는 것은 여기저기 다니며 정제되지 않은 자기의 주관적인 생각을 주변에 관철시키기 위해 쓸데없는 구설을 퍼뜨리는 것을 의미한다. 그런 자들은 이 사람 저 사람 만나 이웃을 음해하거나 자기의 잘못된 주장을 펼치는 행위를 되풀이한다. 그와 같은 태도는 결국 좋은 이웃을 잃어버리는 역할을 하게 될 따름이다.

이 세상에 살아가는 인간들은 앞으로 발생하게 될 장래 일에 관하여 정확하게 알지 못한다. 그러다보니 어리석은 자들은 자기의 기분에 따라 제멋대로 만들어낸 잘못된 내용들을 사람들에게 전하며 다닌다. 그런 자들은 자기가 언약공동체 가운데서 얼마나 위험한 악행을

저지르고 있는지도 모를 뿐더러 그것이 가지는 위태로움에 대해서도
무지하다.

누군가 그의 모든 악행이 나중에 다 드러나게 된다는 사실을 전해주
어야 하지만 그 또한 쉽지 않다. 그렇게 하는 자가 있으면 그에 수긍하
여 돌이키는 것이 아니라 도리어 더욱 많은 말을 하며 거짓을 고집할
것이기 때문이다. 하나님을 진정으로 경외하지 않는 자들의 왜곡된 이
성과 경험을 기반으로 한 헛된 말과 거짓 주장은 결국 신앙이 어리거나
순박한 이웃을 해치는 무서운 역할을 하게 된다.

그러므로 어리석은 자들은 다른 사람들에게 진실과 무관한 거짓을
전하기 위해 많은 말을 하며 바쁘게 설쳐대지만 결국은 스스로 자기를
피곤하게 만들 따름이다. 결국 그런 자들은 길을 잃고 성읍 안에 있는
자기 집을 찾아가지도 못하게 된다고 했다. 이는 입술을 통해 내뱉은
정제되지 않은 자기 말로 인해 모든 것이 뒤죽박죽되어 버린다는 사실
을 말해주고 있다.

하나님을 진정으로 경외하는 성도들은 자기 입술을 통해 나오는 말
을 극히 아껴야 한다. 정직한 말을 하도록 애써야 하며 이웃을 위하여
필요한 말들을 골라서 해야 한다. 그리고 악한 자들로부터 듣게 되는
거짓 언술이 그릇된 주장을 선전하거나 옹호하기 위한 성격을 지녀서
는 안 된다. 이처럼 지상교회에 속한 모든 성도들은 점차 원숙해져 감
으로써 자신의 입술을 잘 지켜낼 수 있어야만 한다.

| 묵상과 질문 |

㉠ 지혜로운 자의 입에서 나오는 말들은 은혜롭다고 한 사실에 대하여 생각해
보라.

㉡ 어리석은 자의 입술을 통해 나오는 그릇된 말들은 이웃을 해칠 뿐 아니라
결국 자기 자신을 삼키게 된다는 사실을 생각해 보라.

㉢ 미련한 자들은 자기의 거짓 주장을 펼치려 하기 때문에 처음부터 어리석은
말로 시작하며 그 결국은 미친 것에 지나지 않는다고 한 사실에 대하여 생
각해 보라.

㉣ '어리석은 자는 말을 많이 한다'고 한 표현의 진정한 의미를 생각해 보라.

㉤ 어리석은 자들은 헛된 거짓 주장을 펼치고 있으면서 그 말이 장차 자기에게
모든 책임이 돌아오게 되리라는 사실을 깨닫지 못하고 있다는 점을 생각해
보라.

㉥ 어리석은 자들이 진실이 아닌 거짓을 부지런히 말하고 다니는 행위가 결국
그 자신을 피곤하게 만들 따름이라는 말의 의미를 생각해 보라.

㉦ 결국 그런 자는 스스로 혼선을 일으켜 길을 잃게 되며 그로 말미암아 성 안
에 있는 자기 집을 찾아가지도 못한다고 한 말의 의미를 생각해 보라.

㉧ 지상교회에 속한 성도들이 어떻게 자기의 입술을 잘 지켜내야 할지 생각해
보라.

㉝ 성숙한 신앙인들은 교회와 이웃을 위해 항상 겸손한 언어생활을 하도록 훈련해야 한다는 사실을 생각해 보라.

## 5. 왕과 관료들의 온당한 관계 (전10:16-20)

> 16 왕은 어리고 대신들은 아침부터 잔치하는 나라여 네게 화가 있도다 17 왕은 귀족들의 아들이요 대신들은 취하지 아니하고 기력을 보하려고 정한 때에 먹는 나라여 네게 복이 있도다 18 게으른즉 서까래가 내려앉고 손을 놓은즉 집이 새느니라 19 잔치는 희락을 위하여 베푸는 것이요 포도주는 생명을 기쁘게 하는 것이나 돈은 범사에 이용되느니라 20 심중에라도 왕을 저주하지 말며 침실에서라도 부자를 저주하지 말라 공중의 새가 그 소리를 전하고 날짐승이 그 일을 전파할 것임이니라

전도자는, 왕이 어리고 철없는 상태에서 고위 관료들이 아침부터 회식(會食)을 벌이고 있는 나라에는 화가 미칠 것이라고 했다. 백성들을 돌아보며 성실하게 일해야 할 이른 시간부터 모여 개인적인 만족을 채우기 위해 술잔을 기울이고 있다면 정상적인 나라라고 말할 수 없다. 한 나라의 장래가 어떤지 예측하려면 국정을 돌아보는 고위 관료들의 생활 태도를 보면 알 수 있다.

그에 반해 고귀한 성품을 가진 자로서 뜻이 분명히 서 있는 사람이 왕위에 앉아 있으며 고위 관료들이 성실하다면 그 나라는 안정된 것으로 볼 수 있다. 그들은 때와 장소를 가려서 먹고 마실 뿐 아니라 흥청망청 취하지 않아 건강을 해치지 않고 몸가짐을 바르게 하여 흐트러지지

않는 자세를 유지한다. 그런 나라는 백성들의 삶이 안정되고 주변의 여러 나라들 가운데서 흥왕하게 된다.

따라서 한 나라가 건실하게 유지되려면 왕과 관료들과 모든 백성들이 성실한 자세를 유지해야 하는 것이 필수적이다. 사람이 자기가 살고 있는 집을 부지런히 돌아보지 않으면 서까래가 썩어 내려앉게 된다. 또한 집에 살아가면서 손도 놀리지 않은 채 게으름에 빠져 가만히 앉아 있기만 한다면 집안 여기저기서 물이 샐 수밖에 없다. 따라서 신실한 사람들은 나라와 가정을 위해 최선의 노력을 기울여 살지 않으면 안 된다.

또한 사람들이 즐거운 잔치를 배설하는 까닭은 기쁨을 누리기 위한 것이며 포도주는 인간들에게 삶의 즐거움을 제공한다. 그에 반해 돈은 모든 일을 위해 선하게 사용될 수 있다. 즉 잔치와 그 가운데 준비된 포도주는 사람들에게 그 자리에서 특별한 즐거움을 선사하는 반면 돈은 일상생활의 모든 것을 공급하게 된다. 이는 잔치를 베푸는 것과 포도주를 마시는 것이 일시적인 일이라고 한다면 돈은 전체적으로 모든 것을 위해 필요한 도구가 된다는 사실을 말해주고 있다.

그리고 전도자는 심중에라도 왕을 저주하지 말라고 했다. 자기가 속한 나라의 왕을 저주하는 행위는 나라가 잘못되기를 바라는 것과 마찬가지다. 만일 그 왕이 잘못되면 전체 나라와 그 나라에 속한 당사자뿐 아니라 그의 모든 가족과 친구들까지 전부가 큰 고통을 당하게 되기 때문이다. 따라서 마음속으로라도 왕을 저주해서는 안 되며 그가 올바른 정치를 하도록 기도해야 하는 것이다.

나아가 이 교훈은 우리 시대의 지상 교회 가운데 올바르게 적용되어야 한다. 하나님의 말씀을 증거하는 교사를 비롯한 교회의 지도자를 아무런 근거 없이 함부로 비난하거나 헐뜯는 일이 용납되어서는 안 된다. 그것은 하나님의 몸된 교회를 어지럽히고 허무는 사악한 행동이 될 수 있기 때문이다.

전도자는 또한 아무도 모르는 침실에서라도 부자(富者)를 저주하지 말라고 했다. 모든 가난한 자들은 다양한 방식으로 부자들의 도움을 받고 있다. 부자들이 이룬 재물로써 국가와 사회의 많은 부분들을 다듬어 만들고 가난한 자들은 그로부터 혜택을 받게 된다. 대다수 국가들에서는 부자들이 더 많은 세금을 내며 그것을 가난한 자들의 생존에 도움이 되도록 한다. 따라서 가난한 자들은 부자를 저주하는 말이나 행동을 해서는 안 된다.

만일 누군가 아무도 모르게 왕을 저주하고 부자를 저주한다면 그와 같은 잘못된 풍조가 주변으로 퍼져 나갈 우려가 있다. 공중의 새가 그 소리를 전하고 날짐승이 그 나쁜 것들을 옮기듯이 그 일이 다른 사람들에게 전파된다는 것이다. 만일 그와 같은 일이 발생하게 되면 전체 나라와 사회와 가정이 큰 고통 속으로 빠질 수밖에 없다. 나아가 지상교회 역시 그와 동일한 상황 가운데 처할 수 있다는 점을 기억해야 한다.

| 묵상과 질문 |

㉠ 왕은 어리고 철이 없고 고위 관료들은 개인적인 만족을 위해 아침부터 회식(會食)을 벌이는 나라에는 화가 미친다고 한 말의 의미를 생각해 보라.

ⓛ 고귀한 성품을 지닌 왕이 성실하며 관료들이 백성을 염두에 두고 몸가짐을 바르게 하여 술 취하지 않는 나라가 흥왕하게 된다는 말의 의미를 생각해 보라.

ⓒ 게으른 사람의 집은 서까래가 내려앉고 일하기 싫어하는 자의 집에는 물이 샐 수밖에 없다고 한 말을 가정과 더불어 국가와 연관지어 생각해 보라.

ⓔ 이 말을 또한 지상에 존재하는 교회와 그에 속한 성도들에 연관지어 생각해 보라.

ⓜ 하나님의 말씀을 증거하는 교회의 교사에 대한 사실관계를 떠난 비난의 말이 하나님께 대항하는 행위가 될 수 있다는 사실을 생각해 보라.

ⓗ 잔치와 포도주는 일시적인 기쁨을 주는 데 반해 돈은 모든 일에 유용하게 쓰이게 된다는 말의 의미를 생각해 보라.

ⓐ 마음속으로라도 왕을 저주하지 말고 침실에서라도 부자(富者)를 저주하지 말라고 한 이유를 생각해 보라.

ⓞ 그런 위태로운 풍조가, 공중의 새와 날짐승이 여기저기 전달하듯이 나라 전체로 퍼져나가게 됨으로써 발생하게 될지 모르는 우려스러운 일에 관하여 생각해 보라.

ⓩ 그와 같은 상태가 발생하게 될 경우 그것을 그대로 방치하면 안 되는 이유에 대하여 생각해 보라.

ⓒ 하나님의 몸된 교회에 속한 우리는 이에 대하여 어떤 신앙 자세를 가지고 실천해야 할지 생각해 보라.

# 제11장

# 올바른 삶을 추구해야 할 인생

(전11:1-10)

## 1. 이웃을 돌아보는 자의 복 (전11:1-3)

> 1 너는 네 떡을 물 위에 던져라 여러 날 후에 도로 찾으리라 2 일곱에게
> 나 여덟에게 나눠 줄지어다 무슨 재앙이 땅에 임할는지 네가 알지 못함
> 이니라 3 구름에 비가 가득하면 땅에 쏟아지며 나무가 남으로나 북으로
> 나 쓰러지면 그 쓰러진 곳에 그냥 있으리라

전도자는 '너는 네 떡을 물 위에 던지라'(Cast your bread upon the
waters)고 요구했다. 그러면 여러 날이 지난 후에 도로 찾게 되리라는
것이었다. 이 말은 실제로 사람이 먹을 수 있는 떡 곧 음식을 물 위에
던져 내버리라는 말이 아닌 것은 분명하다. 그렇게 하면 나중에 그 음
식을 다시 찾는 것이 불가능할 것이기 때문이다.

본문에서 '음식을 물 위에 던지라'는 말은 상징적인 의미를 지니고
있다. 그것은 개인이 소유한 재물을 혼자만 가지고 있지 말고 어려운

이웃들에게 후히 나누어 주라는 뜻이다. 그렇게 함으로써 언젠가는 그 것이 자기에게 되돌아올 것이라고 했다.42)

전도자는 그 물질을 한두 명이 아니라 일곱 명이나 여덟 명 등 되도 록 많은 사람들에게 나누어주라고 했다. 이는 이 세상에서 언제 어떤 재앙이 발생할지 아무도 알지 못한다는 사실에 연관되어 있다. 즉 자기 가 소유한 재물을 욕심부리며 혼자 누리려 하다가 갑작스러운 재난을 당하게 되면 모든 것을 일순간에 잃어버릴 수 있기 때문이다.

어리석은 자들은 자기의 재물을 혼자 소유하고 있으면서 아무런 의 미없는 허망한 만족감을 느끼며 살아가기를 좋아한다. 그런 자들은 자 기의 부유한 형편과 가난한 자들의 어려운 처지를 비교하며 교만한 태 도를 보이게 된다. 그러다가 갑작스러운 재앙이 닥치면 한순간에 모든 것을 상실하게 될 수 있다.

하지만 지혜로운 자들은 자기의 모든 재물을 끌어안고 있으면서 혼 자 그것을 누리려 하지 않는다. 그들은 그것이 얼마나 허망한 일인지 잘 알고 있기 때문이다. 따라서 그들은 자기의 재물을 주변의 가난하고 어려운 사람들에게 적절히 나누어 주며 그들과 더불어 살아가고자 한 다. 그러던 중 만일 어떤 자연적인 재난이 발생하게 되면 자기가 보살 펴준 많은 사람들이 자기를 잊지 않고 도와주게 된다.

물론 그가 이웃에게 행한 자신의 호의에 상응하는 것을 되돌려 받기 를 기대하거나 의도하지 않을지라도 그와 같은 삶의 자세가 가장 안전 한 일종의 '보험'과 같은 역할을 하게 된다. 따라서 개인이 소유한 풍

---

42) "너는 물질을 후하게 나누어 주어라. 언젠가는 그것이 너에게 되돌아올 것이 다"(전11:1, 현대인의성경).

부한 재물을 혼자서 끌어안지 않고 주변의 여러 이웃들에게 후한 마음
으로 나누어 주는 것이 참 지혜가 된다고 했다. 그리하여 나중 예기치
못한 어려운 상황이 닥치게 될 때 그가 이웃을 위해 나누어준 물질이
결국 자기에게 되돌아오게 되리라는 사실을 말했던 것이다.

또한 전도자는 이를 말하면서 자연적인 원리와 더불어 그에 관한 내
용을 보완하고 있다. 하늘의 구름에 물이 가득 차면 비가 되어 땅 위에
쏟아져 내리게 된다. 그리고 땅에 심긴 커다란 나무가 남쪽으로나 북쪽
으로 쓰러지면 그 쓰러진 채로 그곳에 남아있게 된다. 이 말은 물을 머
금은 구름이 비가 되어 땅에 내림으로써 인간들의 삶을 위해 소중한 역
할을 하게 된다는 사실을 말해주고 있다. 하지만 살아있던 큰 나무가
쓰러져 그 자리에 그냥 있게 되면 아무런 쓸모없는 것에 지나지 않는다
는 것이다.

자연에 연관된 이와 같은 원리는 인간들이 살아가는 사회 가운데도
적용된다. 개인이 소유한 많은 재물이 그것을 필요로 하는 주변의 가난
한 이웃들에게 흘러가게 되면 소중한 역할을 하게 된다. 그에 반해 그
물질이 다른 사람들과 나누어지지 않은 채 한 사람에게 머물러 있으면
아무런 역할을 하지 못한 채 죽은 상태로 남아있게 될 따름이다.

| 묵상과 질문 |

㉠ '너는 네 떡을 물 위에 던지라'고 요구한 전도자의 말을 '너는 물질을 주변
의 가난한 이웃들에게 후히 나누어 주라'는 의미와 더불어 생각해 보라.

ⓛ 주변의 어려운 이웃들에게 후히 나누어 주게 되면 나중에 그것이 자기에게 되돌아오게 된다는 사실을 생각해 보라.

ⓒ 자기의 재물을 다른 사람들에게 나누어 줄 때 한두 사람이 아니라 일곱 명이나 여덟 명 등 되도록 많은 사람들에게 그리하라고 한 말의 의미를 생각해 보라.

ⓔ 인간들은 장차 자기에게 어떤 심각한 재난이 임하게 될지 알지 못하기 때문에 자신이 소유한 풍부한 재물을 이웃과 나누는 것이 참된 지혜가 된다는 말을 생각해 보라.

ⓜ 하늘의 구름에 물이 가득 차면 땅 위에 비가 쏟아지게 되며, 나무가 어느 한쪽으로 쓰러지면 그 자리에 그냥 있으리라고 한 말이 지닌 상징적인 의미를 생각해 보라.

ⓗ 구름이 가득 머금고 있는 물이 비가 되어 땅에 내려 인간들을 위해 소중한 역할을 하듯이 인간이 소유한 풍부한 재물이 필요한 이웃을 향해 흘러가면 소중한 영향력을 발휘하게 된다는 사실을 생각해 보라.

ⓢ 땅에 심긴 커다란 나무가 쓰러지게 되면 그대로 있듯이 사람이 소유한 물질이 그에게만 머물러 있으면 아무런 역할을 하지 못한 채 죽은 상태로 남아 있게 될 따름이라고 하는 상징적인 의미에 대하여 생각해 보라.

## 2. 지나친 계산의 함정 (전11:4-6)

> 4 풍세를 살펴보는 자는 파종하지 못할 것이요 구름만 바라보는 자는 거
> 두지 못하리라 5 바람의 길이 어떠함과 아이 밴 자의 태에서 뼈가 어떻게
> 자라는지를 네가 알지 못함 같이 만사를 성취하시는 하나님의 일을 네가
> 알지 못하느니라 6 너는 아침에 씨를 뿌리고 저녁에도 손을 놓지 말라
> 이것이 잘 될지, 저것이 잘 될지, 혹 둘이 다 잘 될지 알지 못함이
> 니라

사람이 살아가는 이 세상에서는 무엇이든지 모든 것을 완벽하게 맞
추어 진행할 수 없다. 완벽을 추구하려는 것은 오히려 어리석은 태도에
지나지 않는다. 이는 물론 아무런 생각 없이 아무렇게나 해도 좋다는
의미가 아니다. 하나님의 자녀들은 항상 신실하게 모든 것을 판단하고
행동하되 결과는 하나님께 맡기는 자세가 중요하다.

전도자는 그것을 설명하고자 풍세(風勢) 곧 바람의 정도에 관한 언급
을 하고 있다. 바람의 세기를 지나치게 살피는 자들은 걱정만 하다가
결국 파종(播種)을 못하게 된다는 사실을 말했다. 농사를 짓는 사람은 때
가 되면 그에 맞추어 씨앗을 뿌려야 한다. 그런데 바람이 불어오는 것
에 대하여 지나친 염려를 하는 자들은 결국 그 기회를 놓쳐 씨앗을 뿌
리지 못하는 경우가 있다는 것이다.

또한 곡식이 무르익어 추수하여 거둘 때도 그와 마찬가지다. 비가 올
까 염려하여 하늘의 짙은 구름이 완전히 걷히기만을 기다리다 보면 때
를 놓칠 수 있다. 추수하는 농부들은 때에 따라 자기가 행해야 할 일을

하는 것이 중요하다.43) 이처럼 하나님의 자녀들은 주변의 눈치를 지나치게 살펴서는 안 되며 자기가 맡은 일을 신실하게 행하면서 하나님께 모든 결과를 맡겨야 할 경우가 있는 것이다.

그러므로 전도자는 인간들이 가지는 지식에는 한계가 있다는 사실을 언급했다. 바람이 어느 길을 통해 어떤 강도로 불게 될지 인간으로서는 알기 어렵다고 했다. 또한 아기를 임신한 산모의 태중에서 아기의 뼈가 어떻게 자라는지 모른다고 했다(시139:13-16). 인간들이 그 과정을 살펴 아는 척할지라도 그 본질적인 실상을 알 수는 없다.

피조물인 인간들은 조물주이신 하나님께서 우주 만물 가운데서 언약을 성취해 가시는 과정의 거룩한 사역을 다 이해하는 것은 불가능한 일이다. 인간들은 하나님으로부터 계시된 말씀을 통해 그에 어느 정도 접근해 갈 수 있을 따름이다. 그로 말미암아 하나님의 놀라운 섭리와 경륜을 깨달아가게 되는 것이다.

하나님의 자녀들에게는 하나님 앞에서 항상 겸손한 자세를 가지고 성실하게 살아가야 할 의무를 가지게 된다. 따라서 전도자는 이에 관한

---

43) 씨앗을 뿌리고 추수하여 그 열매를 거두기 위해서는 때와 시기가 있다. 곡물과 과일과 채소 등 모든 식물이 마찬가지다. 예를 들어, 딸기는 6월경에 따게 되고 포도는 8월경에 익는다. 그리고 사과는 가을이 되어야 익게 된다. 그런데 우리 시대는 때와 시기에 관한 모든 개념이 완전히 허물어져 버렸다. 비닐하우스로 인해 봄 여름 가을 겨울 없이 씨앗이 뿌려지고 열매를 거두어들이는 경우가 많다. 어린아이들은 필요에 따라 언제든지 먹고 싶은 과일을 상점에서 살 수 있으므로 그에 대한 생각이 아예 없는 경우가 비일비재하다. 이와 같은 환경은 인간들의 일상적인 삶을 위해서는 어느 정도 도움이 될지언정 하나님의 섭리와 자연법칙을 등한시하는 심각한 문제를 일으키고 있다. 이처럼 현대인들은 때와 그에 대한 의미를 상실한 시대를 살아갈 수밖에 없게 되었다. 이로 말미암아 하나님께서 창조하신 자연의 원리가 주는 소중한 의미를 상실하게 되어버린 것이다.

설명을 하면서 아침에 씨를 뿌리고 저녁에도 그 손을 놓지 말라고 했다. 이는 아침에도 씨를 뿌리고 저녁에도 씨를 뿌리라는 의미를 지니고 있다.

그러므로 아침에 뿌린 씨앗과 저녁에 뿌린 씨앗 가운데 어느 것이 더 잘 자라나게 될지는 아무도 알 수 없다고 했다. 식물이 다 자라기까지는 둘 가운데 어느 한쪽이 잘 자라게 될지 둘 다 잘 자라게 될지 아무도 알 수 없다는 것이다. 이처럼 하나님의 자녀들은 어떤 일을 감당하든지 하나님께 모든 것을 맡기고 자기에게 맡겨진 직무를 성실하게 감당해야 한다는 사실을 말해주고 있다.

| 묵상과 질문 |

㉠ 바람이 부는 풍세를 지나치게 생각하면 씨앗을 뿌리지 못할 것이란 말에 담긴 상징적인 의미를 생각해 보라.

㉡ 짙은 구름으로 인해 비가 내릴까 염려되어 하늘만 쳐다보다가 곡식을 추수하지 못할 것이란 말에 담긴 상징적인 의미를 생각해 보라.

㉢ 사람들이 씨앗을 뿌리고 열매를 추수하는 것은 적절한 때와 시기에 따라 그리해야 한다는 사실을 생각해 보라.

㉣ 인간들은 바람의 세기와 세세한 길을 알 수 없으며 아기 밴 산모의 태에서 아기의 뼈가 어떻게 자라는지 모르는 것처럼 하나님께서 행하신 모든 일을 알 수 없다고 한 말의 의미를 생각해 보라.

㉤ 아침에도 씨를 뿌리고 저녁에도 그 일을 중단하지 말고 씨앗을 뿌리라고 한 말이 주는 속뜻을 생각해 보라.

㉥ 인간들은 자기가 뿌린 씨앗들 가운데 어느 때에 뿌린 씨앗이 더 잘 자라나게 될지 모른다고 한 말의 의미를 생각해 보라.

㉦ 씨앗을 뿌리고 열매를 거두어들이는 계절 곧 때와 시기가 거의 사라져버린 시대에 살아가는 현대인들이 직면한 근본적인 문제에 대하여 생각해 보라.

㉧ 하나님의 자녀들은 자기에게 맡겨진 직무를 성실하게 감당해야 하며 그 모든 것에 대한 결과는 하나님께 맡겨야 한다는 사실을 생각해 보라.

㉨ 우리 역시 이 세상에 살아가는 동안 모든 직무를 성실히 감당해야 할 뿐 그 과정이나 결과에 대하여 지나치게 민감하거나 모든 것을 임의로 단정짓지 말아야 한다는 사실을 생각해 보라.

## 3. 빛 가운데 누리는 즐거움과 어두운 날들에 대한 예견(전11:7,8)

7 빛은 실로 아름다운 것이라 눈으로 해를 보는 것이 즐거운 일이로다
8 사람이 여러 해를 살면 항상 즐거워할지로다 그러나 캄캄한 날들이 많으리니 그 날들을 생각할지로다 다가올 일은 다 헛되도다44)

---

44) "항상 인생을 즐겁게 살아라. 사람이 아무리 오래 살아도 언젠가는 죽음의 날이 있을 것을 기억하라. 이 세상에는 기대할 만한 것이 아무것도 없다."(전 11:8, 현대인의성경).

전도자는 빛은 매우 아름답고 고마움을 끼친다는 사실을 언급했다. 따라서 인간들이 세상에 존재하면서 해를 보고 살아간다는 것은 '즐거운 일'이라고 했다.45) 그런데 우리에게 중요한 사실은 그 빛을 비추는 하늘의 태양을 만들고 그로부터 빛을 제공하시는 분이 여호와 하나님이라는 사실이다.

하지만 타락한 인간들은 태양과 빛이 하나님으로 말미암아 허락된 것이란 사실을 전혀 모르고 있다. 따라서 인간들의 모든 삶은 하나님께서 베푸신 놀라운 은총에 근거하고 있다는 사실을 깨닫는 것은 매우 중요하다. 하늘의 태양과 빛이 없으면 인간은 잠시 잠간도 살아갈 수 없는 존재이다.

인간들이 살아가는 지구 위에서 모든 동물이 호흡하며 움직이는 것과 다양한 식물들이 자라나기 위한 전반적인 조건은 하늘의 태양에 달려 있다. 그로부터 나오는 햇빛의 도움으로 인해 인간들뿐 아니라 모든 생명체들이 생존해 갈 수 있는 것이다. 만일 하늘에 태양이 존재하지 않는다면 동물이 활동할 수 없고 식물이 자라날 수 없으며 인간들이 먹을 수 있는 식량이 생산될 수 없다.

이는 비단 동식물뿐 아니라 지구상에 존재하는 모든 것들이 하늘의

---

45) 우리는 본문 가운데서, '해를 보는 것이 즐거운 일'이라고 한 전도자의 말을 주의 깊게 생각해 보아야 한다. 이는 단순한 감정에 국한된 말이 아니다. 인간들이 하늘에 뜬 해를 보면서 즐거워해야 하는 까닭은 그것이 모든 생명의 공급원이 된다는 사실에 연관되어 있다. 그런데 그 해를 직접 운행하시는 분이 여호와 하나님이라는 사실을 잊어서는 안 된다. 예수님께서는 주기도문을 가르치시면서 '우리에게 일용할 양식을 주시는 하나님'에 관한 언급을 하셨다. 여기에는 인간들이 먹는 양식을 하나님께서 날마다 공급하신다는 의미가 담겨 있다. 따라서 우리는 하늘의 해를 바라보면서 하나님께서 날마다 우리를 먹이고 계신다는 사실을 기억하며 즐거워하게 되는 것이다.

태양에 근거하고 있다는 사실을 말해준다. 우리는 그와 같은 모든 것들이 전적으로 태양을 만들고 달과 별을 만드신 하나님께 근거한다는 사실을 잘 알고 있다. 즉 인간을 포함한 동식물의 생명은 그 자체에 근거하는 것이 아니라 조물주이신 여호와 하나님께 달려 있는 것이다.

그럼에도 불구하고 어리석은 자들은 그에 관한 사실을 전혀 알지 못하고 있으며 그 사실을 인정하려 하지도 않는다. 이는 인간들조차도 자기 자신의 존재에 대한 깨달음이 없다는 사실을 말해주고 있다. 그런 자들은 태양과 그 빛이 주는 진정한 의미를 알지 못하므로 하나님께 감사한 마음을 가지지 않는다. 따라서 그들이 태양과 빛의 아름다움을 기쁘게 느끼는 것은 부분적인 것에 지나지 않는다.

전도자는 언약의 백성들을 향해 이 세상에 여러 해를 살아가는 동안 항상 기뻐하라는 말을 했다. 이는 자기 자신의 삶 자체 때문이 아니라 하나님과 그가 만드신 태양과 그 빛으로 인해 항상 즐거워하라는 의미를 지니고 있다. 즉 언약의 자손들은 자기 자신의 인생에 집착하는 대신 하나님의 은총으로 인해 기쁨과 즐거움을 누려야 하는 것이다(살전 5:16, 참조).

그런데 이 세상에 살아가는 동안 캄캄한 날 곧 고통스럽고 힘든 날이 많이 있을 수밖에 없다고 했다. 인간이 이 세상에서 아무리 오래 산다고 할지라도 언젠가는 죽음의 날이 임하게 된다는 사실을 누구나 알고 있다. 그와 같은 형편이라 할지라도 성도들은 하나님과 그의 은총을 기억하며 장차 임할 주님의 날을 소망해야 한다.

그와 동시에 하나님의 자녀들이 기억해야 할 바는 타락한 이 세상에는 인간들이 궁극적으로 의존할 만한 대상이 존재하지 않는다는 사실이다. 오직 여호와 하나님 한 분만이 우리가 의지할 수 있는 궁극적인 대상이 될 따름이다. 하나님의 은혜를 입은 성도들은 항상 이에 관한 분명한 생각을 하는 가운데 이 세상을 살아가야만 하는 것이다.

| 묵상과 질문 |

㉠ 하늘의 태양과 아름다운 햇빛을 보는 것이 인간들에게 '즐거운 일'이라고 한 말의 의미를 생각해 보라.

㉡ 지구상에 존재하는 모든 것들은 하나님께서 창조하신 태양과 그 빛의 영향 아래 놓여 있다는 사실을 생각해 보라.

㉢ 인간들의 생명이 스스로 존재하는 것이 아니라 태양을 통한 하나님의 일반적인 은총에 달려 있음을 생각해 보라.

㉣ 인간들이 일상적으로 먹고 살아가는 모든 음식물은 태양과 그 빛에 의해 생산된 것이란 사실을 생각해 보라.

㉤ 우리가 주기도문을 암송하며 하나님께서 '일용할 양식'을 주신다는 고백을 할 때 그것이 단순한 상징이 아니라 실제적이란 사실을 날마다 보게 되는 하늘의 태양과 더불어 생각해 보라.

㉥ 인간들이 이 세상에 오래 살아가면서 소유해야만 할 참된 즐거움의 근원적인 배경에 관하여 생각해 보라.

Ⓐ 인간들이 세상에 살아가는 동안 캄캄한 날 곧 힘들고 어려울 때가 있다는
사실을 명심하고 그런 날들이 많을 것이란 사실을 염두에 두라고 한 말의
의미를 생각해 보라.

◎ 사람이 세상에 살아갈 동안에 다가올 장래는 다 허망하며 타락한 세상에는
기대할 만한 것이 아무것도 없다는 사실을 생각해 보라.

## 4. 젊은이에게 주는 교훈 (전11:9,10)

> 9 청년이여 네 어린 때를 즐거워하며 네 청년의 날들을 마음에 기뻐하여
> 마음에 원하는 길들과 네 눈이 보는 대로 행하라 그러나 하나님이 이 모
> 든 일로 말미암아 너를 심판하실 줄 알라 10 그런즉 근심이 네 마음에서
> 떠나게 하며 악이 네 몸에서 물러가게 하라 어릴 때와 검은 머리이 시절
> 이 다 헛되니라

언약의 자손들은 생존하는 동안 하나님 앞에 살아가는 방법을 익혀
나가야 한다. 그것은 하나님의 말씀을 통한 교훈과 언약공동체의 상속
을 통해 이루어져 가게 된다. 우리가 여기서 기억해야 할 바는 하나님
을 믿고 섬기는 공동체 가운데는 항상 젊은 청년들이 중요한 위치를 차
지하고 있다는 사실이다. 즉 청년들이 올바른 신앙을 소유하고 있을 때
미래를 위한 참된 소망이 드러나기 때문이다.

그렇지만 타락한 인간들의 사회는 그리 간단하지 않다. 그 세상 가운
데 존재하는 언약공동체도 마찬가지다. 특히 젊은 청년들에게는 세상

으로부터 많은 유혹의 손길이 뻗치게 된다. 아직 신앙이 원숙한 상태가
아닌 형편에서 그것을 이겨내는 것은 쉽지 않은 일이다. 하지만 하나님
의 자녀들은 반드시 그 상황을 극복해야만 한다. 구약성경 시편과 잠언
에는 그에 연관된 중요한 교훈이 나타나고 있다.

> "청년이 무엇으로 그 행실을 깨끗케 하리이까 주의 말씀을 따라 삼갈 것
> 이니이다"(시119:9); "아들들아 이제 내게 들으라 내 도를 지키는 자가
> 복이 있느니라 훈계를 들어서 지혜를 얻으라 그것을 버리지 말라"(잠
> 8:32,33)

시편 기자는 젊은이들을 향해 세상의 유혹을 이기고 행실을 깨끗게
하라는 당부를 하고 있다. 그 방법은 하나님의 말씀을 따라 살며 세상
의 유혹을 이겨내며 잘못된 행실을 삼가는 것이다. 그리고 잠언에서는
젊은 자녀들에게 하나님의 교훈을 귀담아들으라는 요구를 했다. 세상
의 욕망에 흔들리지 말고 하나님의 도를 지키는 자가 복이 있다는 것
이다. 세상의 유혹을 받아 일시적인 만족을 추구하는 것은 불행한 일
이며 하나님께 온전히 순종하는 삶을 유지하는 것이 진정한 복이 된다
고 했다.

그러므로 언약에 속한 자녀들은 젊어서부터 하나님의 교훈을 듣고
그로 말미암은 참된 지혜를 소유해야만 한다. 사도 바울은 사랑하는 제
자 디모데에게 보내는 두 번째 편지에서 그에 관한 언급을 했다. 즉 어
려서부터 하나님의 말씀을 올바르게 배우는 것이 얼마나 중요한가 하
는 점을 말했던 것이다.

> "그러나 너는 배우고 확신한 일에 거하라 네가 뉘게서 배운 것을 알며 또
> 네가 어려서부터 성경을 알았나니 성경은 능히 너로 하여금 그리스도 예

수 안에 있는 믿음으로 말미암아 구원에 이르는 지혜가 있게 하느니라
모든 성경은 하나님의 감동으로 된 것으로 교훈과 책망과 바르게 함과
의로 교육하기에 유익하니 이는 하나님의 사람으로 온전케 하며 모든 선
한 일을 행하기에 온전케 하려 함이니라"(딤후3:14-17)

지상 교회에 속한 모든 젊은이들 역시 이점을 마음속 깊이 새기고
삶 가운데 실천해야 한다. 그래야만 젊을 때부터 교회 가운데서 올바른
신앙인으로 자라갈 수 있게 된다. 이는 한 대에서 끝나는 것이 아니라
주님께서 재림하시는 그날까지 지속적으로 진행되어야 할 매우 소중한
일이다.

하지만 세상의 유혹을 뿌리치지 못하는 청년들이 언약공동체 가운데
생겨나게 되는 것은 안타까운 일이 아닐 수 없다. 교회의 성숙한 성도
들은 그들을 위해 기도하며 올바른 길로 인도하기 위해 끊임없는 노력
을 기울여야 한다. 그것을 위해서는 많은 지혜가 필요하며 오랜 기간의
인내가 요구되기도 한다.

전도자는 그와 같은 상황을 염두에 두고 청년들을 향해 반어법(反語
法)을 사용하여 강한 경고의 메시지를 주고 있다. 따라서 세상의 유혹에
빠진 청년들에게 젊음을 마음껏 누려보라고 했다. 즉 아직 젊은 청춘이
니까 그 시절을 내키는 대로 한번 살아보라는 말이다. 세상에서 추구할
만한 것이 있으면 무엇이든지 해보라는 것이다.

그러나 그와 같은 행실에 대하여 하나님의 무서운 심판이 임하게 된
다는 사실도 기억하라고 했다. 이는 일시적인 만족을 위해 하나님께서
요구하시는 소중한 것들을 버리는 어리석음을 범치 말라는 의미를 지니
고 있다. 또한 언약공동체에 속한 청년들이라면 세상의 것들이 제공하

는 만족스러움을 따를지라도 마음이 편치 않으리라는 사실을 언급했다.

따라서 만일 그들의 양심이 찔림을 느낀다면 그 양심의 소리를 듣고 마음속의 근심과 걱정으로 인한 고통을 떨쳐버리라고 했다. 검은 머리의 젊은 시절은 금방 지나가게 된다는 것이다. 여기에는 타락한 세상이 제공하는 일시적인 만족을 누리기 위해 아까운 시간을 허비하지 말라는 의미가 담겨 있다.

우리가 여기서 주의해야 할 바는 세상의 잘못된 풍조에 **빠져** 그것을 추구하는 젊은이들을 경계해야 한다는 사실이다. 여기서 말하는 바는 육감적인 쾌락만을 의미하지 않는다. 거기에는 세상의 값어치를 따라 자신의 욕망을 추구하는 것과 연관되어 있다. 그렇게 되면 영원한 하나님 나라를 멀리하게 되고 세속적인 가치를 삶의 중심에 두게 된다.

그러므로 교회는 세상의 타락한 것들에 사로잡힌 젊은이들의 위험한 사고가 복음에 신실한 다른 청년들에게 퍼져나가지 않도록 경계해야 한다. 신앙적으로 성숙하지 못한 청년들에게는 하나님의 말씀에 순종하기보다 눈앞에 놓인 가시적인 세상의 것들이 훨씬 더 매력적으로 보일 수 있기 때문이다. 따라서 지상에 존재하는 언약공동체와 성숙한 성도들은 그와 같은 풍조를 방지하기 위해 항상 신경을 곤두세우고 있어야만 한다.

| 묵상과 질문 |

㉠ 언약공동체 안에 존재하는 청년들에게 세상의 헛된 유혹이 더욱 심하게 다가온다는 사실을 생각해 보라.

ⓛ 지상교회 가운데서 다음 세대를 상속해 가야 할 청년들이 차지하는 비중의 중대성에 대하여 생각해 보라.

ⓒ 청년들의 행실을 바르게 하기 위해 하나님의 말씀인 성경이 지니는 절대적인 중요성을 생각해 보라.

ⓡ 사도 바울이 사랑하는 제자 디모데에게 쓴 교훈(딤후3:14-17)에 대하여 생각해 보라.

ⓜ 전도자가 청년들을 향해 반어법을 사용하여 젊은 시절에 세상의 것을 추구하며 살아보라고 한 말의 진정한 의미를 생각해 보라.

ⓗ 하나님의 말씀을 떠나 세상의 즐거움과 원하는 바를 누리게 됨으로써 따라오게 될 하나님의 무서운 심판에 대하여 생각해 보라.

ⓢ 또한 여기서 말하는 세상의 즐거움과 원하는 것이란 단순히 육감적인 것에 국한되지 않고 전반적인 욕망과 야망이 포함된다는 사실을 생각해 보라.

ⓞ 잠시 지나가는 젊은 시절 세상으로부터 임하는 유혹을 떨쳐 버릴 수 있어야 한다는 사실에 대하여 생각해 보라.

ⓩ 언약에 속한 청년들은 타락한 세상의 유혹에 빠져들면서도 저들의 심령 가운데 양심의 소리가 존재한다는 사실을 생각해 보라.

ⓧ 세상의 풍조에 빠진 청년들의 행실이 교회 내의 다른 청년들에게 퍼져나가지 않도록 감독해야 할 어른들의 직무에 대하여 생각해 보라.

# 제12장

## 결론 : 참된 진리를 깨달아야 할 인생

(전12:1-14)

### 1. 창조주 하나님을 기억해야 할 청년들 (전12:1-8)

1 너는 청년의 때에 너의 창조주를 기억하라 곧 곤고한 날이 이르기 전에, 나는 아무 낙이 없다고 할 해들이 가깝기 전에 2 해와 빛과 달과 별들이 어둡기 전에, 비 뒤에 구름이 다시 일어나기 전에 그리하라 3 그런 날에는 집을 지키는 자들이 떨 것이며 힘 있는 자들이 구부러질 것이며 맷돌질하는 자들이 적으므로 그칠 것이며 창들로 내다 보는 자가 어두워질 것이며46) 4 길거리 문들이 닫혀질 것이며 맷돌 소리가 적어질 것이며 새의 소리로 말미암아 일어날 것이며 음악하는 여자들은 다 쇠하여질 것이며 5 또한 그런 자들은 높은 곳을 두려워할 것이며 길에서는 놀랄 것이며 살구나무가 꽃이 필 것이며 메뚜기도 짐이 될 것이며 정욕이 그치리니 이는 사람이 자기의 영원한 집으로 돌아가고 조문객들이 거리로 왕래하게 됨이니라 6 은 줄이 풀리고 금 그릇이 깨지고 항아리가 샘 곁에서 깨지고 바퀴가 우물 위에서 깨지고 7 흙은 여전히 땅으로 돌아가고 영은 그것을 주신 하나님께로 돌아가기 전에 기억하라 8 전도자가 이르되 헛되고 헛되도다 모든 것이 헛되도다

---

46) "그때가 되면, 너를 보호하는 팔이 떨리고, 정정하던 두 다리가 약해지고, 이는 빠져서 씹지도 못하고, 눈은 침침해져서 보는 것마저 힘겹고"(전12:3, 한글 새번역).

전도자는 '청년의 때' 자기를 지으신 창조주 하나님을 기억하라는 특별한 당부를 하고 있다. 사고력이 원활하고 건강이 좋을 때 가장 소중한 것을 잊지 말라는 것이다. 그 가운데는 심중에 항상 여호와 하나님을 기억하며 세상의 허탄한 것으로 인해 아까운 시간을 허비하지 말라는 의미가 담겨 있다.

그러므로 힘들고 곤고한 날이 자기에게 이르기 전에 인생에 대한 깨달음을 가질 수 있도록 하라고 했다. 인간들이 타락한 이 세상에 살아가는 동안 세월이 쌓이게 되면 삶에 대한 회의(懷疑)가 들 때가 오게 된다. 그와 같은 때가 가까워지기 전 곧 청년의 때에 미리 우주 만물을 창조하신 전능하신 여호와 하나님을 올바르게 깨달아 아는 것이 중요하다.

인간들이 소유할 수 있는 가장 소중한 지혜는 어렵고 힘든 일이 닥치기 전에 미리 그에 대한 대비를 하며 살아가는 것이다. 해와 달과 별들의 빛이 비치고 있을 동안 그에 관한 철저한 준비를 갖출 수 있어야 한다. 심하게 내리던 비가 그친 다음 다시금 먹구름이 강한 비를 몰고 오기 전에 그에 대한 사전 대비를 하는 것이 중요하다. 아무런 준비를 하지 않은 채 늑장을 부리는 동안 심각한 위기가 닥치는 것을 보며 그제서야 그것을 방지하려고 한다면 이미 시간이 늦다.

갑작스러운 위기 앞에서 아무런 준비가 없는 상태라면 삽시간에 모든 것이 허물어져 그에 원만한 대응을 하기 어렵게 된다. 즉 나이 들어 노년이 된 후에 그런 위기의 때가 닥치게 되면 자기의 모든 것을 지켜낼 만한 능력을 상실하게 되며 젊을 때 꼿꼿하던 등은 구부러져 더 이상 힘을 쓸 수 없게 된다. 나아가 맷돌을 이용하여 곡식을 갈던 자들은 점차 사라지며 늙은 자들은 기력이 쇠하여져 아무런 일도 하지 못한다.

이는 그와 같은 심각한 위기가 이르게 될 때는 자기를 지켜 보호하던 팔이 떨려 적절한 대응을 할 수 없음을 말해주고 있다. 젊은 시절 튼튼하던 두 다리는 힘을 잃고 약해져 오랫동안 서 있을 힘조차 없게 된다. 또한 이가 빠져서 음식을 씹지도 못하게 되며 눈은 침침해져 사물을 정확하게 보는 것조차 어렵게 된다.

그와 같은 상황이 되면 그들이 살아가던 성읍 길거리에 있는 집들의 문이 굳게 닫혀 사람들의 내왕이 뜸하게 되며 곡식을 가는 맷돌 소리가 들리지 않아 식량을 구하기 어려운 형편에 처하게 된다. 사람들은 이른 아침 새소리를 듣고 자리에서 일어나게 되겠지만[47] 노래 부르는 여성들의 소리가 더이상 들리지 않는다. 이는 자연은 그대로 있을지라도 사람들이 살아가는 삶은 어려워지게 된다는 사실을 말해주고 있다.

그처럼 궁지에 몰린 자들은 높은 곳으로 올라가는 것을 두려워하게 된다. 나아가 평평한 길거리에서 걸어가는 것도 불안하게 여기게 된다. 청년의 때를 놓친 자들이 나이 많아 거동하기가 불편하여 자기 몸을 제대로 가누기조차 어렵기 때문이다. 그렇게 되면 모든 의욕을 상실하게 되어 열정적인 삶을 이어갈 수 없다. 결국 살구나무가 꽃을 피우고 메뚜기가 뛰어다니는 계절이 온다고 할지라도 많은 사람들이 죽어 상갓집을 방문하는 조문객들이 줄을 잇게 될 따름이다.

즉 자연환경은 예전과 달라지지 않은 데 반해 인간들의 형편은 점차 쇠약해져 가게 된다. 그들이 자랑으로 여기던 은으로 만든 줄들이 끊어

---

47) 사람은 밤에 잠을 자고 다음 날 아침 일을 하기 위해 일어나는 것이 원칙이라 할 수 있다. 하지만 본문이 언급하고 있는 바는 할 일거리가 전혀 없는 상태에서 지저귀는 새 소리를 듣고 눈을 뜨고 자리에서 일어나게 될 따름이라는 사실을 말해주고 있다.

지게 되며 금 그릇이 깨어지게 된다. 또한 그들이 샘에서 물을 긷기 위해 제작한 항아리가 깨어지고 우물물을 길어 올리던 도르래마저 완전히 부서져 버리게 된다. 그런 상황이 발생하는 것을 보게 되면 창조주 하나님을 기억할 수 있어야 한다.

인간의 육체는 원래 흙에서 왔으므로 흙으로 돌아가게 된다. 그에 반해 하나님께서 허락하신 호흡은 하나님으로 말미암은 것이므로 그를 기억하지 않으면 안 된다. 하지만 어리석은 인간들은 젊을 때부터 자기의 욕망을 추구하기 위해 온갖 노력을 기울여 왔으나 결국 그 모든 것들은 아무런 의미 없는 헛된 것에 지나지 않는다.

이와 같은 교훈은 언약공동체 가운데 매우 소중하게 받아들여져야 한다. 따라서 언약에 속한 청년들이 아직 젊을 때 하나님에 관한 올바른 깨달음을 가지는 것이 매우 중요하다. 즉 하나님과 그가 이땅에 보내시는 메시아가 없는 상태에서는 인간의 모든 것들이 헛될 따름이라는 사실을 깨달아야 하는 것이다.

| 묵상과 질문 |

㉠ '청년의 때'에 창조주 하나님을 올바르게 기억해야만 하는 중요성에 대하여 생각해 보라.

㉡ 나중 나이 많아 늙게 되어 힘들고 곤고한 날이 이르기 전에 그리하도록 요구한 이유가 무엇인지 생각해 보라.

ⓒ 해와 달과 별들의 빛이 비치고 있을 때 그에 관한 철저한 대비를 해야 하며, 심하게 내리던 비가 그친 다음 다시금 먹구름이 비를 몰고 오기 전에 미리 대비하는 것이 중요하다고 한 말의 의미를 생각해 보라.

ⓔ 젊은 청년 시절을 허비하고 소중한 때를 놓치고 난 후 노년이 되어 닥치게 될 모든 어려운 일들에 대하여 생각해 보라.

ⓜ 그와 같은 노인들이 많이 모여 살아가는 성읍에서 어떤 심각한 문제들이 발생하게 되는지 생각해 보라.

ⓑ 건강이 약화 되어 등이 굽고 눈이 침침해지며 이가 빠져 모든 힘을 상실한 후에 겪게 될 고통스러운 상황을 생각해 보라.

ⓢ 곡식을 가는 맷돌 소리가 끊어지고 식량이 떨어지게 되는 힘든 형편을 생각해 보라.

ⓞ 힘을 상실한 자들이 높은 곳에 올라가기를 두려워하며 평평한 길을 걸어가다가도 놀라게 될 것이라고 한 말의 의미를 생각해 보라.

ⓩ 그들은 삶에 관한 모든 의욕을 완전히 상실함으로써 고통스러운 노년을 보내게 되리라는 사실을 생각해 보라.

ⓧ 그 사람들이 그동안 사용해오던 모든 소중한 물건들이 완전히 깨어지고 부서지게 된다는 점에 대하여 생각해 보라.

ⓚ 인간의 육체는 결국 흙으로 돌아가게 되지만 하나님께서 허락하신 영혼은 그렇지 않다는 사실을 생각해 보라.

ⓉⒺ 청년들이 나이가 더 들기 전 미리 예비해야 할 중요한 것이 무엇인지 깨달아 그것을 실천해야 하는 삶의 중요성을 생각해 보라.

ⓂⒿ 청년들과 더불어 진행되어 가야 할 언약의 상속에 연관된 중요성을 생각해 보라.

ⓗ 이와 더불어 예수 그리스도가 없는 상태에서는 세상의 모든 것이 헛된 것에 지나지 않는다는 사실을 생각해 보라.


## 2. 전도자가 전한 진리의 말씀 (전12:9,10)

> 9 전도자는 지혜자이어서 여전히 백성에게 지식을 가르쳤고 또 깊이 생각하고 연구하여 잠언을 많이 지었으며 10 전도자는 힘써 아름다운 말들을 구하였나니 진리의 말씀들을 정직하게 기록하였느니라


솔로몬 왕은 자기 자신을 가리켜 스스로 '지혜자'라는 표현을 했다. 이 말 가운데는 자기가 여호와 하나님을 진정으로 경외하는 자라는 사실을 드러내는 고백적 성격을 지니고 있다. 물론 여기서 언급된 지혜란 보통 사람들이 생각하는 관점에서 말하는 일반적인 지혜와는 상당한 거리가 있다.

그리고 그는 지혜자로서 꾸준히 백성들에게 지식을 가르쳤다는 사실을 언급했다. 우리는 여기서 그에 연관된 기본적인 정의를 명확히 내릴 수 있어야 한다. 그것은 '지혜'(wisdom)와 '지식'(knowledge)의 차이

및 그에 연관된 상호간의 관계에 대한 올바른 이해를 해야 한다는 사실
을 의미하고 있다.

'지혜'와 '지식'은 그 기본적인 성격이 전혀 다르다. 우리가 여기서
언급하는 지혜는 하나님을 진정으로 경외함으로써 소유하게 된다. 그
것은 물론 성경 말씀과 더불어 성령의 도우심을 받아야만 할 성질을 지
니고 있다. 따라서 일반적인 많은 지식을 소유하지 않아도 온전한 지혜
자가 될 수 있다. 오늘날의 방식으로 말하자면 학교 교육의 수준이 높
지 않고 지능지수가 크게 높지 않아도 참된 지혜를 소유한 자들이 많을
수 있다.48)

그에 반해 지식은 지혜와 상관없이 많이 가질 수 있다. 기독교인의
경우 그것이 성경에 관한 지식이든 신학에 관한 지식이든 지혜가 없는
자들도 열심히 공부하면 습득할 수 있는 것이다. 하지만 하나님을 진정
으로 경외하는 올바른 지혜가 결여된 상태에서 가지는 모든 지식은 무
익하거나 도리어 위험한 역할을 할 수도 있다.

그러므로 전도자는 자기가 여호와 하나님을 경외하고 그의 율법을
심중(心中)에 받아들이는 지혜자로서 백성들에게 꾸준히 참된 지식을 가
르쳤음을 말했다. 그가 가르치는 지식은 하나님으로 말미암은 지혜와
연결되어 전해져야 하며 그것을 배우는 자들 역시 그 지혜와 더불어 온
전한 지식을 소유할 수 있어야 한다. 그것을 통해 역사 가운데서 하나

---

48) '지식'과 '지혜'에 연관된 예를 하나 들어본다: 학문이 높지 않은 부모와 최
고의 학문을 소유한 자식의 관계를 통해 그점을 생각해 보면 쉽게 이해하게
된다. 무식자인 부모가 많이 배운 자식에게 세상을 겸손하게 살아가라는 '지
혜의 권면'을 할 수 있다. 큰 지식을 가지지 않은 부모라 할지라도 많은 지식
을 가진 자식을 지혜로 교육할 수 있는 것이다. 그 자식은 당연히 부모의 지혜
로운 교훈을 받아들여야만 한다.

님의 언약이 자손대대로 상속되어 가게 된다.

하지만 온전한 지혜가 없는 종교적인 지식인이 언약의 백성들을 가르치게 되면 그 공동체는 잘못된 지식주의에 빠져들기 쉽다.[49] 즉 스승으로부터 가르침을 받는 제자가 진정한 지혜 없이 하나님을 경외하는 마음이 결여된 상태에서 많은 지식을 습득하는 것은 신앙을 위한 근본적인 도움이 되지 못한다.

이에 대해서는 오늘날 우리 시대 역시 마찬가지다. 지상교회의 성장을 위해서는 하나님으로부터 허락된 참된 지혜를 소유한 믿음의 형제들이 소중하다. 그들이 비록 많은 지식을 소유하고 있지 않다고 할지라도 하나님을 경외하며 주님의 몸된 교회를 진정으로 사랑한다면 가장 소중한 이웃이라 할 수 있다.

그에 반해 세상에서 최고 수준의 지식인으로 인정받고 신하박사 하위를 취득한 저명한 학자라 할지라도 하나님을 진정으로 경외하는 지혜가 없다면 도리어 위험한 역할을 할 수 있다. 참된 지혜가 결여된 지식인들이 다른 교인들에게 지식을 가르치면서 성령의 사역에 의한 참된 지혜가 전수되지 않는다면 심각한 문제가 발생하게 될 따름이다.

언약공동체와 하나님의 몸된 교회는 인간의 이성과 경험에 근거한 일반 상식에 의존하지 않는다. 하나님으로부터 계시된 신구약 성경 66권과 성령 하나님의 도우심에 따라 교인들은 그에 순종하게 된다. 성도

---

49) 우리는 예수님 당시 잘못된 지식을 가지고 유대인들을 가르치던 바리새인과 서기관과 장로들을 기억하고 있다. 이에 대해서는 2천 년 기독교 역사 가운데 줄곧 있어 온 폐단이다. 오늘날 우리 시대에 이르러서도 그와 같은 거짓 교사들이 여전히 많이 있다.

들에게 참된 지혜와 더불어 올바른 지식이 필요한 것은 세상의 잘못된 지식에 저항하기 위한 방편이 되기도 한다. 이를 위해 성숙한 신앙인들은 전도자가 교훈한 내용을 마음속 깊이 새기고 있어야만 하는 것이다.

또한 전도자는 자기가 깊이 생각하고 연구하여 잠언을 많이 지었다는 사실을 언급하고 있다. 여기서 그가 깊이 생각하고 연구한 내용이란 하나님의 존재와 사역, 그리고 그 가운데 존재하는 참 인간과 그 삶에 연관되었을 것이 분명하다. 물론 그것은 하나님의 말씀을 근거로 한 것이다. 그리하여 그는 언약공동체에 속한 백성들을 위해 많은 잠언들을 지어 삶 가운데 공유하도록 한 사실을 말했다.

전도자는 그것을 위해 깊은 의미를 담고 있는 아름다운 언어들을 찾아 표현하려고 애썼다고 했다. 그것은 하나님의 뜻을 백성들에게 전달하기 위한 소중한 방편이 되었을 것이 틀림없다. 따라서 그는 진리의 말씀들을 성실하게 기록하여 많은 백성들과 그 후손들에게 전달하고자 노력을 기울였던 것이다.

우리는 전도자가 언급한 모든 내용이 신실한 하나님의 자녀로서 그렇게 했음을 알 수 있다. 우리가 여기서 하나 더 생각해 보아야 할 점은 전도자인 솔로몬 왕이 하나님의 특별한 계시를 받아 성경을 기록하거나 직접적인 계시를 통해 백성들에게 전한 내용이 있었다는 사실이다. 그런데 전도서 본문에 기록된 말씀 가운데는 하나님의 특별계시 외에 자기가 감당해야만 할 일반적인 소중한 사역이 존재했음을 보여주고 있다(전12:9,10).

이에 대해서는 오늘날 우리 시대 지상교회에 속한 성도들 역시 올바르게 이해하여 적용해야만 한다. 즉 하나님께서 계시하신 성경을 통해 영원한 진리를 알게 되고 그와 더불어 각 성도들은 역사적 다른 시대와 다양한 지역에 살아가면서 하나님의 말씀을 배경으로 한 소중한 교훈들을 소유해야 한다. 이 모든 것은 결국 여호와 하나님을 진정으로 경외하는 지혜로운 자들을 통해 지상교회에 속한 성도들에게 올바르게 가르쳐짐으로써 원만한 교회 상속이 이루어져 간다는 사실을 말해주고 있다.

## | 묵상과 질문 |

㉠ 전도자가 자신을 '지혜자' 라고 한 말의 의미를 생각해 보라.

㉡ 참된 지식은 하나님을 진정으로 경외하는 지혜자에 의해 가르쳐지고 전달되어야 한다는 사실을 생각해 보라.

㉢ 우리가 말하고 있는 지혜(wisdom)와 지식(knowledge)의 근본적인 차이에 대하여 생각해 보라.

㉣ 하나님으로 말미암은 참된 지혜가 결여된 상태에서 확립된 지식의 위험성에 대하여 생각해 보라.

㉤ 전도자가 자기는 깊이 생각하고 연구하여 잠언을 많이 지었다고 한 말과 그 영향력에 대하여 생각해 보라.

㉥ 전도자가 깊은 의미를 담은 아름다운 말들을 힘써 찾아내어 교훈하고자 한 사실에 대하여 생각해 보라.

Ⓐ 언약공동체를 위하여 진리의 말씀을 정직하게 기록하여 남기게 된 전도자
의 신실한 의도를 생각해 보라.

◎ 전도자가 하나님으로부터 직접 계시받은 특별계시와 하나님을 경외하는 지
혜자로서 언약공동체를 위해 남긴 신앙적인 소중한 교훈들의 차이를 생각
해 보라.

Ⓩ 전도자가 본문에서 언급한 말씀과 교훈을 오늘날 우리 시대 교회와 성도들
이 어떻게 이해하고 적용해야 할지 구체적으로 생각해 보라.


## 3. 진리의 말씀이 가지는 기능과 역할 (전12:11,12)

> 11 지혜자들의 말씀들은 찌르는 채찍들 같고 회중의 스승들의 말씀들은
> 잘 박힌 못 같으니 다 한 목자가 주신 바이니라 12 내 아들아 또 이것들
> 로부터 경계를 받으라 많은 책들을 짓는 것은 끝이 없고 많이 공부하는
> 것은 몸을 피곤하게 하느니라

죄에 빠진 인간들에게는 영원하고 참된 지혜가 아예 존재하지 않는
다. 세상에서 일반적으로 일컫는 지혜란 진정한 지혜가 아니라 인간들
의 이성과 사회적 경험에 의해 생성된 현상일 따름이다. 그것은 결국
인간들이 만들어낸 숭고하게 인식되는 고차원적인 술수와 꾀라고 말할
수 있다.

그러므로 우리는 참된 지혜가 오직 하나님으로부터 주어지게 된다는

사실을 깨달아야 한다. 즉 그것은 인간사회에서 자생적으로 생겨날 수 없으며 단지 하나님께서 자기 자녀들에게 선물로 제공하시는 성격을 지니고 있다. 그 지혜로 말미암아 살아계신 여호와 하나님과 피조물인 인간의 실상에 대하여 올바르게 알 수 있다. 또한 그것을 통해 타락한 이 세상의 모든 것에 대한 참된 해석을 내릴 수 있게 된다.

이는 진정한 지혜의 기초는 오직 여호와 하나님이라는 사실을 말해 주고 있다. 따라서 여호와를 경외하는 것이 지혜의 근본이며, 거룩한 하나님에 대한 참된 지식이 모든 것에 대한 깨달음의 기초가 된다. 하지만 죄에 빠진 어리석은 자들은 그에 대한 이해를 하지 못한다. 성경 잠언은 그에 연관된 분명한 기록을 남기고 있다.

> "여호와를 경외하는 것이 지혜의 근본이요 거룩하신 자를 아는 것이 명철이니라"(잠9:10), The fear of the LORD is the beginning of wisdom: and the knowledge of the holy is understanding(Proverbs9:10); "여호와를 경외하는 것이 지식의 근본이어늘 미련한 자는 지혜와 훈계를 멸시하느니라"(잠1:7), The fear of the LORD is the beginning of knowledge: but fools despise wisdom and instruction(Proverbs1:7).

우리가 기억해야 할 바는 여호와 하나님에 대한 참된 경외심이 없는 상태에서 형성된 지혜와 지식은 아무 의미 없는 헛된 것에 지나지 않는다는 사실이다. 물론 하나님을 경외하는 마음도 하나님의 섭리와 전적인 은혜에 근거한다. 즉 하나님으로부터 특별한 은혜를 입지 못한 자들의 지혜와 지식은 시대와 지역에 따라 변하는 유동적인 성격을 지니게 된다.

그에 반해 진정한 지혜는 인간들의 모든 사고와 경험들의 문제점을 냉혹하게 지적하며 참되고 영원한 길을 제시한다. 따라서 하나님을 경외하는 성도로서 지혜를 갖춘 자들의 말씀은 예리한 채찍과 같은 역할을 한다. 또한 언약공동체의 회중 가운데 가르치는 스승들의 말씀은 잘 박힌 못과 같이 견고하다. 이는 잘못된 사고나 그릇된 행위를 되풀이하는 것에 대하여 하나님의 진리가 방치하지 않는다는 사실을 말해주고 있다.

그 모든 참된 지혜의 말씀은 인간들이 이 세상에서 만들어낼 수 없다. 따라서 그것은 훌륭한 선생이나 유능한 학자들이 열심히 연구해서 얻어낸 결과물이 아니다. 그 모든 지혜로운 말씀들은 '한 목자'(one Shepherd)에 의해 선물로 주어진 것이다.

여기서 언급된 목자란 여러 명의 지혜로운 목자들 가운데 하나를 일컫는 것이 아니라 유일무이(唯一無二)한 특별한 목자를 지칭하고 있다. 그 목자는 자기 백성을 죄악 세상으로부터 구출해 내시는 메시아를 일컫고 있음이 분명하다. 구약시대에는 아직 그가 인간의 몸을 입고 이 땅에 오시지 않았으나 계시된 하나님의 말씀을 통해 그의 지혜가 언약의 자손들에게 전달되었다.

그러므로 모든 참된 지혜자들이 소유한 진정한 지혜는 하나님께서 메시아를 통해 허락하신 것들이다. 이에 대해서는 오늘날 신약시대 역시 마찬가지다. 참된 지혜는 유능하고 똑똑한 학자들에 의해 제공되거나 창출되지 않으며 오직 주님으로부터 허락될 따름이다. 우리는 이와 더불어 지식(knowledge)보다 참된 지혜(wisdom)가 본질적으로 선행된다는 사실을 깨달아야 한다.

참 지혜가 여호와 하나님을 경외하는 것으로부터 출발한다면 참된 지식은 그 지혜로 말미암아 허락되어 인간들의 머리에 담겨지는 것이라 할 수 있다. 지상교회 가운데는 적법한 절차에 따라 세워진 교사에 의해 진정한 지혜를 기초로 한 참된 지식이 성도들에게 선포되어 가르쳐져야만 한다. 그 지혜를 뒤로하고 개인의 능력으로 세상에서 습득한 잘못된 지식을 성도들에게 가르치는 것은 하나님의 뜻을 멀리하는 것과 마찬가지다.

전도자는 또한 자기의 지혜와 지식을 상속받아 이어가야 할 아들에게 매우 특별한 언급을 하고 있다. 그를 향해 지금 자기가 전하는 모든 말을 귀담아 들으라고 요구했다. 그것은 많은 책을 쓰는 것은 끝이 없다는 사실과 지나치게 많이 공부하는 것은 몸을 피곤하게 만들 따름이라는 내용이었다.

우리는 전도자가 한 이 말을 매우 깊은 주의를 기울여 생각해 보아야 한다. 이를 사람들이 부편적으로 생각하듯 일반화시키는 것은 주심해야 한다. 왜냐하면 솔로몬 왕의 자식들뿐 아니라 언약의 백성들 가운데 솔로몬만큼 많은 책을 쓰거나 공부를 많이 한 자들이 크게 눈에 띄지 않기 때문이다. 그렇다면 자기 아들과 후손들을 위해 굳이 그런 식으로 강한 경계를 하며 당부한 이유가 무엇인지 생각해 볼 필요가 있다.

이 말씀 가운데는 인간들의 이성이나 경험을 기초로 한 개인적인 주장을 다양한 저술을 통해 지나치게 펼치지 말라는 의미가 내포되어 있다. 그렇게 하는 것은 아무런 의미가 없을 뿐더러 궁극적인 가치를 생산해 내는 것도 아니다. 중요한 것은 하나님으로부터 계시된 절대진리인 성경을 깨달아 그것을 언약의 자손들에게 전하는 일이다.

또한 전도자가 지나치게 많이 공부하는 것은 자기의 몸을 피곤하게 할 따름이라고 한 말도 동일한 관점에서 이해해야 한다. 여기서 말하는 공부란 세상의 학문과 연관된 이론을 살피며 인간들의 지식을 통해 더 많은 것을 알아가고자 하는 지적인 욕망에 연관되어 있다. 타락한 인간들이 만들어낸 논리에 지나치게 집착하는 것은 도리어 위험할 수 있는 것이다.

전도자가 전한 이 말을 하나님의 진리를 알아가는 일에 너무 많은 시간을 들이지 말라는 의미로 받아들여서는 안 된다. 우리에게 중요한 사실은 하나님께서 허락하시는 지혜를 통해 성경에 관한 올바른 지식을 소유해야 한다는 점이다. 이를 위해 모든 성도들은 하나님의 말씀을 깊이 묵상하는 가운데 영원한 진리를 깨달아야 하며 그것을 언약공동체인 지상교회에 속한 이웃과 더불어 공유할 수 있어야 하는 것이다.

| 묵상과 질문 |

㉠ 참된 지혜자란 어떤 사람을 일컫고 있는지 생각해 보라.

㉡ 언약공동체에 속한 회중 가운데 존재하는 스승들은 어떤 사람들인지 생각해 보라.

㉢ 그 지혜로운 자들의 말은 예리한 채찍과 같다고 한 말의 의미를 생각해 보라.

㉣ 오늘날 우리는 그 준엄한 채찍을 기꺼이 맞을 준비가 되어 있는지 생각해 보라.

ⓜ 회중의 스승들이 소유한 진리의 말씀은 잘 박힌 못과 같다고 한 말이 지니는 뜻을 생각해 보라.

ⓗ 참된 지혜와 참된 지식이 제각기 가지는 성격과 더불어 둘의 상호 관계에 대하여 생각해 보라.

ⓐ 하나님의 말씀을 전혀 알지 못하는 불신자들에게는 참된 지혜와 지식이 존재할 수 없다는 사실에 대하여 생각해 보라.

ⓞ 진정한 지혜의 말씀은 오직 '한 목자'(one Shepherd)에 의해 하나님의 백성들에게 선물로 주어진다는 사실을 생각해 보라.

ⓩ 교회에서 가르치는 모든 교사들은 '한 목자'가 전한 지혜의 말씀에 진정으로 의존해야 한다는 사실을 생각해 보라.

ⓧ 전도자가 '많은 책들을 짓는 것은 끝이 없다'고 한 말의 구체적인 의미를 생각해 보라.

ⓚ '많이 공부하는 것은 몸을 피곤하게 만든다'는 말의 구체적인 의미를 생각해 보라.

ⓣ 많은 책을 쓰고 많은 공부를 하는 것이 개인의 욕망을 위한 것이라면 매우 위험할 수 있으며 자신을 피곤하게 만들 수 있다는 사실을 생각해 보라.

ⓟ 많은 책을 쓰는 것이 자기의 주장을 내세우기 위한 목적이 아니며 많이 공부하는 것이 자기의 지식을 넓히고자 하는 욕망에 기초한 것이 아니라 오직 주님의 몸된 교회를 위한 것이어야 한다는 사실을 생각해 보라.

## 4. 하나님의 명령에 순종해야 할 성도의 본분 (전12:13,14)

13 일의 결국을 다 들었으니 하나님을 경외하고 그의 명령들을 지킬지어다 이것이 모든 사람의 본분이니라 14 하나님은 모든 행위와 모든 은밀한 일을 선악 간에 심판하시리라

전도자는 하나님으로부터 계시된 진리의 말씀을 언약의 자손들에게 전했으니 이제 그 모든 말씀을 깨달아 실천하라는 요구를 했다. 하나님을 진정으로 경외하는 마음으로 그의 모든 계명을 지켜 행해야 한다고 했다. 그렇게 하는 것이 모든 사람이 당연히 지켜야 할 기본적인 본분이라는 것이다.

이는 누구든지 그렇게 하지 않는다면 인간으로서 기본적인 본분을 행하지 않는 것과 같다는 사실을 말해주고 있다. 하나님을 알지 못하는 자들은 절대로 그 진리의 말씀에 순종할 수 없다. 그와 달리 하나님의 자녀들은 당연히 계시된 말씀을 통해 제시된 그 모든 계명을 지켜야만 한다.

그러므로 하나님의 언약을 내세우는 자로서 그 신령한 명령을 거부한다면 배도에 빠지게 되어 더욱 무서운 심판의 자리에 나아갈 수밖에 없게 된다. 장차 최종 심판날이 이르게 되면 인간들의 모든 행위와 다른 사람들이 모르게 은밀히 행한 일들에 대하여 하나님께서 선악간에 따라 심판하실 것이라고 했다. 사도 바울은 고린도 교회에 보내는 두 번째 편지에서 그에 관한 기록을 남기고 있다.

"이는 우리가 다 반드시 그리스도의 심판대 앞에 드러나 각각 선악간에

그 몸으로 행한 것을 따라 받으려 함이라"(고후5:10)

이 세상에 살아가는 모든 사람들은 장차 임하게 될 하나님의 궁극적인 심판에 관한 말씀을 기억해야만 한다. 하지만 하나님을 알지 못하는 불신자들은 그렇게 하는 것이 불가능하다. 그들은 그 무서운 심판대에 관한 아무런 인식이 없으나 결국 그 앞에서 최종 심판을 받을 수밖에 없다.

문제는 하나님을 믿는다고 주장하면서 그에 불순종하는 배도자들이다. 그들이 설령 하나님을 위해 모든 열정을 다해 종교 행위를 한다고 할지라도 그 배도의 실상은 하나님의 판단에 의해 그대로 드러나게 된다. 또한 겉으로는 훌륭한 신앙인인 양 내세우면서 뒤로는 배도 행위를 일삼는 자들의 모든 은밀한 일이 하나님 앞에서 숨겨지지 못한다.

그러므로 하나님을 진정으로 경외하는 성도들은 항상 '하나님 앞에서'(coram deo) 살아가고 있다는 사실을 잊어서는 안 된다. 여기에는 하나님과 더불어 살아가면서 그의 보호를 받는다는 축복의 의미가 포함되어 있음이 분명하다. 하지만 그와 동시에 하나님의 눈을 피하지 못하기 때문에 아무도 모르게 행하는 모든 악행과 마음으로 저지르는 범죄까지 하나님 앞에 그대로 드러나고 있다는 사실을 말해 준다.

하나님의 자녀들은 전도자를 통해 예언하신 하나님의 모든 말씀을 듣고 그에 온전히 순종하는 자세를 유지해야 한다. 또한 죄에 빠져 이 세상의 것에 상당한 가치를 두고 살아가는 자들의 헛된 인생을 염두에 두고 있어야 한다. 언약의 자손들은 항상 하나님과 예수 그리스도를 통해 허락되는 영원한 삶에 진정한 소망을 두고 살아가야만 하는 것이다.

| 묵상과 질문 |

㉠ 전도서의 모든 교훈을 듣고 난 후 깨달은 전체적인 의미를 생각해 보라.

㉡ 하나님을 진정으로 경외하고 그의 모든 명령을 지키라고 한 전도자의 요구를 생각해 보라.

㉢ 신 · 불신을 막론하고 인간들이 소유해야 할 가장 기본적인 본분이 무엇인지 생각해 보라.

㉣ 인간들의 모든 행위와 은밀한 가운데 남몰래 행한 일들이 선악간에 따라 하나님의 심판의 대상이 된다는 사실을 생각해 보라.

㉤ 인간들의 눈은 속일 수 있을지라도 하나님의 눈은 결코 피할 수 없다는 엄중한 사실을 생각해 보라.

㉥ 장차 임하게 될 하나님의 무서운 '심판의 날'에 대하여 구체적인 생각을 해 보라.

㉦ '하나님 앞에서'(coram deo) 살아간다는 말이 가지는 다양한 의미에 관하여 생각해 보라.

㉧ 전도서의 교훈은 형편에 따라 선택적으로 받아들일 내용이 아니라 하나님의 자녀들이 상시적으로 묵상하고 적용해야 할 진리의 말씀이란 사실을 생각해 보라.

# 성구색인